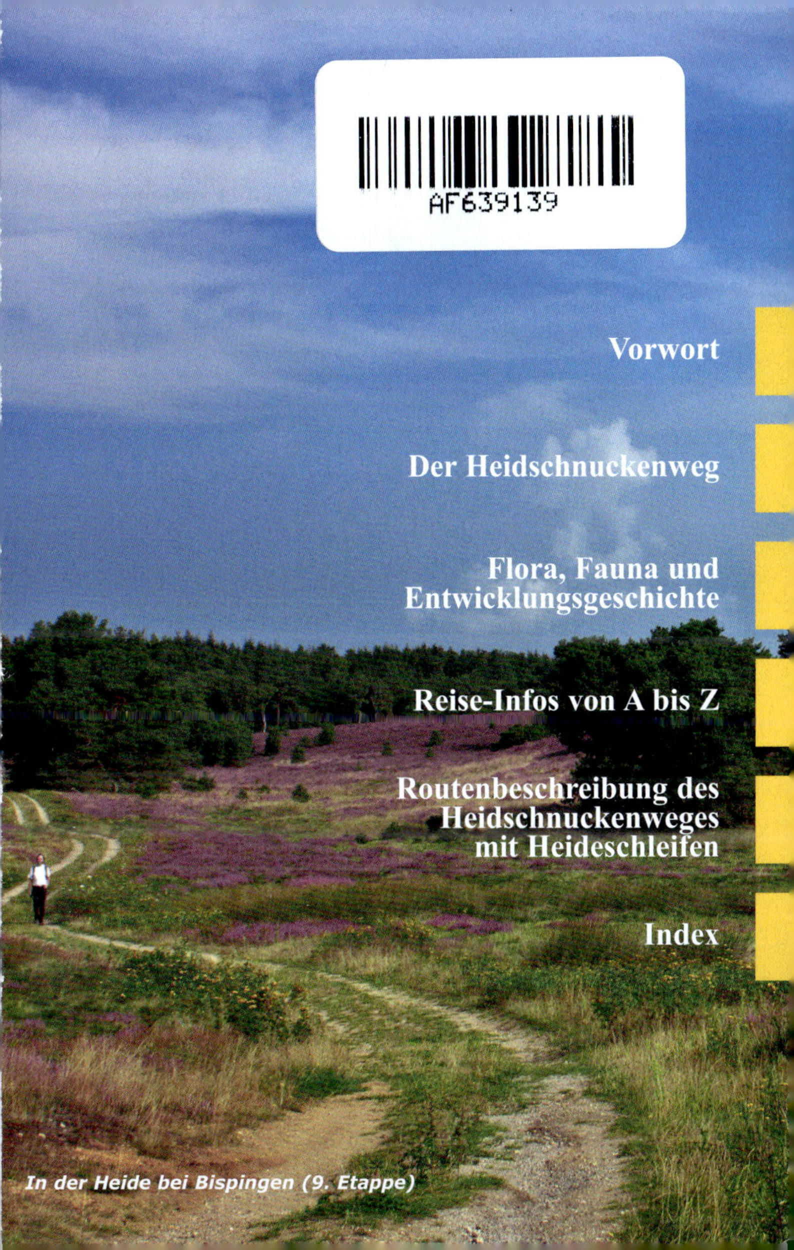

In der Heide bei Bispingen (9. Etappe)

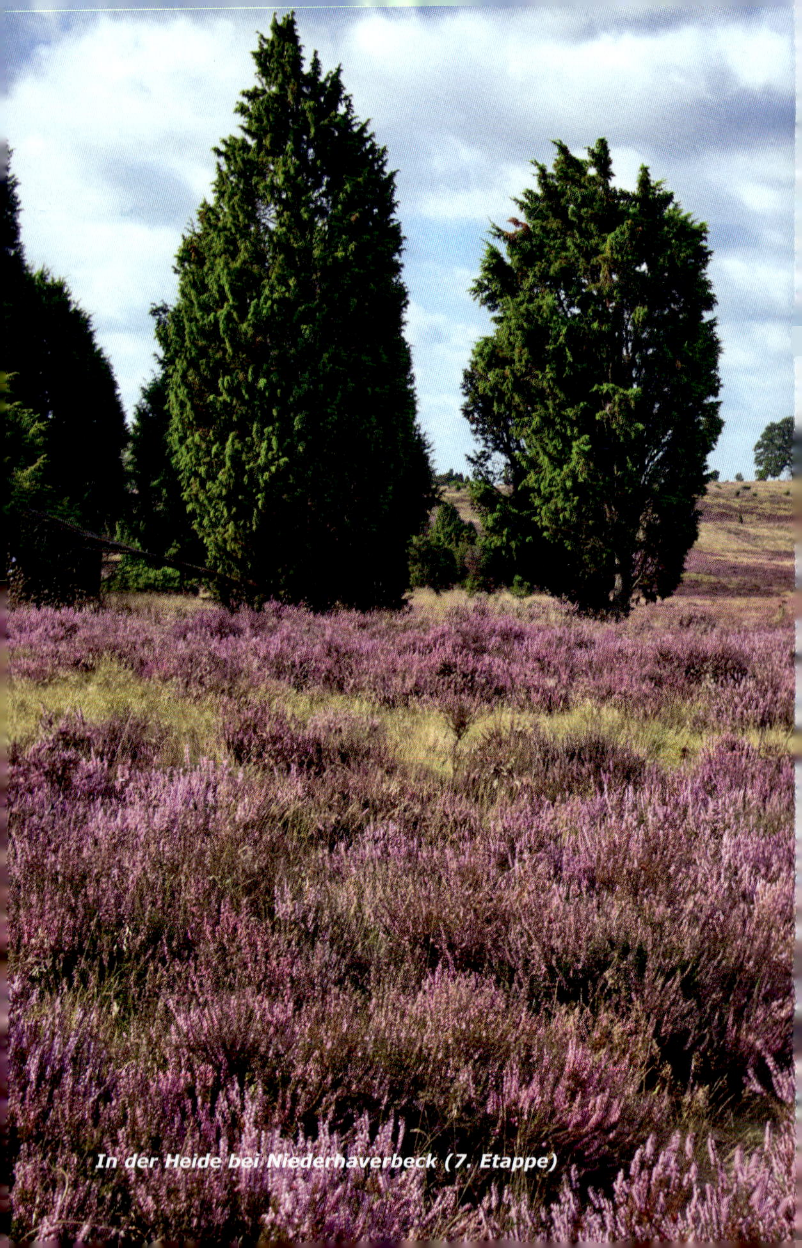

In der Heide bei Niederhaverbeck (7. Etappe)

Band 358

OutdoorHandbuch

Hartmut und Friederike Engel

Heidschnuckenweg mit Heideschleifen

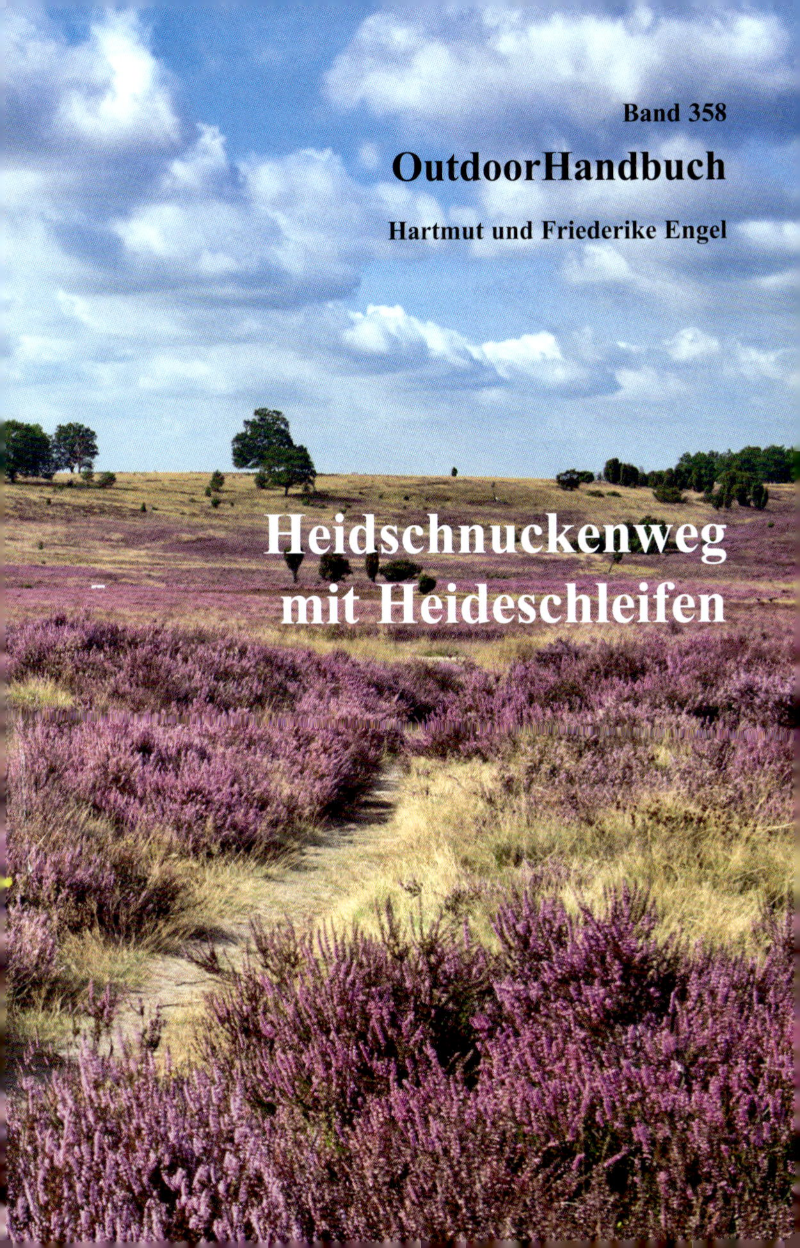

Heidschnuckenweg

Dieses OutdoorHandbuch wurde konzipiert und redaktionell erstellt vom:

Conrad Stein Verlag GmbH
Kiefernstr. 6, 59514 Welver
☎ 023 84/96 39 12
info@conrad-stein-verlag.de
www.conrad-stein-verlag.de
www.facebook.com/outdoorverlag
www.instagram.com/outdoorverlag

Druckprodukt mit finanziellem **Klimabeitrag**
ClimatePartner.com/53106-2407-1014

Als Outdoor-Verlag sind uns der Schutz und die Erhaltung der Natur seit jeher ein besonderes Anliegen. Auch in Sachen Klimaschutz haben wir eine Vorreiterrolle inne: Wir sind der einzige Buchverlag in Deutschland, der bereits seit 2008 seine Bücher konsequent klimaneutral in Deutschland produzieren und transportieren lässt. Dabei wird nicht nur klimaneutral, sondern auch nachhaltig, d. h. so umweltschonend wie möglich produziert, z. B. durch die Auswahl von umweltfreundlichen Materialien. Die bei der Produktion der Bücher entstandenen CO_2-Emissionen werden durch die Unterstützung von zertifizierten Klimaschutzprojekten ausgeglichen. Jedes Buch wird daher mit dem Logo „klimaneutral“ und einer Climate-Partner-Zertifikatsnummer versehen. Mithilfe dieser Nummer können Sie unter www.climatepartner.com Informationen zu der eingesparten CO_2-Menge und dem Projekt finden, das mit der Abgabe gefördert wird.

Das Engagement des Conrad Stein Verlags wurde im Rahmen des Projekts „Klimaneutraler Buchverlag“ mit dem Westenergie Klimaschutzpreis 2022 ausgezeichnet.

OutdoorHandbuch Band 358

ISBN 978-3-86686-837-3 5., überarbeitete Auflage 2024

Text und Fotos: Hartmut und Friederike Engel
Karten: Manuela Dastig
Lektorat und Layout: Ricarda Kuschma

Gesamtherstellung: AZ Druck und Datentechnik GmbH, Kempten

Dieses OutdoorHandbuch hat 192 Seiten mit 61 farbigen Abbildungen sowie 36 farbigen Karten im Maßstab 1:50.000, 21 farbigen Höhenprofilen und einer farbigen, ausklappbaren Übersichtskarte.

Alle Informationen, schriftlich und zeichnerisch, wurden nach bestem Wissen zusammengestellt und überprüft. Sie waren korrekt zum Zeitpunkt der Recherche. Eine Garantie für den Inhalt, z. B. die immerwährende Richtigkeit von Preisen, Adressen, Telefonnummern und Internetadressen, Zeit- und sonstigen Angaben, kann naturgemäß von Verlag und Autoren – auch im Sinne der Produkthaftung – nicht übernommen werden.

Die Autoren und der Verlag freuen sich über Ihr Feedback. Schreiben Sie Ihre Tipps und Verbesserungen an info@conrad-stein-verlag.de oder nutzen Sie unsere Social-Media-Kanäle. Bitte nennen Sie dabei Titel, Auflage und Seitennummer.

Dieses Buch ist im Buchhandel und in Ausrüstungsläden erhältlich und kann im Internet oder direkt beim Verlag bestellt werden.

Titelfoto: In der Heide bei Bispingen (9. Etappe)

Inhalt

☺ Eine **Übersichtskarte** des Weges, **Autorenprofil** sowie eine Liste aller verwendeten **Symbole** in diesem Buch finden Sie auf den vorderen und hinteren Umschlagseiten bzw. -klappen.

Vorwort

Der 2012 eröffnete Heidschnuckenweg konkurriert mit zahlreichen anderen Wanderwegen in der Lüneburger Heide. Dennoch hat er es geschafft, in kürzester Zeit die Spitzenposition zu erobern. Er gilt inzwischen als der Fernwanderweg durch die Heide schlechthin und ist weit über die Region hinaus bekannt. Dies belegt auch die Publikumswahl des renommierten Deutschen Wandermagazins. Schon ein Jahr nach der Eröffnung wurde der gesamte Weg auf Platz 3 der schönsten Wanderwege Deutschlands gewählt. Die 3. Etappe von Buchholz nach Handeloh wurde 2014 zum schönsten Wanderweg Deutschlands gekürt und 2019 errang der Abschnitt von Undeloh nach Niederhaverbeck bei dieser Publikumswahl einen hervorragenden dritten Platz.

Auch für uns sind Wanderungen in der Heide immer wieder ein Erlebnis der besonderen Art. Die leicht hügelige Kulturlandschaft, geschaffen von der Eiszeit und geprägt vom Menschen, bezaubert mit einer ganz eigenen Atmosphäre, die man sonst in kaum einer anderen Landschaft so spürt.

Auf der 3. Etappe von Buchholz nach Undeloh

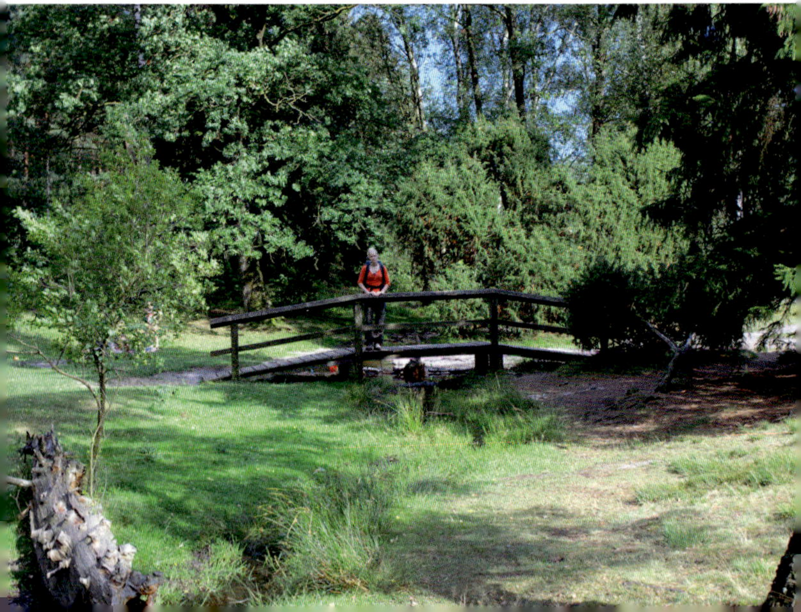

Vielleicht ist es die Ruhe und Gelassenheit, die diese Landschaft mit ihren großen Heideflächen, sanften Hügeln, Mooren, Seen, kleinen Heidebächen und Wäldern ausstrahlt. Eine Ruhe und Gelassenheit, die sich bald auch auf die Besucherinnen und Besucher überträgt. Und schnell wird klar, dass es nicht unbedingt die großen Höhen sein müssen, die es zu erklimmen gilt, oder die schwierigen Passagen, die zu bewältigen sind, um auf einer Wanderung Freude und Erfüllung zu finden.

In diesem Sinne wünschen wir Ihnen viel Spaß auf Ihrer Wanderung auf einem der schönsten Wanderwege Deutschlands.

Hartmut und Friederike Engel

Danke

Wir möchten uns an dieser Stelle bei den Mitarbeiterinnen und Mitarbeitern der örtlichen Tourist-Informationen und Gemeindeverwaltungen am Heidschnuckenweg bedanken, die uns in jeder Hinsicht unterstützt und umfangreiches Informationsmaterial zur Verfügung gestellt haben.

Der Heidschnuckenweg

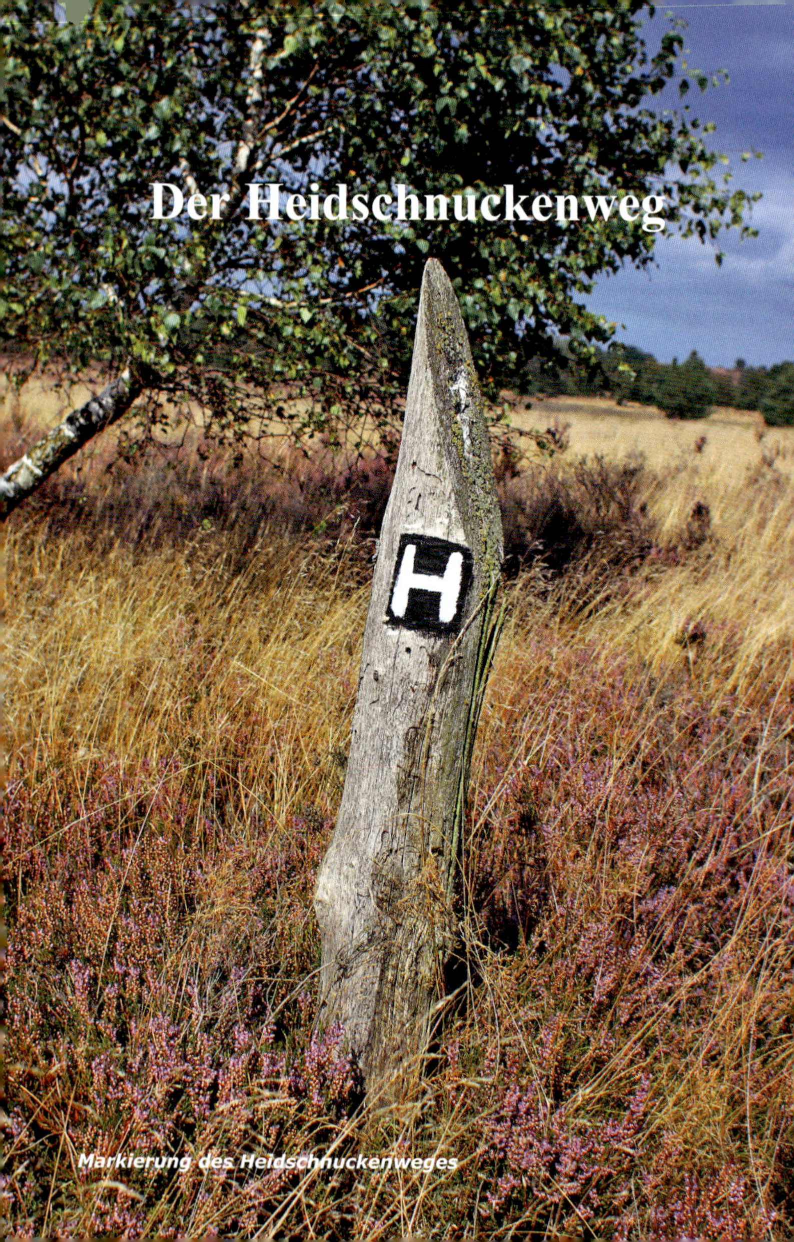

Markierung des Heidschnuckenweges

Der Heidschnuckenweg, je nach gewählter Variante etwas mehr als 220 km lang, verläuft von Hamburg-Fischbek durch die Nordheide und anschließend durch die Südheide bis zur Residenzstadt Celle. Er führt durch Orte wie Buchholz in der Nordheide, Handeloh, Undeloh, Wilsede, Niederhaverbeck, Bispingen, Soltau, Müden und Hermannsburg. Mehr als 30 größere und kleinere Heideflächen liegen am Weg. Er führt über den höchsten Berg der Norddeutschen Tiefebene, vorbei an Quellteichen und Mooren, entlang idyllischer Heidebäche, durch dichte, manchmal urwaldähnliche Wälder und durch kleine Heidedörfer.

Der erst 2012 eingeweihte Weg ist einer der schönsten deutschen Fernwanderwege. Er ist als Qualitätsweg Wanderbares Deutschland zertifiziert, das heißt, er verläuft auf vielen naturnahen und abwechslungsreichen Pfaden und Wegen, besitzt eine zuverlässige Ausschilderung und Markierung und bindet viele Natur- und Kulturattraktionen ein.

Der Heidschnuckenweg ist technisch nicht anspruchsvoll. Er erfordert weder Schwindelfreiheit noch Trittsicherheit. Steigungen gibt es nur wenige und die sind mäßig. Auch an das Orientierungsvermögen werden keine großen Ansprüche gestellt, ist der Weg doch bestens in kurzen Abständen markiert und ausgeschildert.

Heidschnuckenweg in Wilsede (6. Etappe)

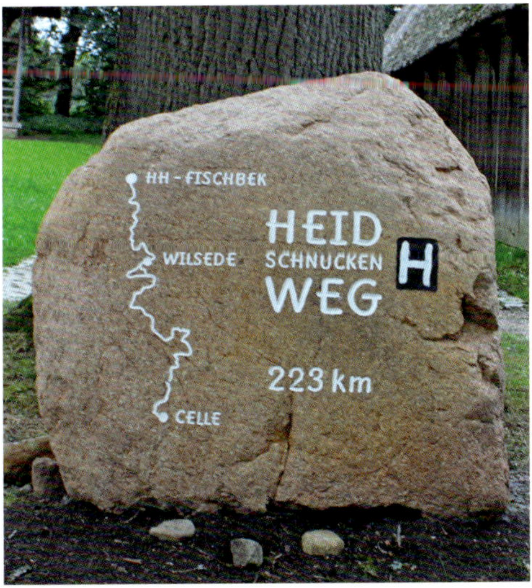

Die Wege und Pfade sind gut ausgebaut, auch wenn sie teilweise sehr sandig sein können. Nur kurze Abschnitte verlaufen entlang befestigter Straßen. Fluss- bzw. Bachüberquerungen erfolgen alle über sichere Brücken.

Er eignet sich sowohl für sportliche, schnelle Wanderinnen und Wanderer als auch für alle, die es lieber etwas gemütlich und ruhiger angehen lassen. Überdurchschnittliche

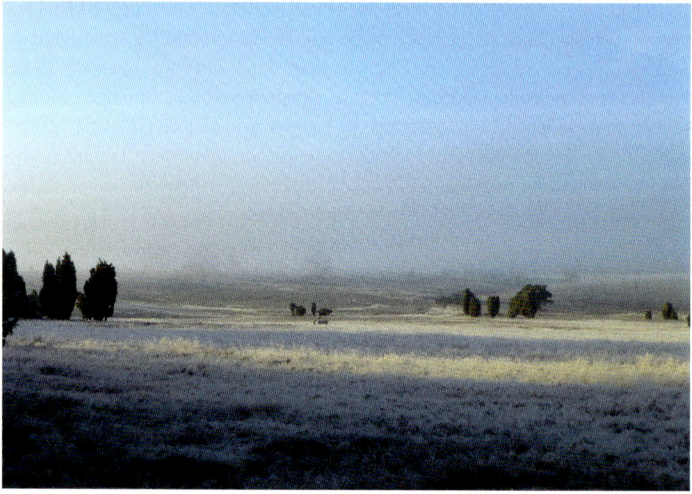

Wintertag in der Behringer Heide (Variante 8a)

Kondition und Fitness sind keine Grundvoraussetzung, um bei einer Wanderung auf dem Heidschnuckenweg seine Freude zu haben. Je nach Zusammenstellung der Etappen können Sie zwischen 7 und 14 Tagen unterwegs sein.

Der Heidschnuckenweg ist ein Wanderweg für alle Jahreszeiten. Entsprechend ausgerüstet können Sie sich im tiefsten Winter, bei Regen oder strahlendem Sonnenschein auf die Wanderschaft begeben. Die meisten zieht es zwischen Anfang August und Mitte September, wenn die Heide blüht, in die Region. Wahrlich eine wunderbare Zeit, aber leider auch verbunden mit einem großen Andrang. So können sich z. B. zum kleinen Heidedorf Wilsede, das nicht einmal mit dem Auto zu erreichen ist, täglich mehr als 10.000 Menschen aufmachen. Wer kann, sollte diesen Zeitraum meiden.

Und wer uns nach den besten Etappen fragt, dem seien die folgenden drei empfohlen, die für uns die absolut schönsten sind, aber natürlich nur eine rein subjektive Auswahl darstellen:

▷ 3. Etappe durch die Höllenschlucht über Brunsberg und Büsenbachtal nach Handeloh

▷ 6. und 7. Etappe von Undeloh über Wilsede und den Wilseder Berg bis Niederhaverbeck

Flora, Fauna und Entwicklungsgeschichte

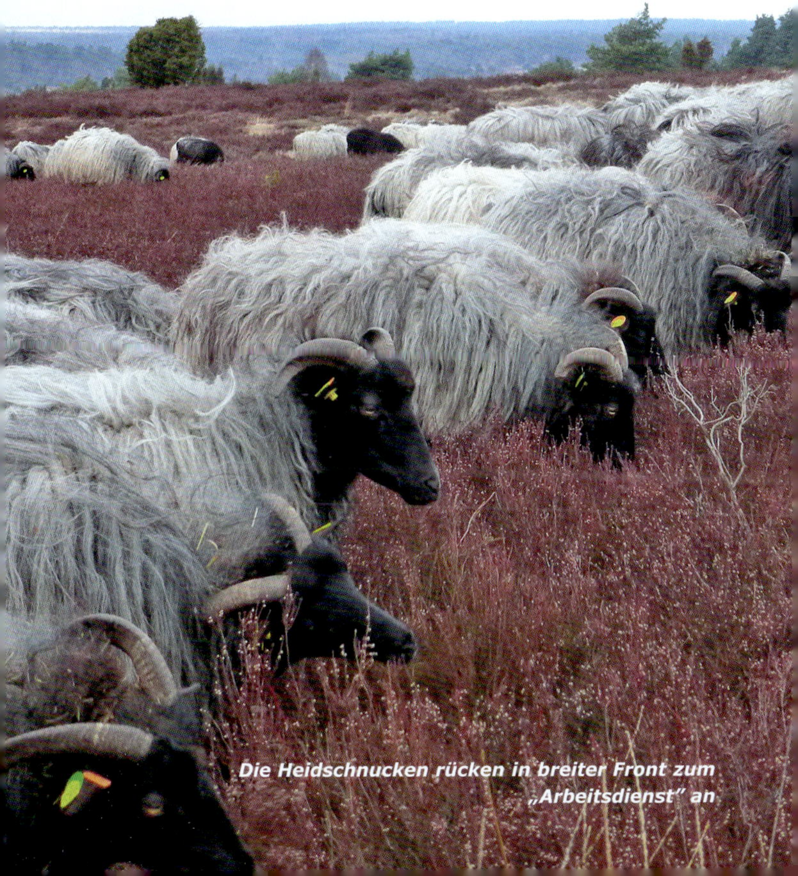

Flora

Charakteristisch für die Lüneburger Heide ist die **Besenheide** (*Calluna vulgaris*), ein immergrüner Zwergstrauch, der einmal jährlich hellviolette Blüten hervorbringt. Die Pflanze bevorzugt sonnige und lichte Stellen mit saurem, nährstoffarmem Boden. Unter normalen klimatischen Bedingungen blüht die Pflanze von Anfang August bis Mitte September. Als leicht zu merkende Faustregel gilt: 08.08.-09.09.

Die Besenheide wird nur von wenigen Pflanzen begleitet. Dazu zählt der **Gemeine Wacholder** (*Juniperus communis*), ein immergrünes Zypressengewächs, das je nach Umwelteinflüssen entweder als schmale hohe Säule, strauchförmig oder flach über den Boden kriechend wächst. Wacholder braucht viel Licht und kommt mit nährstoffarmen Böden zurecht, daher ist die offene Heide ein guter Lebensraum für diese Pflanze, die stellenweise ganze Wälder bildet. Besonders eindrucksvoll können Sie dies im Wacholderwald hinter Faßberg sehen (☞ Variante 14a).

Besenheide

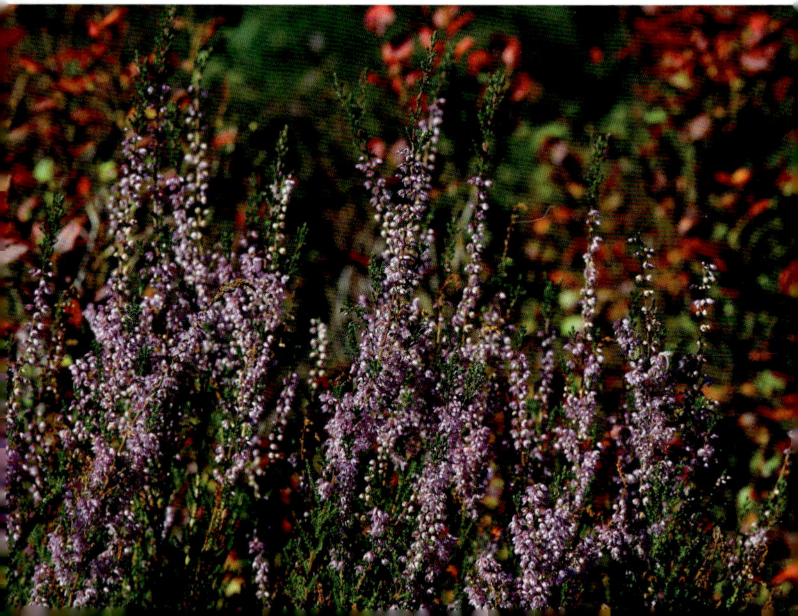

Vielfach werden Sie in der Lüneburger Heide auch **Sand-Birken** (*Betula pendula*) finden. Die auch Hänge-Birken oder Warzen-Birken genannten Bäume sind Pionierpflanzen, die überall dort wachsen können, wo sie genügend Sonne haben. Für die Heide-Pflege sind sie daher eine der größten Herausforderungen. Sie müssen ständig entfernt werden, damit sie sich nicht zu sehr ausbreiten und der Besenheide das Licht wegnehmen.

Die typischen Heideflächen haben nur einen geringen Anteil in der Lüneburger Heide, man geht von etwa 20 % aus. Der größte Teil der Landschaft, knapp 60 %, ist mit Wald bedeckt. Diese Wälder wurden seit Ende des 19. Jh. an vielen Orten in Monokulturen gepflanzt. Am weitesten verbreitet sind Kiefernforste mit der **Waldkiefer** (*Pinus sylvestris*). Wie die Besenheide ist auch die Waldkiefer nicht sehr anspruchsvoll und kann auf nährstoffarmen Böden wachsen.

Neben der trockenen Sandheide kommen noch zahlreiche andere Lebensräume in der Lüneburger Heide vor, oftmals nur sehr kleinräumig. Dort, wo es feuchter ist, wachsen **Pfeifengras** (*Molinia caerulea*), das seinen Namen deswegen trägt, weil die Pflanzen früher oft zum Reinigen von Pfeifen verwendet wurden, und **Glockenheide** (*Erica tetralix*). Im Unterschied zum traubigen Blütenstand der Besenheide hat die Glockenheide bis zu 15 Einzelblüten am Ende des Stängels, die wie Glocken herunterhängen. Während die Besenheide frühestens ab August blüht, öffnen sich bei der Glockenheide die Blüten schon ab Mitte Juli.

Darüber hinaus gibt es noch viele andere Lebensräume in der Lüneburger Heide wie z. B. **Sand-Trockenrasen** mit dem typischen **Silbergras** (*Corynephorus canescens*), das die charakteristischen büscheligen Horste ausbildet, oder Hoch- und Zwischenmoore mit z. T. sehr seltenen, vom Aussterben bedrohten Arten wie **Lungenenzian** (*Gentiana pneumonanthe*), **Moorlilie** (*Narthecium ossifragum*) und verschiedenen **Sonnentauarten** (*Drosera*). Nicht zu vergessen die zahlreichen **Gewässer**: kleine Heidebäche und größere Flüsse sowie Tümpel, Teiche und Seen mit ihrer jeweils charakteristischen Vegetation.

Fauna

Die **Graue Gehörnte Heidschnucke** ist das wohl bekannteste Tier der Lüneburger Heide und gleichzeitig Namensgeber des Heidschnuckenweges. Die Heidschnucke gehört zu den Nordischen Kurzschwanzschafen und stammt wahrscheinlich von den Mufflons ab, die aus Sardinien und Korsika kommen.

An die Bedingungen in der Lüneburger Heide sind die genügsamen Schnucken ideal angepasst. Mit ihren Fressgewohnheiten sorgen sie dafür, dass die

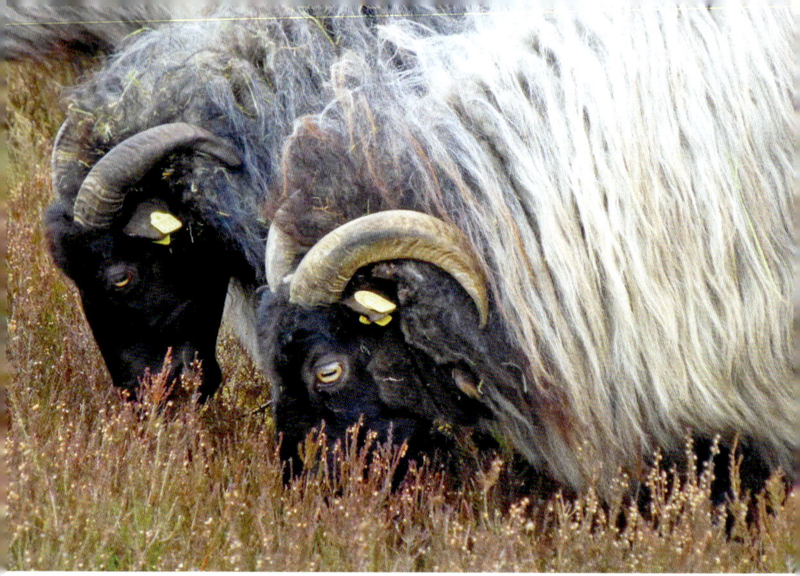

Graue gehörnte Heidschnucken

Kulturlandschaft Heide erhalten bleibt. Sie fressen neben dem Heidekraut auch die aufwachsenden jungen Birken, verjüngen so die Heide und verhindern, dass die Pflanzen zu hoch wachsen. Die Lämmer der Heidschnucke sind komplett schwarz und bekommen erst im zweiten Jahr das typisch graue Fell. Dabei bleiben Beine, Kopf und Schwanz schwarz. Bei den Grauen Gehörnten Heidschnucken haben sowohl Männchen als auch Weibchen Hörner.

Die Heidschnucken sind nicht nur Landschaftspfleger, sondern dienen auch der Ernährung. Ihr Fleisch ist wohlschmeckend wildartig, besonders fettarm, sehr zart und frei von unerwünschten Rückständen, wie man sie ansonsten häufig in der Massentierhaltung finden kann. Die grobe Wolle, für Textilien weniger geeignet, findet Verwendung in Teppichen und zunehmend als baubiologisch sinnvoller Dämmstoff oder ökologischer Langzeitdünger.

Heidschnucken wandern mit Ausnahme weniger Wochen während der Lammzeit ganzjährig durch die Heide. Kaum ein anderes Nutztier wird derart artgerecht und umweltfreundlich gehalten. Im Naturschutzgebiet Lüneburger Heide gibt es derzeit acht Heidschnuckenherden, sechs davon im Besitz der Stiftung Naturschutzpark. Jede Herde besteht aus etwa 350 Mutterschafen mit je nach Saison bis zu 400 Lämmern. Wenige Böcke genügen, um die Herdengröße konstant zu halten.

Neben den Heidschnucken gibt es auch noch wild lebende Säugetierarten in der Lüneburger Heide, von denen einige in Deutschland sonst sehr selten sind und fast nirgendwo anders mehr vorkommen. Eine große Gruppe machen die **Fledermäuse** aus. Viele verschiedene Arten leben in der Lüneburger Heide, darunter die Kleine **Bartfledermaus** (*Myotis myasticinus*) und die **Zwergfledermaus** (*Pipistrellus pipistrellus*).

Der **Wolf** (*Canis lupus*) war nach jahrhundertelanger Verfolgung Mitte des 19. Jahrhunderts in Deutschland ausgestorben. Seit Anfang des 21. Jahrhunderts ist er in Europa streng geschützt und von Osten kommend auch in einigen Regionen Deutschlands wieder heimisch geworden. Dazu zählt auch die Lüneburger Heide, wo neben Einzeltieren auch wieder ganze Rudel leben.

Auch für **Vögel** ist die Lüneburger Heide ein idealer Lebensraum. Insgesamt kommen im Naturschutzgebiet 189 Vogelarten vor. Typisch für die offene Heidelandschaft und Übergangsbereiche zwischen Heide und Wald sind z. B. das Birkhuhn (*Tetrao tetrix*), der Ziegenmelker (*Caprimulgus europaeus*) und die Heidelerche (*Lullula arborea*). Seit wenigen Jahren wurden auch wieder vereinzelte Vertreter des Wiedehopfes (*Upupa epops*) entdeckt. In feuchteren Grünlandgebieten kann man noch den Großen Brachvogel (*Numenius arquata*) sehen, der sehr selten geworden ist. Auch vereinzelte Kraniche (*Grus grus*) kann man während der Brutzeit beobachten. In Wäldern kommen Vögel wie der Schwarzstorch (*Ciconia nigra*), der Raufußkauz (*Aegolius funereus*) oder die Waldschnepfe (*Scolopax rusticola*) vor.

Viele **Reptilien** haben in der Lüneburger Heide ihre Heimat. Zu den Bewohnern gehören die wasserliebende Ringelnatter (*Natrix natrix*) und die Kreuzotter (*Vipera berus*). Beide Arten lassen sich gut beobachten. Auch die gefährdete Schlingnatter (*Coronella austriaca*), die trockene Gebiete mit steinigen Landschaftselementen bevorzugt, kommt im Naturschutzgebiet vor. Da diese Art jedoch sehr versteckt lebt, ist die Wahrscheinlichkeit, eine Schlingnatter zu sehen, eher gering. Häufig und oft zu sehen sind dagegen Zauneidechse (*Lacerta agilis*) und Blindschleiche (*Anguis fragilis*), die entgegen ihres Aussehens zu den Eidechsen und nicht zu den Schlangen gehört. In lichten Wäldern und an Waldrändern fühlen sie sich am wohlsten.

Auch **Amphibien** können in Teilen der Lüneburger Heide einen ansprechenden Lebensraum finden. Am häufigsten ist die Erdkröte (*Bufo bufo*), die den Wald bevorzugt, aber auch weit in freie Flächen vordringen kann. Feuchte Grünlandbereiche und Flussauen sind Heimat von Arten wie dem Grasfrosch (*Rana temporaria*), dem stark gefährdeten Europäischen Laubfrosch (*Hyla arborea*) und dem

Moorfrosch (*Rana arvalis*). An den Oberläufen von Heidebächen kann man teilweise auch den Feuersalamander (*Salamandra salamandra*) entdecken. Die für das Naturschutzgebiet charakteristische Kreuzkröte (*Bufo calamita*) bevorzugt freie Flächen, auf denen sie sich tagsüber unter Steinen oder lockerem Holz vergräbt, die etwas Feuchtigkeit spenden können. Zum Laichen werden von der Kreuzkröte vegetationsarme Gewässer bevorzugt.

In einigen Heidebächen leben auch verschiedene, zum Teil sehr seltene und vom Aussterben bedrohte Fische. Zu den 12 Arten, die nachgewiesen werden konnten, zählen die in Niedersachsen stark gefährdeten Bachneunaugen (*Lampetra planeri*) und Bachschmerlen (*Barbatula barbatula*).

Unüberschaubar ist die Vielfalt der **Insekten**. Schmetterlinge, Heuschrecken, Käfer und Libellen, um nur einige zu nennen, kommen in großer Artenzahl und teilweise hoher Individuendichte vor.

Entwicklungsgeschichte

Erdgeschichtlich gesehen ist die Lüneburger Heide eine noch sehr junge Landschaft. Sie ist erst im Quartär, dem jüngsten Abschnitt in der Erdgeschichte, in der Saale-Kaltzeit, die vor etwa 230.000 Jahren begann und gut 100.000 Jahre andauerte, durch Ablagerungen entstanden. Flachwellige Reliefe von Grundmoränen, hügelige Endmoränenzüge und ebene Sander prägen je nach Region das Bild der Lüneburger Heide.

Grundmoränen sind Flächen, die während der Ausbreitung des Eises unter dem Gletscher lagen. Sie bestehen aus Geschiebemergel, der von den Gletschern abgelagert wurde, und sind meist flachwellige Ebenen. Endmoränenzüge entstehen an den Endzonen von Gletschern. Die Gletscher schieben Sand- und Gesteinsmassen vor sich her und verursachen wallartige Aufschüttungen, wenn das Abschmelzen von Eis und der Nachschub im Gleichgewicht sind. Hierbei bilden sich hügelige Landschaften mit sandigem Untergrund. Sander sind Flächen, die nur aus Sand, Kies und Geröll bestehen. Ihnen fehlen die ganz feinen und die groben Strukturen.

Während der Saale-Kaltzeit war das Gebiet der heutigen Lüneburger Heide dreimal von flächendeckenden Inlandeisschilden bedeckt, die das Landschaftsbild formten. In der jüngeren Weichsel-Kaltzeit (vor 110.000 bis 10.000 Jahren) gelangte das Eis nicht mehr so weit nach Süden, es reichte nur bis an die Elbe.

Gleich nach der Entstehung der Landschaft war das Relief sehr viel stärker ausgeprägt. Im Laufe der Jahrhunderte wurde das Landschaftsbild durch Abspülungen, Ausblasungen und andere Erosionsprozesse gleichmäßiger und die Hügel abgeschwächt. Andererseits entstanden durch diese Prozesse aber auch tiefe Trockentäler, wie z. B. der Totengrund (☞ Etappe 6).

Nach Ende der Weichsel-Kaltzeit wurde das Klima milder und es bildeten sich erste Wälder. Die natürliche Sukzession in Verbindung mit einem sich verändernden Klima führte dazu, dass sich die ursprünglichen Birken-Kiefern-Wälder zu weit ausgedehnten Traubeneichenwäldern wandelten.

Wie viele andere Gebiete in der Norddeutschen Tiefebene gehörte auch die heutige Lüneburger Heide zu den Gegenden, in denen die Menschen schon in frühen Jahren der Jungsteinzeit (Neolithikum, ab etwa 5.000 v. Chr. in Mitteleuropa) Landwirtschaft betrieben und die Jäger verdrängten. Der nomadische Lebensstil mit intensiver Beweidung der hügeligen Flächen führte zur langsamen Zerstörung von Teilen der Eichenwälder. Dies hatte zur Folge, dass sich resistentere, genügsamere Pflanzen wie die Besenheide ausbreiten konnten. Allerdings trug die nomadische Lebensweise der Menschen dazu bei, dass der Wald die aufgegebenen Flächen immer wieder zurückerobern konnte.

Bis zum Jahre 1.000 n. Chr. wechselten sich Phasen mit ausgedehnten Heideflächen und geschlossenen Wäldern ab. Erst von da an wurden die Menschen sesshaft, was dazu führte, dass die Baumbestände stetig zurückgingen und sich nicht wieder erholen konnten. Die Heiden hingegen breiteten sich immer weiter aus.

Zu dieser Zeit entstand die typische Heidebauernwirtschaft, bei der das Plaggen (= regelmäßiges Abtragen des Oberbodens) eine wichtige Rolle spielte. Die oberste Schicht des Bodens wurde genutzt, um den Schafmist zu strecken, damit mehr Dünger für die Äcker vorhanden war. Das ständige Plaggen führte zur Erschöpfung der Böden, die nun nährstoffarm wurden. Nur wenige Pflanzen konnten auf diesen nährstoffarmen Böden überleben. Die Besenheide breitete sich immer weiter aus. Hinzu kam und kommt, dass beim Zersetzen der Heide der pH-Wert des Bodens drastisch sinkt und der Boden sauer wird, was die Ausbreitung anderer Pflanzen weitestgehend verhindert.

In den nördlichen Gebieten der Lüneburger Heide prägen Endmoränen des Inlandeises der Saale-Kaltzeit die Landschaft. Ein typisches Beispiel ist die Hohe Heide mit dem Wilseder Berg (☞ Etappe 7) als höchster Erhebung in der Norddeutschen Tiefebene. Trockene Hügelkuppen und periglaziale Trockentäler kennzeichnen diesen Teil der Lüneburger Heide. Weite Heidegebiete und ausgedehnte Kiefernforste breiten sich auf diesem Untergrund aus.

In der Südheide herrschen leicht wellige Sanderflächen, Grundmoränenplatten und Endmoränenreste vor. Große Heideflächen sind hier nur noch auf den

Truppenübungsplätzen von Bad Fallingbostel und Munster zu finden, diese sind für Touristinnen und Touristen allerdings nicht zugänglich. In der Südheide gibt es vor allem Kiefernforste, aber auch vereinzelt noch größere Moore wie das Pietzmoor (☞ Variante 8a).

Oftmals wird der hohe Holzbedarf der Lüneburger Saline als Grund für den Rückgang der Wälder angeführt. Historisch gesehen ist dies aber kaum belegbar. Obwohl die Saline große Mengen an Brennholz benötigte, um die Sudpfannen zur Salzgewinnung anzuheizen, wäre ein nur sehr kleiner Teil der gesamten Heidefläche ausreichend gewesen, um den Holzbedarf zu decken. Lieferscheine aus alter Zeit belegen auch, dass das meiste Holz von außerhalb gekauft wurde, da der Transport über Wasserwege aus dem Norden günstiger war. Außerdem haben sich in anderen Regionen um Lüneburg noch weite Wälder wie z. B. die Göhrde gehalten, obwohl sie auch nahe an der ehemaligen Saline liegen.

Die Lüneburger Heide ist keine Naturlandschaft, denn sie wurde erst durch menschliches Eingreifen geschaffen. Man nennt diese Art von Landschaft daher Kulturlandschaft. Wenn diese Kulturlandschaft erhalten werden soll, muss sie ständig gepflegt werden. Um die erneute Verbuschung und Bewaldung der Heide zu

Diese Bank hinter Müden ist leider schon besetzt (13. Etappe)

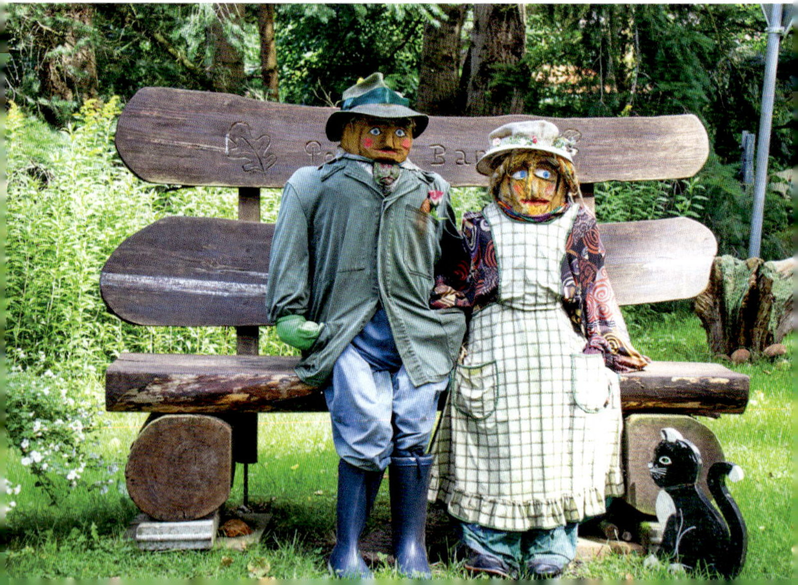

verhindern, werden Heidschnucken und andere Tiere als natürliche Heidepfleger eingesetzt. In vielen Gebieten reicht dies allerdings nicht aus und größere Bäume und Sträucher müssen auch maschinell oder per Hand entfernt werden. Diesen Vorgang nennt man Entkusseln.

Darüber hinaus muss darauf geachtet werden, dass die nährstoffarmen Böden auch nährstoffarm bleiben und keine Nährstoffe zugeführt werden. So sind die Heidschnucken tagsüber unterwegs und werden des Nachts im Stall gehalten. Erst dort geben sie den größten Teil ihres Kots ab, der dann als Dung auf bewirtschaftete Ackerflächen gebracht wird. Auch aus diesem Grund sollten Hunde nicht frei in der Heide laufen. Ihr Urin und Kot ist ein unerwünschter Nährstoffeintrag.

Die Menschen in der Region

Schon vor mehr als 6.000 Jahren war die Region der Lüneburger Heide besiedelt, wovon heute noch über 1.000 Hügelgräber zeugen. Wegen der nährstoffarmen Böden, die nach wenigen Erntejahren ausgelaugt waren, mussten die kleinen Siedlungen häufig verlegt werden. Erst ab dem 8. Jh. n. Chr. bildeten sich die ersten ortsfesten Siedlungen mit Heidebauern, die die typische Heidebauernwirtschaft der norddeutschen Heidelandschaften betrieben.

Für den Lebensunterhalt der Heidjerinnen und Heidjer, wie die Bewohnerinnen und Bewohner der Region genannt werden, sorgten über Jahrhunderte vor allem zwei Nutztiere: Heidschnucken (siehe unter Fauna) und Bienen. Noch heute findet man die traditionellen Bienenstände der Heideimker, die heute allerdings meist nur noch Museumsstücke sind und nur selten für die Bienenhaltung genutzt werden. Schon längst haben die Heideimker ihren Betrieb auf die modernen Magazin-Beuten umgestellt.

Auch wenn heute noch Heidschnucken und Bienen eine wirtschaftliche Rolle in der Lüneburger Heide spielen, sind es nur noch wenige, die ihren Lebensunterhalt aus diesen Einnahmequellen decken. Die meisten leben vom Tourismus oder gehen anderen Beschäftigungen nach. Und echte Heidjerinnen und Heidjer, die noch das Heidjer-Platt sprechen, trifft man nur noch selten an.

Reise-Infos von A bis Z

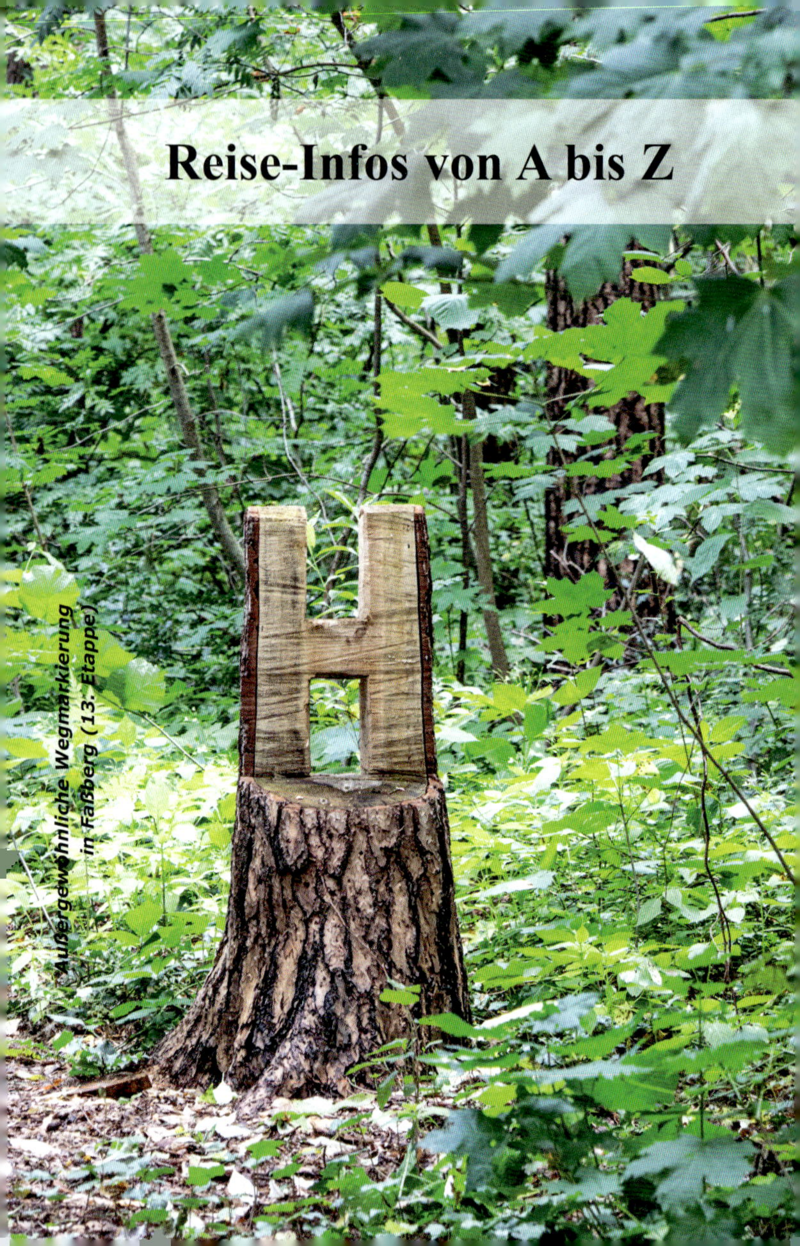

Außergewöhnliche Wegmarkierung in Faßberg (13. Etappe)

Anforderungen

Der Heidschnuckenweg ist ein recht einfach zu wandernder Weg, der keine Schwierigkeiten birgt. Große Höhen sind nicht zu überwinden und die Wege sind meist sehr gut präpariert. (☞ Der Heidschnuckenweg)

Die Länge der Etappen im Buch wurde möglichst kurz gewählt, sodass Sie selbst das Tagespensum nach Ihrem Leistungsvermögen zusammenstellen können.

Anreise/Abreise

☺ Wer nicht die gesamte Strecke wandern, sondern unterwegs ein- oder aussteigen möchte, der sei auf das Kapitel „Transport am Weg" (☞ S. 29) verwiesen.

Hamburg kann mit allen gängigen Verkehrsmitteln erreicht werden: Pkw, Fernbus, Bahn und Flugzeug bieten vielfältige Möglichkeiten. Den Startpunkt in Hamburg-Fischbek bzw. Neugraben erreichen Sie vom Hauptbahnhof aus am besten mit den S-Bahnen S3 und S5 (S5 nur bis Neugraben).

Die Rückreise nach Hamburg kann von Celle mit der Bahn erfolgen, die ca. jede Stunde verkehrt (💻 www.bahn.de). Fahrkarten für die etwas mehr als eine Stunde dauernde Zugfahrt gibt es zu Sondertarifen schon ab € 19. Noch billiger wird es mit den Fernbussen. So bringt Sie FlixBus (💻 https://flixbus.de) schon ab € 8 von Celle zum ZOB am Hauptbahnhof in Hamburg. Die Fahrt dauert mit knapp 2 Stunden allerdings deutlich länger und es gibt derzeit täglich nur eine Abfahrt je Richtung.

P In Celle gibt es mehrere Möglichkeiten, seinen Wagen kostenlos auf einem Langzeitparkplatz abzustellen, z. B. am Französischen Garten an der Maulbeerallee (44 Plätze), an der Parkpalette am Langensalzaplatz auf dem Oberdeck (240 Plätze) und etwas südöstlich der Altstadt am Maschplatz (100 Plätze auf dem Unterdeck). Für Hamburg gibt es diese Möglichkeit nicht.

Ausrüstung

Wer sich nicht das erste Mal auf eine längere Wanderschaft begibt, weiß, worauf es ankommt: passende feste Wanderschuhe, den jeweiligen Witterungsbedingungen angepasste Oberbekleidung, Kopfbedeckung, ein guter Rucksack (Tagesrucksack, wenn Sie kein „großes“ Gepäck mitschleppen, entsprechend größeren, wenn Sie Ihren ganzen „Haushalt“ mitnehmen müssen) und je nach Vorliebe auch Teleskopstöcke.

Allen anderen empfehle ich das Buch

📖 **Ausrüstung 1 – von Kopf bis Fuß** von Markus Gründel & Johann Schinabeck, Conrad Stein Verlag, Basiswissen für draußen, ISBN 978-3-86686-417-7, € 10,90

Ein guter Rucksack macht vieles leichter

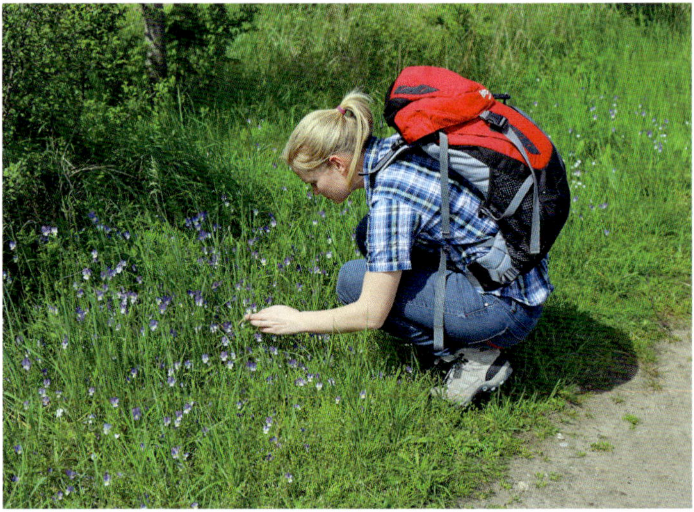

☺ Ein Hinweis sei noch erlaubt: Da es auf vielen Etappen keine Möglichkeiten gibt, sich mit Ess- und Trinkbarem zu versorgen, sollten Sie ausreichend Getränke und Essen mitnehmen.

Beste Wanderzeit

Die beste Wanderzeit gibt es eigentlich nicht. Sie können auf dem Heidschnuckenweg das ganze Jahr über wandern und jede Jahreszeit hat ihre Reize. Welche dann die passende Jahreszeit ist, muss jeder für sich selbst herausfinden.

Für uns sind die Tage im Frühling, wenn das Laub in frischem Grün erstrahlt und viele Wildblumen blühen, am attraktivsten. Zu dieser Zeit hält sich auch das touristische Aufkommen noch in Grenzen.

Auch der Sommer hat seine Reize. Es sind zwar deutlich mehr Touristinnen und Touristen unterwegs, dafür wird man aber mit meist gutem Wetter und langen milden Abenden entschädigt.

Die meisten finden den Spätsommer/Herbst am schönsten, wenn die Heide blüht und ganze Landstriche violett eingefärbt sind. Zu dieser Zeit herrscht Hochbetrieb in der Region und Unterkünfte sind oft ausgebucht.

Besonders reizvoll ist eine Wanderung an klaren, frostigen Wintertagen, an denen man von den Höhen eine unvergleichliche Fernsicht hat. Wer an einem solchen Tag einmal von einem der zahlreichen Aussichtspunkte entlang des Weges auf die Winterlandschaft geschaut hat, wird diesen Anblick so schnell nicht wieder vergessen.

Machen Sie sich auf den Weg und finden Sie heraus, welches Ihre beste Wanderzeit ist.

ErlebnisCard

In einigen Regionen der Lüneburger Heide erhalten Sie von Ihren Gastgebern die **ErlebnisCard Lüneburger Heide**, die die bekannte BispingenCard ersetzt. Mit der kostenlosen Gästekarte bekommen Sie Vergünstigungen bei über 140 Partnern wie z. B. bei Tier- und Freizeitparks, Museen, Kultureinrichtungen, Cafés und Restaurants und vielem mehr. Einige Restaurants bieten für wenig Geld den besonders günstigen ErlebnisCard-Teller an. Detaillierte Informationen sowie eine Übersicht über die teilnehmenden Betriebe erhalten Sie im Internet unter

🖳 https://www.erlebniscard-lueneburger-heide.de.

Heideblüten-Barometer

Wer sich für den aktuellen Stand der Heideblüte interessiert, findet online unter 🖳 https://lueneburger-heide.de/natur/artikel/3452/heideblueten-barometer-wann-blueht-die-heide.html das sogenannte Heideblüten-Barometer. In der Zeit von Juli bis September erfahren Sie hier täglich und ortsgenau, wie weit die Blüte fortgeschritten ist.

Heideschleifen

Mit finanzieller Unterstützung der Europäischen Union und des Landes Niedersachsen wurden 12 Rundwege als Abstecher vom Heidschnuckenweg eingerichtet.

Die Wege sind vorbildlich markiert (geschwungenes weißes „h" auf schwarzem Grund) und mit Informationstafeln, Picknick- und Rastmöglichkeiten ausgestattet. Die als Heideschleifen bezeichneten Wanderwege haben eine Länge von 1,2 bis 20,9 km.

Auf sie wird an den entsprechenden Stellen in der Wegbeschreibung innerhalb der Etappen hingewiesen.

Hunde

Wer seinen Hund mitnehmen will, sollte bedenken, dass große Teile des Weges durch Naturschutz- und Landschaftsschutzgebiete verlaufen. Hier sind Hunde das ganze Jahr über an der Leine zu führen. Leinenpflicht besteht auch auf vielen anderen Abschnitten in der Brut-, Setz- und Aufzuchtzeit vom 1. April bis zum 15. Juli.

Hunde haben viel Freude auf dem Weg

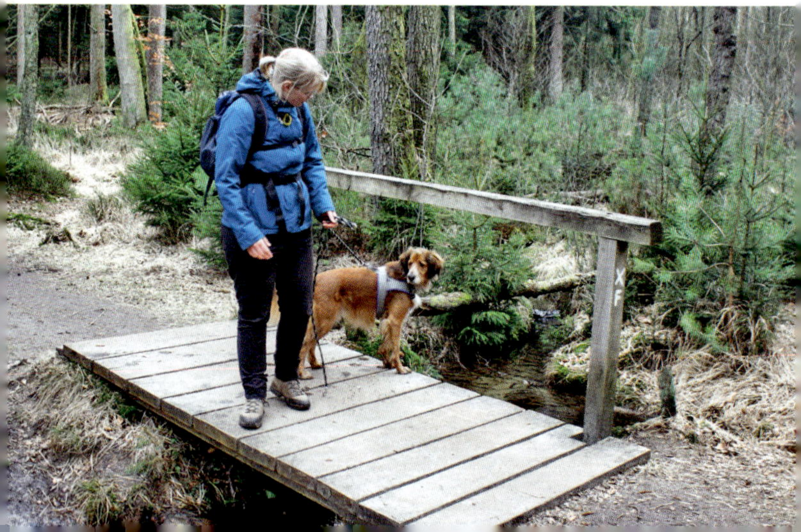

Information

Ausführliche Informationen zum Heidschnuckenweg erhalten Sie auf der offiziellen Internetseite der Lüneburger Heide GmbH unter

https://heidschnuckenweg.de.

Informationen über die Lüneburger Heide erhalten Sie im Internet von der Lüneburger Heide GmbH, der die zentrale touristische Vermarktung und touristische Förderung der Urlaubsregion obliegt.

https://lueneburger-heide.de

Weitere Informationen, auch zu Übernachtungsmöglichkeiten, bieten die örtlichen Tourist-Informationen. Angaben dazu finden Sie in den Etappenbeschreibungen.

Karten und GPS

Die Übersichtskarten und die Wegbeschreibungen im Buch verbunden mit der vorbildlichen Markierung im Gelände reichen aus, um auf dem Heidschnuckenweg zu wandern, ohne sich zu verlaufen. Wer darüber hinaus noch weitere Karten mitnehmen möchte, dem sei die Wanderkarte „Heidschnuckenweg" im Maßstab 1:35.000 aus dem Verlag Publicpress empfohlen, die in jeder Buchhandlung zu beziehen ist. Die wetterfeste, handliche Karte ist mit ihrer praktischen Faltung für Wanderungen besonders geeignet.

Die Kartenempfehlung wurde von der Geobuchhandlung Kiel überprüft.

www.geobuchhandlung.de

Die GPS-Tracks zu den beschriebenen Wegen können Sie von der Internetseite des Verlags (www.conrad-stein-verlag.de) herunterladen. Suchen Sie dort nach diesem Buchtitel und gehen Sie zu dem Punkt „GPS-Tracks". Der abgebildete QR-Code führt Sie direkt zu der richtigen Seite.

GPS *Grundlagen · Tourenplanung · Navigation* von Michael Hennemann, Conrad Stein Verlag, Basiswissen für draußen, ISBN 978-3-86686-769-7, € 12,90

Markierung

Der Heidschnuckenweg ist durchgehend von Fischbek bis zu seinem Ende mit einem weißen „H" auf schwarzem Quadrat markiert. Bei Varianten und Zugängen ist das „H" meist gelb. Die Markierungen folgen in dichten Abständen. Sollten Sie längere Zeit keine Markierungen sehen, können Sie in aller Regel davon ausgehen, dass Sie vom richtigen Weg abgekommen sind.

Darüber hinaus werden Sie auf Ihrer Wanderung entlang des Heidschnuckenweges zahlreiche Markierungen anderer Fernwanderwege und regionaler Wanderwege finden, wie z. B. ein „X" für den Europäischen Fernwanderweg E1 oder eine stilisierte gelbe Muschel auf blauem Grund für den Jakobsweg.

Nicht immer können Sie sich auf die Wegweiser verlassen. Manche vermeintlich „spaßigen" Zeitgenossen finden Freude daran, die Wegweiser zu verdrehen, sodass sie in die falsche Richtung weisen. An solchen Stellen sind dann der gesunde Menschenverstand oder das GPS-Gerät gefragt.

Müll

Nicht überall gibt es am Wegesrand oder an den Rastplätzen Mülleimer. Statt eines Abfallbehälters finden Sie vielfach den Hinweis, den eigenen Müll wieder mitzunehmen. Denken Sie an eine Tüte, in der Sie Ihren Müll bis zur nächsten Entsorgungsmöglichkeit sicher transportieren können.

NaturZeit-Kalender

Unter dem Link https://lueneburger-heide.de/natur/artikel/12369/naturzeit-kalender.html können Sie vor Ihrer Wanderung erfahren, auf welche besonderen Naturphänomene Sie während Ihrer Tour achten sollten. So sind neben der Heideblüte von August bis September z. B. auch die Zeit von April bis Mai durch die Wollgrasblüte im Pietzmoor oder von März bis August die Brutzeit der Störche, in der in fast jedem Dorf entlang der Aller ein Storchen-Nest zu sehen ist, interessant.

Telefon

In der Regel können Sie von jedem Punkt des Weges mit Ihrem Handy telefonieren. Nur auf sehr wenigen Streckenabschnitten kommt es zu Abschattungen des Signals, sodass dort mit gestörtem Empfang zu rechnen ist.

Transport am Weg

Für all jene, die nicht die gesamte Strecke wandern wollen oder die zwischendurch die eine oder andere Etappe auslassen möchten, werden hier die wichtigsten Transportmöglichkeiten entlang des Heidschnuckenweges aufgeführt.

Neben dem Startort Hamburg-Fischbek (S-Bahn) bzw. Neugraben sind folgende Orte direkt ans Schienennetz angebunden:

- ▷ Etappe 2: Buchholz
- ▷ Etappe 3: Suerhop, Büsenbachtal, Handeloh
- ▷ Etappe 8a: Schneverdingen
- ▷ Etappe 10: Soltau
- ▷ Etappe 15: Unterlüß
- ▷ Etappe 18: Celle

Fahrplanauskünfte und auch Tickets erhalten Sie im Internet unter www.bahn.de und an vielen Bahnhöfen.

Alle Busverbindungen in diesem Reiseführer aufzunehmen ist nicht möglich. Viele Orte sind mit öffentlichen Bussen erreichbar. Beachten Sie aber bitte, dass zu den kleineren Orten oftmals nur wenige Busse über den Tag verteilt verkehren. An Wochenenden oder in den Ferien fahren teilweise gar keine.

Um Ihnen die Planung zu erleichtern, sind im Folgenden die Kontaktdaten der für die einzelnen Regionen zuständigen Verkehrsverbünde bzw. Gesellschaften angegeben:

▷ **Etappen 1 bis 5:**

- ♦ **HVV** Hamburger Verkehrsverbund, https://hvv.de, ☏ 040/194 49, oder
- ♦ **VNN** Verkehrsgemeinschaft Nordost-Niedersachsen Kreis Harburg, https://vnn.de

▷ **Etappen 6 bis 11:**

- ♦ **VNN** Verkehrsgemeinschaft Nordost-Niedersachsen Heidekreis, https://vnn.de, ☏ 051 91/98 48 36

▷ **Etappen 12 bis 18:**

- ♦ **CeBus Celle**, https://cebus-celle.de, ☏ 051 41/48 70 80

Darüber hinaus gibt es mit dem **Heide-Shuttle** noch eine weitere Möglichkeit. Der Freizeitbus, der auch einen Fahrradanhänger hat, verkehrt auf fünf Ringlinien.

Die Fahrt ist sowohl für Personen als auch für Räder kostenlos. Der Bus verkehrt von Mitte Juli bis Mitte Oktober. Die Linien decken die Etappen von Buchholz bis Soltau (Etappen 3-10) ab.

♦ 💻 https://naturpark-lueneburger-heide.de/aktiv-und-mobil-in-der-heide/

Wie in alten Zeiten haben sich **Kutschen** in der Heide noch als Fortbewegungsmittel erhalten. An vielen Orten können Sie Kutschfahrten in die Umgebung buchen. Aber auch als Verkehrsmittel sind die mit 1 oder 2 PS angetriebenen Fahrzeuge noch gefragt. So können Sie den Ort Wilsede nur zu Fuß, mit dem Fahrrad oder eben mit der Kutsche erreichen.

☺ In der Saison sind Start und Ziel der einzelnen Etappen jeweils auf die eine oder andere Weise (Bus, Bahn, Heideshuttle, Kutsche) verbunden, sodass Sie auch gut Tagestouren auf dem Heidschnuckenweg unternehmen können. ✋ Das gilt für einige Orte allerdings nicht für Zeiten außerhalb der Saison, dort müssen Sie die Rück- bzw. Anfahrt dann selbst organisieren (z. B. per Taxi).

Umweltschutz

Eigentlich selbstverständlich soll an dieser Stelle auf einige Punkte hingewiesen werden:

- ▷ Verlassen Sie nicht die markierten Wege.
- ▷ Wenn Sie durch Tore oder Gatter gehen, verlassen Sie sie so, wie Sie sie vorgefunden haben. Offene bleiben offen, geschlossene werden wieder geschlossen.
- ▷ Pflücken Sie keine Pflanzen und stören Sie die Tiere nicht.
- ▷ Machen Sie keinen Lärm oder laute Musik. Das stört nicht nur andere Wanderinnen und Wanderer, sondern verschreckt auch manche Tiere.
- ▷ Entzünden Sie keine Feuer und rauchen Sie wegen der Waldbrandgefahr vor allem in Wäldern nicht.
- ▷ Hinterlassen Sie keinen Müll in Wald oder Feld. In den meisten Ortschaften finden Sie Müllbehälter.
- ▷ Wildes Zelten ist verboten, auch das Übernachten in Schutzhütten ist nicht erlaubt.

Unterkunft

Mit einer Ausnahme gibt es an jedem Etappenziel Übernachtungsmöglichkeiten, oft in verschiedenen Preiskategorien. In der jeweiligen Ortsbeschreibung finden Sie eine Unterkunftsliste, die oft nur eine Auswahl aus allen Möglichkeiten darstellt. Die Liste deckt eine möglichst große Bandbreite von der einfachen preiswerten Herberge bis zum komfortablen Hotel ab. Bevorzugt aufgenommen wurden Unterkünfte, die möglichst nahe am Weg liegen und die sich auf Bedürfnisse der Wanderinnen und Wanderer besonders eingestellt haben, z. B. auch Einmalübernachtungen akzeptieren. Ferienwohnungen oder -häuser haben wir generell nicht aufgeführt, weil die Vermieterinnen und Vermieter bei diesen Objekten meist von einer längeren Verweildauer als eine Nacht ausgehen. Hinzu kommt, dass in der Regel eine Gebühr für eine Endreinigung verlangt wird, die den Aufenthalt für nur eine Nacht unverhältnismäßig teuer macht. In den meisten Fällen werden Sie – zumindest in den größeren Orten – weitere Schlafmöglichkeiten finden. Auskünfte erteilen Ihnen die aufgeführten Tourist-Informationen.

Die Übernachtungspreise sind teilweise erheblichen Schwankungen unterworfen und können sich je nach Saison und von Jahr zu Jahr ändern. Die Preisangaben in diesem Buch beziehen sich auf die Mindestpreise. Erkundigen Sie sich in jedem Fall vor der Übernachtung, was das Zimmer kostet, damit Sie keine bösen Überraschungen erleben, denn teilweise werden zu besonderen Anlässen, z. B. während Messen oder Festivals, deutlich (bis zu dreifach) höhere Preise verlangt.

Wir haben bewusst auf die Angabe von Öffnungszeiten verzichtet. Zum einen werden diese bei vielen Unterkünften jährlich und manchmal sogar kurzfristig geändert, zum anderen ist nicht immer gesichert, dass die Herberge/das Hotel auch wirklich in dem angegebenen Zeitraum geöffnet ist.

☺ Auch deshalb unser dringender Rat: Buchen Sie unbedingt rechtzeitig im Voraus Ihre Unterkunft. Für die kleinen Orte, in denen es nur wenige Möglichkeiten gibt, ist das ohnehin selbstverständlich. Aber auch in den größeren Orten mit ihrem umfangreichen Angebot kann es vor allem zur Hochsaison während der Heideblüte zu Engpässen kommen. Es ist mehr als unangenehm, wenn man nach einer langen Etappe müde am Ziel ankommt und dort keine Unterkunft mehr findet. Und denken Sie daran, dass manche Gastgeber eine Mindestaufenthaltsdauer voraussetzen.

Updates

Es gibt immer wieder Änderungen auf dem Weg. Der Conrad Stein Verlag veröffentlicht deswegen Updates zu diesem Wanderführer, die direkt von den Autoren oder von Leserinnen und Lesern des Buches stammen. Sie finden sie auf der Verlagshomepage 💻 www.conrad-stein-verlag.de. Suchen Sie dort nach diesem Buchtitel und gehen Sie zu dem Punkt „Updates". Der abgebildete QR-Code führt Sie direkt zu der richtigen Seite.

Verpflegung

Auf manchen Etappen gibt es keine Einkehr- oder Einkaufsmöglichkeiten. Denken Sie daher daran, Ihren Rucksack vor dem Start mit genügend Verpflegung zu füllen. Einzelheiten finden Sie in der jeweiligen Etappenbeschreibung.

Wandern von Nord nach Süd oder umgekehrt?

Ob Sie nun von Nord nach Süd oder umgekehrt wandern, bleibt Ihnen selbst überlassen. Der Weg ist sowohl in die eine als auch in die andere Richtung gut markiert.

Die meisten bevorzugen allerdings die Nord-Süd-Richtung, was daran liegen mag, dass der Weg in allen Veröffentlichungen in dieser Richtung beschrieben worden ist.

Wanderpass

Bei vielen Wanderinnen und Wanderern gehört der Heidschnuckenweg-Wanderpass zur Reise dazu. Sie erhalten ihn an den jeweiligen Stempelstationen für € 2 oder kostenlos als Download auf 💻 https://www.heidschnuckenweg.de/wanderpass. Am Ende der Wanderung können Sie den Pass an einer Stempelstation einreichen. Bei 6 Stempeln erhalten Sie den Heidschnuckenweg-Pin in Bronze, bei 10 Stempeln in Silber und bei 14 Stempeln sogar in Gold.

Die Stempelstationen, die laufend ergänzt werden, sind bei den Ortbeschreibungen mit einem ⦿ gekennzeichnet. Derzeit gibt es Stempel an folgenden im Buch aufgeführten Stationen:

Etappe	1:	Hotel Auszeit, Café/Pension Waldhuuske, Reiterhof Langenrehm
Etappe	2:	Achat Plaza Hotel, Tourist-Information Buchholz
Etappe	3:	Café/Restaurant Schafstall, Hotel Fuchs
Etappe	4:	Pension Hillmers Hoff
Etappe	5:	Hotel Undeloher Hof, Landhaus Heideschmiede, Hotel Heiderose, Heide-ErlebnisZentrum
Etappe	6:	Heidemuseum, Gasthaus zum Heidemuseum, Milchhalle
Etappe	7:	Landhaus Haverbeckhof
Etappe	8:	Akzent Hotel Zur grünen Eiche
Variante	8a:	Schneverdingen Touristik, Hotel Ramster, Naturhotel Schäferhof
Etappe	9:	Tourist-Information, Heidehotel Rieckmann, Hotel Bockelmann
Etappe	10:	Soltau-Touristik, Soltau-Therme, Hotel Mylord
Etappe	11:	Wietzendorf-Touristik
Etappe	12:	Tourist-Information, Niemeyers Romantik Posthotel
Etappe	13:	Oase Haus Schlichternheide
Variante	13a:	Tourist-Information, Ludwig-Harms-Haus
Variante	14a:	Ferienpark Heidesee
Etappe	15:	Hotel Im Wiesengrund, Heidehotel Gut Landliebe
Etappe	17:	Ringhotel Celler Tor, Hotel Garni am Eckernweg, Gasthaus Zur Riete
Etappe	18:	Tourist-Information Celle, Celler Hof

Routenbeschreibung des Heidschnuckenweges mit Heideschleifen

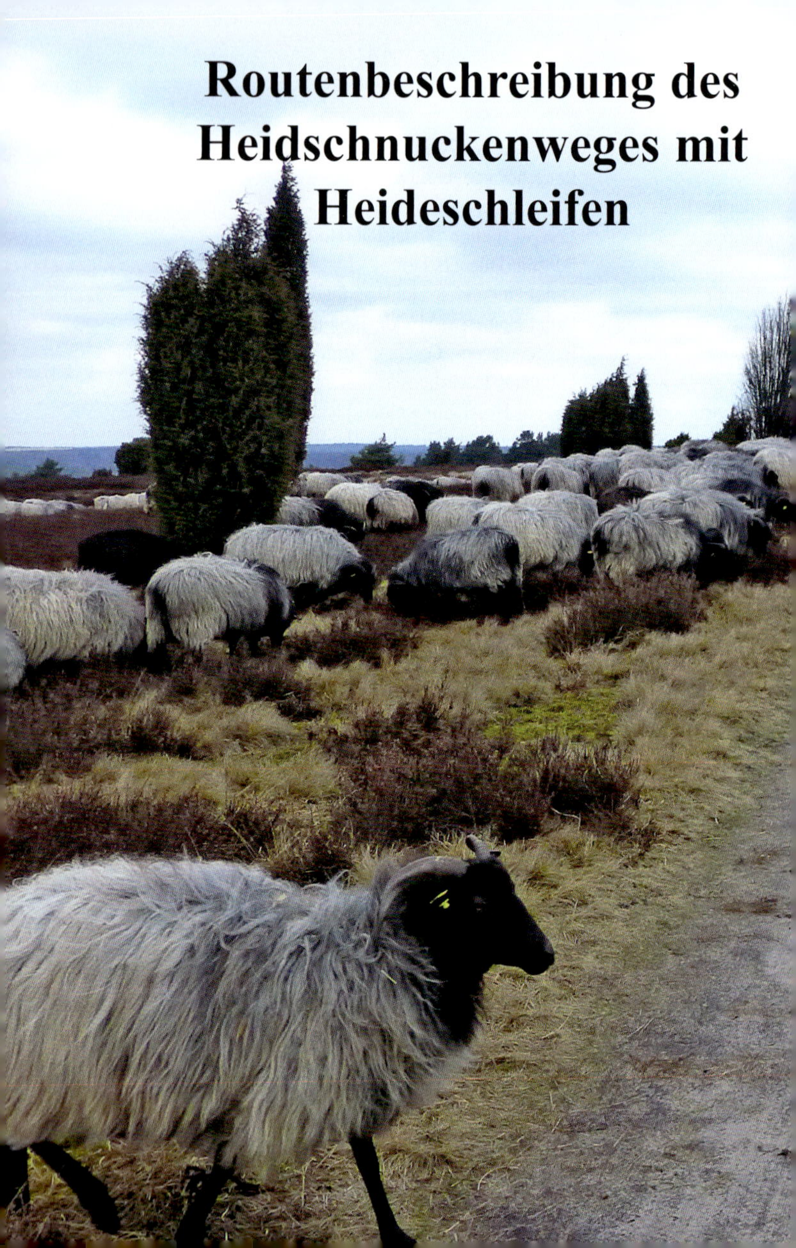

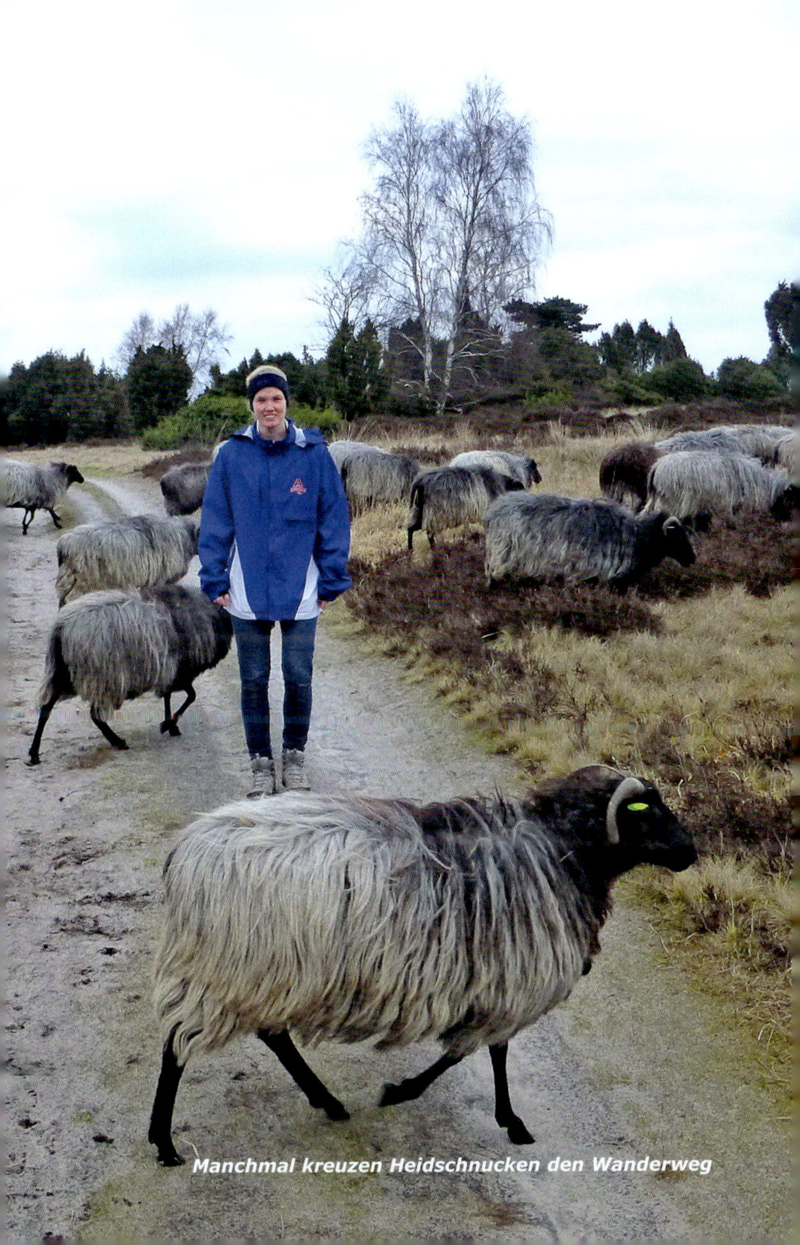
Manchmal kreuzen Heidschnucken den Wanderweg

In der folgenden Wegbeschreibung wird jede Etappe nach einem festen Schema beschrieben. Gleich unter der Überschrift finden Sie eine Zeile mit Angaben zur Streckenlänge ➲, zu den kumulierten Höhenmetern im Auf- ↑ und Abstieg ↓, zu dem Höhenbereich, in dem der Weg ⇧ verläuft, und zur Gehzeit ⌛.

Insbesondere bei der Angabe der Wanderzeit sollten Sie beachten, dass es sich hierbei nur um Durchschnittswerte handelt. Eine sportliche Person schafft die Strecke möglicherweise in der Hälfte der Zeit, während andere vielleicht die doppelte Zeit benötigen. Auch wurden in den Zeitangaben keinerlei Pausen berücksichtigt. Als Berechnungsgrundlage wurde eine Geschwindigkeit von 4 km pro Stunde angenommen. Für jeweils 100 Höhenmeter wurden 15 Minuten addiert.

Dennoch sollten Sie mit den vorliegenden Angaben in der Lage sein, eine auf Ihre Verhältnisse zugeschnittene realistische Zeitplanung für die jeweilige Etappe zu erstellen.

Als Nächstes folgt eine tabellarische Übersicht, in der verschiedene Informationen zu einzelnen Wegpunkten entlang der Strecke auf einen Blick abgerufen

Heidesee (13. Etappe)

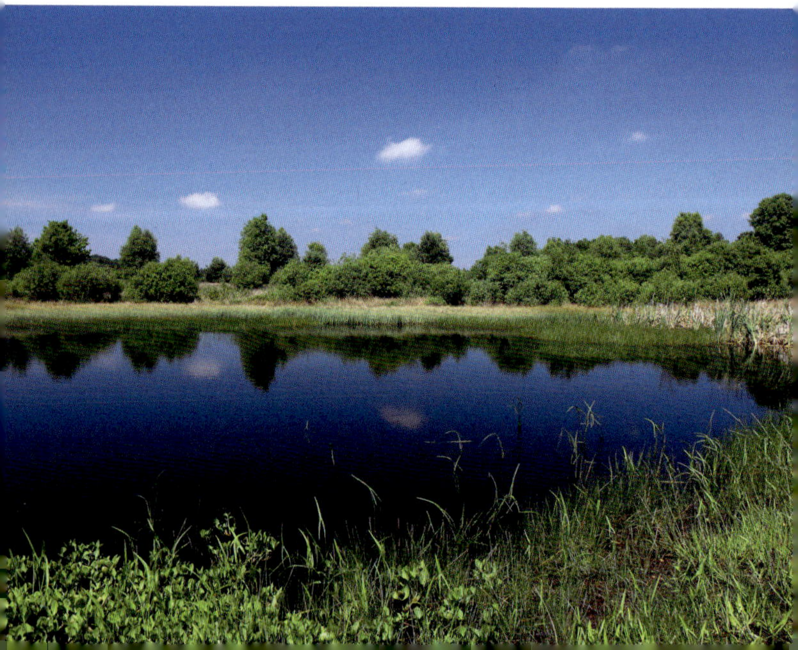

werden können, ohne erst lange im Textteil suchen zu müssen. Die erste Spalte informiert über die bereits zurückgelegte Wegstrecke, die zweite über die Entfernung bis zum Ziel und in der dritten finden Sie die Höhe des Wegpunktes über dem Meeresspiegel. Dahinter informieren Symbole über Verkehrsanbindungen, Übernachtungs- und Einkaufsmöglichkeiten, Restaurants und Rastplätze.

Im Anschluss finden Sie in kursiven Zeichen noch eine kurze Zusammenfassung mit Angaben zur Wegbeschaffenheit, zu Schwierigkeiten und zu besonderen und attraktiven Punkten entlang des Weges.

Wegen der sehr guten Markierung des Weges konnte die Wegbeschreibung knapp gehalten werden. Sie ist jedoch so detailliert, dass Sie sich auch ohne zusätzliche Karten im Gelände zurechtfinden können. Erklärungen und Informationen zu Sehenswürdigkeiten, Ortschaften und anderen interessanten Dingen entlang des Weges sind an den entsprechenden Stellen eingefügt.

Lesen Sie zu den in den Etappenbeschreibungen aufgeführten Unterkünften bitte auch die Hinweise im Kapitel „Unterkunft" (☞ S. 31).

Etappenübersicht

Um Ihnen die Planung der Tour zu erleichtern, haben wir zunächst eine Übersicht mit den wichtigsten Daten der jeweiligen Etappe zusammengestellt. Die Symbole (Verkehr, Unterkunft, Verpflegung) beziehen sich jeweils auf das Etappenende.

Die einzelnen Etappen sind zwischen 5 km und gut 20 km lang und enden fast immer in Orten mit Übernachtungsmöglichkeiten. Die Einteilung in möglichst kleine Etappen hat für Sie den Vorteil, dass Sie Ihre gesamte Tour je nach Leistungsvermögen individuell planen und die einzelnen Abschnitte wie Bausteine aneinanderreihen können. Die vorgeschlagenen Etappen müssen also nicht unbedingt Ihr Tagespensum sein. Für viele Wanderinnen und Wanderer mit durchschnittlicher Kondition und Leistungsvermögen bietet es sich an, zwei oder mehrere Etappen an einem Tag zu absolvieren.

Nur in einem Fall (Etappe 14 bzw. 14a) werden Sie am Ziel keine Unterkunft finden. In der Etappenbeschreibung sind aber Möglichkeiten aufgezeigt, wie Sie dieses Manko ausgleichen können. Bitte denken Sie in jedem Fall daran, Ihre Unterkunft rechtzeitig zu reservieren.

Wenn Sie Ihre Tour unterwegs unterbrechen wollen, finden Sie im Kapitel „Reise-Infos von A bis Z" unter „Transport am Weg" Angaben zu öffentlichen Verkehrsmitteln.

1.	HH-Fischbek – Nenndorf	➲ 17,6 km,	⌛ ca. 5 Std.
2.	Nenndorf – Buchholz	➲ 10,5 km,	⌛ ca. 2 Std. 45 Min.
3.	Buchholz – Handeloh	➲ 15,0 km,	⌛ ca. 4 Std.
4.	Handeloh – Wesel	➲ 8,7 km,	⌛ ca. 2 Std. 30 Min.
5.	Wesel – Undeloh	➲ 7,8 km,	⌛ ca. 2 Std. 15 Min.
6.	Undeloh – Wilsede	➲ 9,0 km,	⌛ ca. 2 Std. 30 Min.
7.	Wilsede – Niederhaverbeck	➲ 5,0 km,	⌛ ca. 1 Std. 15 Min.
8.	Niederhaverbeck – Behringen über Behringer Heide	➲ 7,8 km,	⌛ ca. 2 Std.
8a.	Niederhaverbeck – Behringen über Schneverdingen	➲ 20,9 km,	⌛ ca. 5 Std. 30 Min.
9.	Behrigen – Bispingen	➲ 8,4 km,	⌛ ca. 2 Std. 15 Min.
10.	Bispingen – Soltau	➲ 22,3 km,	⌛ ca. 5 Std. 45 Min.
11.	Soltau – Wietzendorf	➲ 20,7 km,	⌛ ca. 5 Std. 15 Min.
12.	Wietzendorf - Müden	➲ 13,9 km,	⌛ ca. 3 Std. 30 Min
13.	Müden – Faßberg	➲ 6,5 km,	⌛ ca. 1 Std. 45 Min.
13a.	Müden – Misselhorner Heide über Hermannsburg	➲ 10,7 km,	⌛ ca. 2 Std. 45 Min.
14.	Faßberg – Oberoher Heide	➲ 19,1 km,	⌛ ca. 5 Std.
14a.	Faßberg – Oberoher Heide (kürzere Variante)	➲ 12,2 km,	⌛ ca. 3 Std. 15 Min.
15.	Oberoher Heide – Weesen	➲ 12,3 km,	⌛ ca. 3 Std. 15 Min.
16.	Weesen – Dehningshof	➲ 12,7 km,	⌛ ca. 3 Std. 15 Min.
17.	Dehningshof – Groß Hehlen	➲ 17,6 km,	⌛ ca. 4 Std.
18.	Groß Hehlen – Celle	➲ 9,6 km,	⌛ ca. 2 Std. 30 Min.

1. Etappe: Fischbek – Nenndorf

17,6 km, ↑ 290 m, ↓ 190 m, ⇧ 5-150 m, ⌛ ca. 5 Std

0,0 km	17,6 km	⇧ 5 m	Fischbek (S-Bahnhof)
1,9 km	15,7 km	⇧ 25 m	NSG Fischbeker Heide
3,9 km	13,7 km	⇧ 65 m	Rast am Segelflugplatz
6,0 km	11,6 km	⇧ 90 m	Tempelberg
7,6 km	10,0 km	⇧ 105 m	Doppelheide
10,5 km	7,1 km	⇧ 100 m	Karlstein
12,5 km	5,1 km	⇧ 110 m	Rosengartenstraße
13,8 km	3,8 km	⇧ 130 m	Parkplatz
14,7 km	2,9 km	⇧ 140 m	Langenrehm
15,2 km	2,4 km	⇧ 150 m	Funkturm Langenrehm
17,6 km	0,0 km	⇧ 105 m	Nenndorf

Die erste Etappe verläuft zum größten Teil durch hügeliges Gelände auf unbefestigten Wegen durch Laub- und Nadelwälder. Landschaftlich besonders schön ist der erste Abschnitt in der Fischbeker Heide. Ein weiteres Highlight bietet der schön gelegene Karlstein.

Der Heidschnuckenweg berührt das Etappenziel Nenndorf nur im Norden des Ortes. Zum Zentrum mit Geschäften, Restaurants und Hotels sind es ca. 1,5 km.

Hamburg-Fischbek

Hamburg Tourismus, ☎ 040/30 05 17 01 (Mo-Fr 09:00-17:00), https://hamburg-tourism.de, Büro am **Hauptbahnhof**/Haupteingang Kirchenallee tgl. 9:00-17:00; **St.-Pauli-Landungsbrücken**/zwischen Brücke 4 und 5, tgl. 10:00-17:00; **Airport Office**/zwischen Terminal 1 und 2 Mo-Di 9:00-16:00, Mi-Fr 8:00-16:00, Sa und So geschlossen

Unterkünfte gibt es in Hamburg reichlich und in jeder Preisklasse. Informationen zu Übernachtungsmöglichkeiten finden Sie auf den Seiten von Hamburg Tourismus. Dem Heidschnuckenweg am nächsten sind folgende Unterkünfte:

- **Hotel Auszeit**, Bauernweide 11, 21149 Hamburg, ☎ 040/70 20 40, https://auszeit-hh.de, post@auszeit-hh.de, EZ ab € 71, DZ ab € 96, ⊙. Das Hotel liegt knapp 200 m vom Wanderweg (Zugang Neugrabener Bahnhof) entfernt.

Hotel Deutsches Haus Neugraben, Bergheide 1, 21149 Hamburg, ☏ 040/701 01 30, info@deutsches-haus-hamburg.de, https://www.itm-hotels.de/itm-hotel-deutsches-haus/, EZ ab € 74, DZ ab € 94. Das Hotel liegt etwa 750 m südlich vom Bahnhof Neugraben.

♦ **Hotel Neugrabener Hof**, Cuxhavener Str. 369, 21149 Hamburg, ☏ 040/702 63 03, info@neugrabenerhof.de, https://hotel-neugrabener-hof.de, EZ ab € 69, DZ ab € 89. Das Hotel liegt direkt am Weg (Zugang Neugrabener Bahnhof), etwa 500 m vom Bahnhof entfernt.

S3 Pinneberg – Stade, S31 Altona – Neugraben

Schon 1544 fand das Dorf Fischbek erstmals namentlich Erwähnung. Es wurde damals allerdings noch Vischbecke genannt, in Anlehnung an den dort fließenden Bach mit reichem Fischbestand. Durch jahrelange Trinkwasserentnahme trocknete der Bach um 1930 aus, das Fischbektal ist heute trocken.

Bis zur Eingemeindung durch das Groß-Hamburg-Gesetz im Jahre 1937 waren die Gemeinden Fischbek und Neugraben eigenständig. Heute bilden die ehemaligen Dörfer den südwestlichsten Stadtteil Hamburgs: Neugraben-Fischbek im Bezirk Harburg.

Fischbek hat vor allem landschaftlich einiges zu bieten. Das NSG Fischbeker Heide ist beliebtes Ausflugsziel für Jung und Alt, egal ob im Spätsommer zur Heideblüte oder auch im Winter zum Rodeln. Aber auch das Naturschutzgebiet Moorgürtel im ehemaligen Urstromtal der Elbe im Norden Fischbeks ist erwähnenswert, ist es doch eines der letzten Rückzugsgebiete des gefährdeten Wachtelkönigs.

Die etwa 27.500 in Neugraben-Fischbek lebenden Menschen verteilen sich auf eine Fläche von 22,5 km². Die S-Bahn-Haltestelle Fischbek wurde übrigens erst 2007 eingerichtet, als die Bahn nach Stade verlängert wurde.

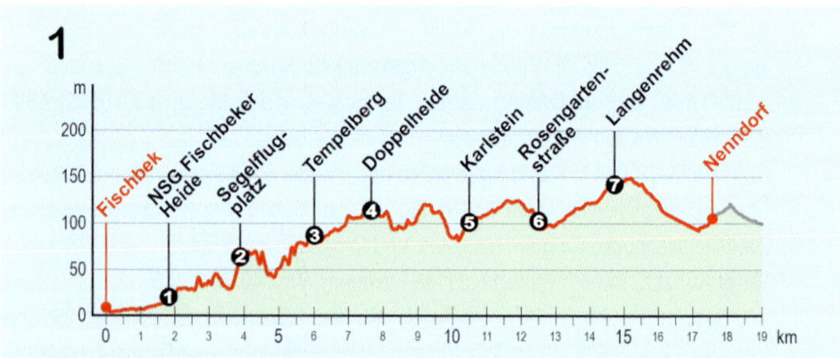

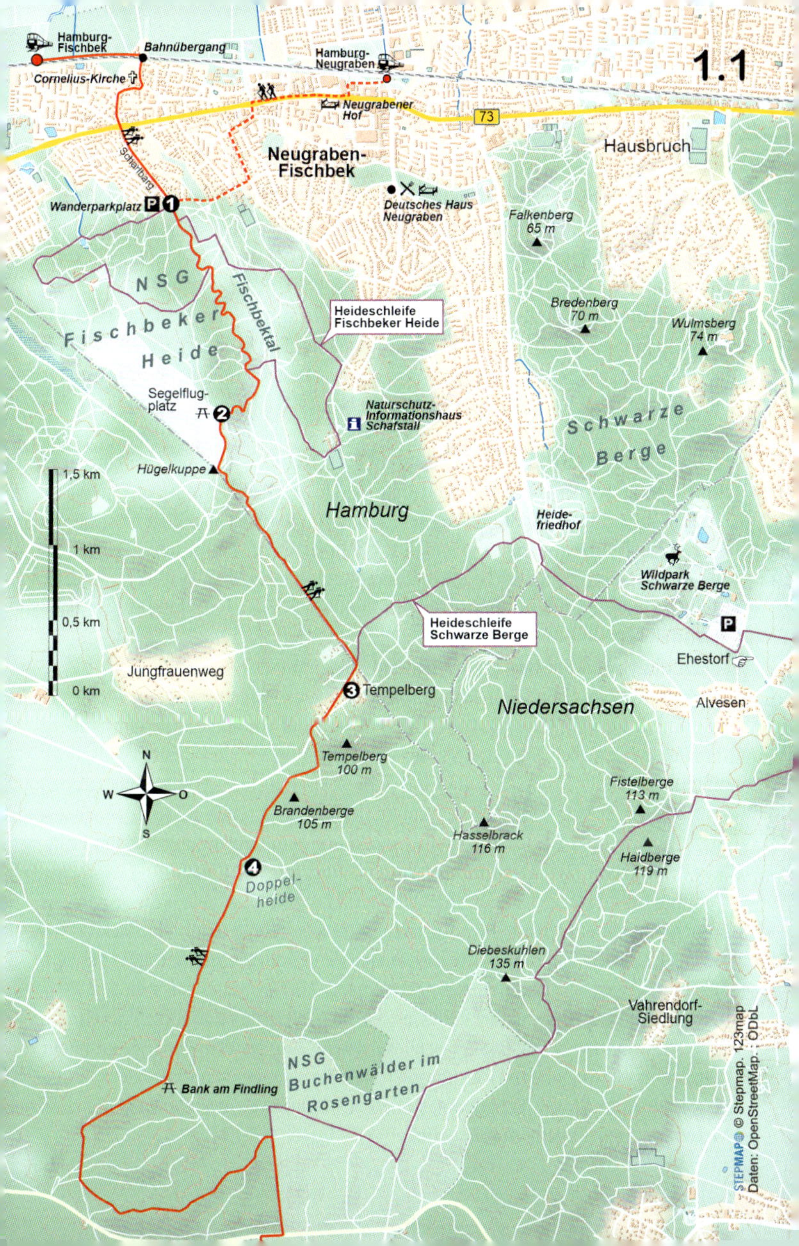
1.1
Hamburg-Fischbek
Bahnübergang
Cornelius-Kirche
Hamburg-Neugraben
Neugrabener Hof
73
Hausbruch
Scharlbarg
Neugraben-Fischbek
Wanderparkplatz
Deutsches Haus Neugraben
Falkenberg 65 m
NSG
Fischbektal
Fischbeker Heide
Heideschleife Fischbeker Heide
Bredenberg 70 m
Wulmsberg 74 m
Segelflug-platz
Naturschutz-Informationshaus Schafstall
Schwarze Berge
Hügelkuppe
1,5 km
1 km
0,5 km
0 km
Hamburg
Heide-friedhof
Wildpark Schwarze Berge
Heideschleife Schwarze Berge
Ehestorf
Jungfrauenweg
Tempelberg
Niedersachsen
Alvesen
Tempelberg 100 m
N
W
O
S
Brandenberge 105 m
Fistelberge 113 m
Hasselbrack 116 m
Haidberge 119 m
Doppel-heide
Diebeskuhlen 135 m
Vahrendorf-Siedlung
NSG Buchenwälder im Rosengarten
Bank am Findling
STEPMAP © Stepmap. 123map
Daten: OpenStreetMap. ODbL

Ihre Wanderung auf dem Heidschnuckenweg beginnt am S-Bahnhof von Hamburg-Fischbek (alternativ können Sie auch am S-Bahnhof Hamburg-Neugraben starten, s. u.). Sie verlassen den Bahnsteig nach Norden und gehen entlang der Gleise nach rechts bis zum Bahnübergang, den Sie überqueren. An der Fischbeker Cornelius-Kirche halten Sie sich rechts und gehen an der nächsten Kreuzung nach links, bis Sie an die stark befahrene B73 stoßen, die über Stade nach Cuxhaven führt.

Sie überqueren die Straße geradeaus und folgen dahinter der Straße Scharlbarg. Nach etwa 600 m beschreibt sie vor dem großen Wanderparkplatz Scharlbarg eine Linkskurve. Hier verlassen Sie die Straße und gehen geradeaus weiter hinein in das Naturschutzgebiet Fischbeker Heide ❶.

Heideschleife Fischbeker Heide

Am Wanderparkplatz Scharlbarg beginnt die Heideschleife durch die Fischbeker Heide. Die 7,3 km lange Rundtour (ca. 1 Std. 45 Min.) führt auf meist sandigen Wegen durch den schönsten Teil des gleichnamigen Naturschutzgebietes im Süden Hamburgs. Die leicht hügelige, abwechslungsreiche Wanderung bietet wunderschöne Ausblicke in das Fischbektal. Im Naturschutz-Informationshaus Schafstall (☞ S. 44) erhalten Sie ausführliche Informationen über die Besonderheiten der Heide. Ein Besuch der sich unbedingt lohnt.

Zugang vom S-Bahnhof Hamburg-Neugraben (Markierung gelbes „H“ auf schwarzem Grund): Der alternative Zugang ist wohl vor allem dem Umstand zu verdanken, dass die Züge der S31 in Neugraben enden und nicht bis Fischbek weiterfahren. Wer kann sollte aber in Fischbek starten. Der Weg von Neugraben ist etwas länger und verläuft fast 1 km an der viel befahrenen B73.

Ausgangspunkt ist der Busbahnhof direkt vor dem Eingang zur S-Bahn Hamburg-Neugraben. Sie folgen der Straße (Am Neugrabener Bahnhof) in westlicher Richtung bis zu ihrem Ende, wo Sie auf die B73 stößt. Dort gehen Sie rechts und erreichen nach knapp 1 km eine Kreuzung (rechts befindet sich ein Bäcker), wo Sie links in die Scheideholztwiete abzweigen. Am Ende der Straße folgen Sie dem Scheideholzweg nach rechts und gehen knapp 200 m weiter links in den Kiesbarg. Bei der ersten Kreuzung verlassen Sie sie nach rechts und folgen der Straße Schnuckendrift bis an das NSG Fischbeker Heide. An der Gabelung gleich hinter dem rechts abzweigenden Hogenbrook halten Sie sich rechts und wandern weiter, bis Sie auf die Straße Scharlbarg stoßen. Dort links treffen Sie nach wenigen Metern auf den Zugang von Fischbek.

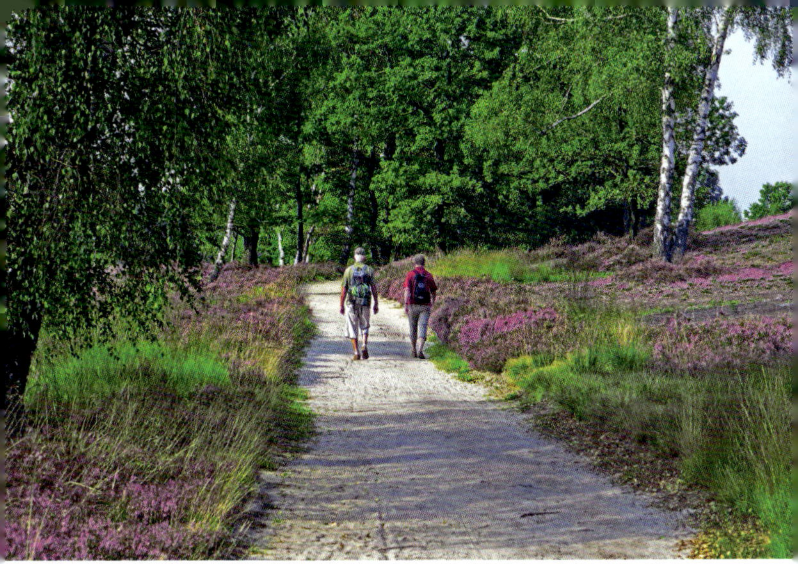

In der Fischbeker Heide

NSG Fischbeker Heide

Das Naturschutzgebiet Fischbeker Heide ist die zweitgrößte Heidelandschaft Deutschlands. Es erstreckt sich auf 773 ha über die Stadtteile Neugraben-Fischbek und Hausbruch im Südwesten Hamburgs. Das Gebiet ist seit 1958 als Naturschutzgebiet ausgewiesen. Die weitflächigen Heidelandschaften werden durch idyllische Laubwälder, schöne Quellmoore und artenreiche Waldwiesen ergänzt. Das Gebiet in der Fischbeker Heide ist seit der Jungsteinzeit besiedelt. Zahlreiche Bodendenkmäler aus dieser Zeit wurden ausgegraben und geben Einblicke in die damalige Lebensweise der Menschen. Entlang des **Archäologischen Wanderpfades** können viele dieser Denkmäler erkundet werden.

Wie weite Teile Deutschlands und Europas war das Gebiet des heutigen NSG ursprünglich gänzlich von Wäldern bewachsen. Die Nutzung der Flächen als Weideland in Kombination mit Rodungen haben die Wälder größtenteils verdrängt, sodass die typische Heidelandschaft entstehen konnte. Um die Heide vor erneuter Verwaldung zu bewahren, wird die Landschaft heute mithilfe einer Heidschnuckenherde und durch Rodungen künstlich erhalten. In dem NSG leben viele seltene Tier- und Pflanzenarten wie z. B. die Heidelibelle, die Zauneidechse oder der Sonnentau. Im NSG befindet sich übrigens auch die höchste Erhebung Hamburgs: Der Hasselbrack ist 116,2 m hoch.

Ausführliche Informationen über das Naturschutzgebiet erhalten Sie im Naturschutz-Informationshaus Schafstall der Loki-Schmidt-Stiftung, das allerdings etwas abseits des Weges liegt.

Naturschutz-Informationshaus **Schafstall**, Fischbeker Heideweg 43a, 21149 Hamburg, ☏ 040/73 67 72 30, fischbek@loki-schmidt-stiftung.de, https://loki-schmidt-stiftung.de/fischbek, Di bis Fr 9:00-13:00, So und Fei 11:00-17:00

Sie folgen dem gut markierten Wanderweg, der am Westhang des Fischbektals in zahlreichen Kurven nach Süden führt. Immer wieder haben Sie wunderbare Blicke auf das mit Heide bestandene, lang gestreckte Tal. Nach etwa 1,5 km mündet der Pfad an einer sandigen Stelle in einen breiteren Weg. Sie biegen nach rechts ab und müssen etwa 100 m weiter aufpassen. Hier zweigt nach rechts ein Pfad ab, dem Sie durch Kiefernwald steil bergauf ans Ende der Start- und Landebahn des Segelflugplatzes Fischbek folgen.

Ein ausgezeichneter Rastplatz ❷ mit schönem Blick ins Fischbektal, über den Segelflugplatz weit nach Westen und bis zur Elbe im Nordwesten.

Segelflug-Club Fischbek

Auf dem Gelände des Segelflugplatzes wurden ab 1910 die ersten Flüge von dem Flugpionier Gottlieb Rost unternommen. Der heutige Segelflug-Club Fischbek entstand im Jahre 1964 durch die Fusionierung zweier Vorgängervereine. Der Verein hat heute etwa 70 Mitglieder und besitzt neben sieben Segelflugzeugen auch einen Motorsegler sowie eine Flugzeughalle. Der Verein betreibt auch eine Flugschule, in der neue Segelflugpilotinnen und -piloten ausgebildet werden.

Es stehen drei Start- bzw. Landebahnen zur Verfügung, darunter eine Schotterpiste und zwei aus Gras. Für Interessierte bietet der Club während der Saison an Wochenenden und Feiertagen die Möglichkeit, selbst einmal in einen der Segelflieger einzusteigen und die Landschaft aus der Luft zu betrachten. Sie können für € 25 pro Person Rundflüge buchen.

♦ **Segelflug-Club Fischbek**, Scharlbargstieg 15, 22149 Hamburg, mail@segelflugclub-fischbek.de, https://segelflugclub-fischbek.de

Sie wandern weiter entlang des Segelflugplatzes bis zu seinem südlichsten Zipfel, wo Sie auf eine kleine Hügelkuppe stoßen. Hier wenden Sie sich nach links Richtung Tempelberg. Die Holzpfostenreihe markiert die Grenze zu Niedersachsen, an der Sie nun die nächsten ca. 1,7 km hügelauf und -ab auf Waldwegen und schmalen Pfaden entlanggehen.

Dann stoßen Sie an einer Kreuzung auf eine breite, unbefestigte Straße, die Sie nach rechts in die wunderschön im Wald gelegene Siedlung Tempelberg ❸ bringt, die bereits zu Niedersachsen gehört. Hier treffen Sie auf die Heideschleife Schwarze Berge.

Heideschleife Schwarze Berge

Der 16,4 km lange, anspruchsvolle Rundweg (ca. 4 Std. 30 Min.) beginnt in dem etwa 4 km entfernten Dorf Ehestorf, wo man mit dem Freilichtmuseum am Kiekeberg und dem Wildpark Schwarze Berge zwei weit über die Region hinaus bekannte Ausflugsziele vorfindet. Die Wanderung führt durch die dichten Nadel- und Laubwälder des Regionalparks Rosengarten und der Schwarzen Berge im steten Auf und Ab. Vom Tempelberg verläuft diese Heideschleife bis kurz hinter dem Karlstein auf der Route des Heidschnuckenweges.

Etwa 500 m hinter der Abzweigung biegen Sie von der nun asphaltierten Straße in einer leichten Linkskurve nach links auf einen Waldweg ab, der später zu einem Pfad wird.

Sie folgen dem Heidschnuckenweg durch den dichten Wald bis zu einer großen Lichtung, der sogenannten Doppelheide ❹, die landwirtschaftlich genutzt wird.

Entlang der Lichtung wandern Sie weiter, gehen am Ende links und sofort wieder rechts. Der Weg führt nun abwärts (mit einem steilen Abschnitt), kreuzt eine breite Forststraße und führt schließlich wieder aufwärts bis zu einer Kreuzung mit einem breiten Forstweg. Hier lädt eine ⩩ Bank neben einem großen Findling zu einer Rast ein.

Sie folgen dem Wanderwegweiser Richtung Karlstein, den Sie nach etwa 1,4 km erreichen. Zunächst führt der Weg abwärts durch dichten Wald, um dann wieder anzusteigen. Auf einer Hügelkuppe gelangen Sie unter großen Buchen und Eichen an den mächtigen Karlstein ⩩ ❺ – ein großartiger Platz für eine ausgedehnte Rast.

Karlstein

Der Karlstein, ein etwa 2 m hoher Findling aus Granit, der während der Eiszeit mit Gletschern aus Skandinavien hierher transportiert wurde, verdankt seinen Namen Karl dem Großen.

Einer Sage zufolge wählte der Frankenkaiser den Ort während der Sachsenkriege als Ruheplatz. Unter Androhung von Todesstrafe verbot er seinen Männern, ihn zu stören. Nachdem er eingeschlafen war, näherten sich die feindlichen Sachsen. Keiner von Karls Männern traute sich, ihn aufzuwecken. Um ihn dennoch wach zu bekommen, warfen sie seinen Hund auf ihn. Karl wachte sofort auf, erkannte die Gefahr und rief: „So sicher ich diesen Stein mit meinem Schwerte spalten werde, so gewiss werden wir die Sachsen besiegen." Mit diesen Worten sprang er auf sein Pferd, setzte über den Stein und spaltete ihn mit einem kräftigen Hieb. Und natürlich wurden die Sachsen in dem Krieg besiegt.

Spalte und Hufabdrücke sind noch heute gut zu sehen. Historiker gehen allerdings von einer anderen Wahrheit aus. Sie sind davon überzeugt, dass die Rillen durch natürliche Erosionsprozesse entstanden sind und mitnichten durch einen Schwerthieb. Auch für die Hufeisen haben sie eine nüchternere Erklärung: Sie sind von Menschen eingemeißelt worden. Wie andere „Hufeisensteine" könnte auch dieser ein Grenzstein gewesen sein oder einen Richtplatz bzw. eine Kultstätte markiert haben.

Am Karlstein

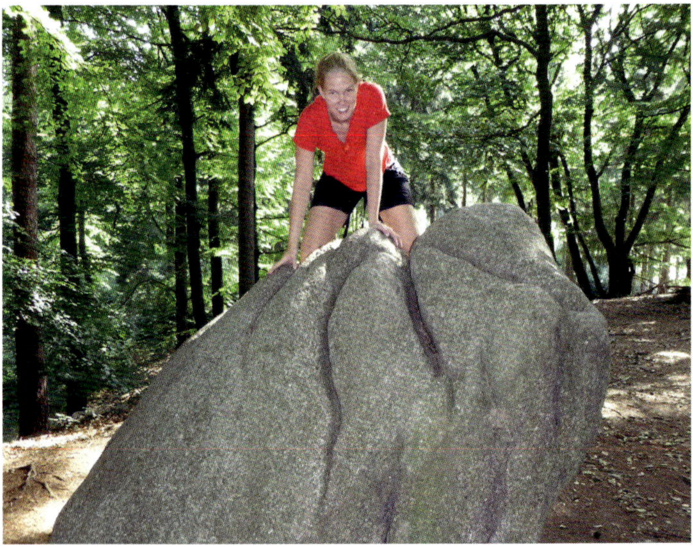

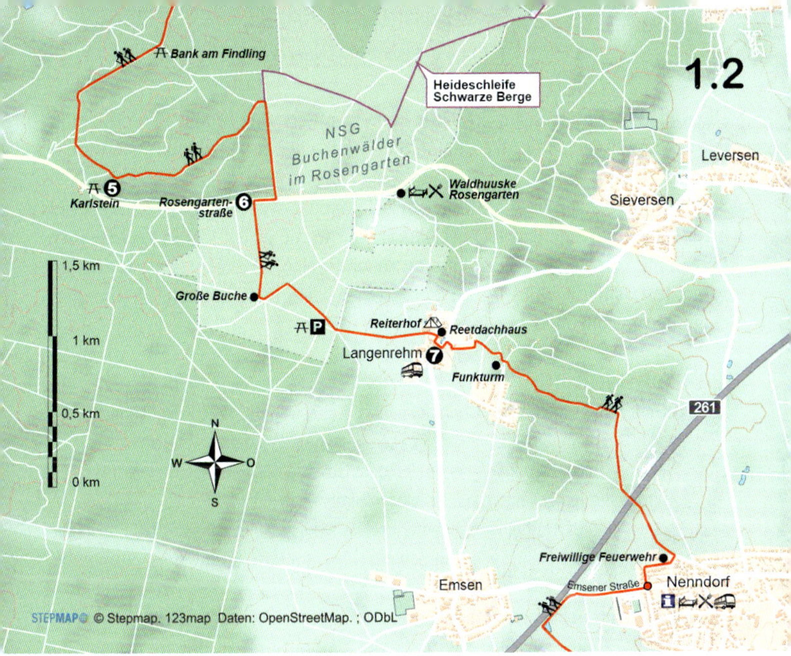

Hinter dem Karlstein folgen Sie weiter dem Weg durch den Wald, bis Sie nach ca. 1,3 km an eine größere Kreuzung gelangen. Hier gehen Sie rechts abwärts und stoßen auf die asphaltierte Rosengartenstraße ❻. Wenn Sie hier nach links gehen, erreichen Sie nach etwa 800 m das Waldhuuske.

Café/Pension Waldhuuske Rosengarten, Rosengartenstr. 2, 21224 Rosengarten, ☏ 041 08/73 16, kontakt@waldhuuske.de, https://waldhuuske.de, EZ ab € 50, DZ ab € 80, ⊙. Das Waldhuuske ist ein beliebtes Ausflugslokal mit gutbürgerlicher Küche. Zur Kaffeezeit werden schmackhafte Blechkuchen und Sahnetorten serviert, darüber hinaus gibt es leckere, kleine Speisen wie Flammkuchen, Spiegelei-Gerichte, Suppen, Salate und niederländische Spezialitäten.

Der Heidschnuckenweg führt nach rechts und verlässt die Rosengartenstraße etwa 100 m weiter wieder nach links auf einen Waldweg. 650 m weiter, gleich hinter einer großen Buche, biegen Sie an einer Kreuzung nach links ab und gelangen nach wenigen Metern auf einen asphaltierten Forstweg, auf dem Sie ebenfalls nach links gehen. 200 m später verlassen Sie den Weg nach rechts auf einen Pfad, der Sie an einer Kreuzung an einen Parkplatz bringt. Eine Schautafel mit Karte informiert über die Region und ⛼ Tisch und Bank bieten sich für eine Rast an.

Vom Parkplatz wandern Sie auf der Betonpiste weiter, bis diese nach etwas mehr als 100 m eine leichte Rechtskurve macht. Sie gehen hier in gerader Richtung weiter direkt auf den Funkturm zu und gelangen durch landwirtschaftlich genutzte Flächen nach Langenrehm. Vorbei an dem Reiterhof Langenrehm erreichen Sie die Langenrehmer Dorfstraße ❼.

Langenrehm

Reiterhof Langenrehm, Corinna Lücking, Kabenweg 6, 21224 Rosengarten, 01 51/56 93 02 45, info@reiterhof-langenrehm.de, www.reiterhof-langenrehm.de. Auf dem Gelände des beliebten Reiterhofes gibt es ein Gästezimmer, Zelten und Schlafen in Strohhütten möglich, Preise auf Anfrage, ⊙.

Linie 4210 Bf. Harburg – Langenrehm – Nenndorf – Bf. Buchholz, 4620 Ehestorf – Langenrehm – Nenndorf – Bf. Buchholz

Langenrehm gehört zur Gemeinde Rosengarten. Die etwa 300 Einwohnerinnen und Einwohner verteilen sich auf zwei Wohnkomplexe, die als Langenrehm Dorf (der ältere nordwestliche Teil) und Langenrehm Siedlung (der südöstliche Teil) bezeichnet werden.

Der Ort liegt idyllisch in einem Landschaftsschutzgebiet im hügeligen Wald- und Wiesenland der südlichen Ausläufer der Harburger Berge. Mit einer Höhe von 140 m gilt er als höchstgelegenes Dorf der norddeutschen Tiefebene. Sehenswert ist die Dorfmitte mit ihren alten Häusern und mächtigen Eichen. Markantestes Bauwerk ist der weithin sichtbare Fernmeldeturm, das höchste Gebäude der Gemeinde Rosengarten.

Etwas abseits vom Heidschnuckenweg liegt das tetraederförmige Fürstendenkmal der hannoverschen Könige und Fürsten, deren Lebensdaten es trägt. Das 1911 errichtete Denkmal erreichen Sie, wenn Sie die Dorfstraße weiter in Richtung Sieversen (nach Norden) gehen. Nach etwa 400 m führt nach links ein kurzer Stichweg zum Denkmal.

Sie gehen die Dorfstraße nach links und biegen nach 20 m, noch vor dem sehenswerten Reetdachhaus, schon wieder rechts auf einen schmalen Pfad ab. Sie wandern weiter auf den 161 m hohen Funkturm zu, passieren ihn zunächst im Norden und gehen dann östlich vorbei.

Etwa 30 m vor der Einfahrt zum eingezäunten Gelände des Funkturms biegen Sie links ab und folgen dem Weg durch den Wald, bis er am Ende einer eingezäunten Wiese endet. Hier gehen Sie rechts und folgen dem Weg, der schließlich die Autobahn A261 unterquert. Auf einem breiten Schotterweg erreichen Sie das Gelände der Freiwilligen Feuerwehr Nenndorf.

☺ Wenn Sie ins Zentrum von Nenndorf wollen, gehen Sie hier geradeaus.

Der Heidschnuckenweg führt hinter der Feuerwehr rechts in die Straße Taubenbusch, zweigt dann etwa 50 m weiter rechts in die Straße Auf dem Westendorfe ab und folgt ihr bis zur Emsener Straße, wo Sie das Ziel der Etappe erreicht haben.

Nenndorf

- https://www.gemeinde-rosengarten.de/tourismus-und-wirtschaft/tourismus-und-freizeit/
- **Böttchers Gasthaus**, Bremer Str. 44, 21224 Rosengarten-Nenndorf, ☏ 041 08/71 47, info@boettchers-gasthaus.de, https://boettchers-gasthaus.de, EZ/F ab € 62, DZ/F ab € 95. Das Hotel liegt etwa 1,5 km vom Etappenziel entfernt an der B75.
- ♦ **Zum Lindenhof**, Bremer Str. 55, 21224 Rosengarten-Nenndorf, ☏ 041 08/71 48, lindenhof.nenndorf@gmail.com, https://lindenhof-nenndorf.com, EZ ab € 60, DZ ab € 100. Das Hotel liegt ebenfalls etwa 1,5 km vom Etappenziel entfernt an der B75.
- Linie 4200 Bf. Harburg – Nenndorf – Bf. Buchholz, 4210 Bf. Harburg – Langenrehm – Nenndorf – Bf. Buchholz, 4620 Ehestorf – Langenrehm – Nenndorf – Bf. Buchholz

Nenndorf ist Teil der Gemeinde Rosengarten im Norden des Landkreises Harburg. 1972 schlossen sich Nenndorf und neun andere Dörfer als Einheitsgemeinde Rosengarten zusammen. Nenndorf ist Sitz der kommunalen Verwaltung der Gemeinde, die vor allem für ihre schönen Naherholungsgebiete bekannt ist und von zahlreichen Hamburgerinnen und Hamburgern für Tagesausflüge genutzt wird.

Der Name ist abgeleitet vom Staatsforst Rosengarten, der weite Teile der Harburger Berge bedeckt. Bemerkenswert ist, dass zwei Drittel der Fläche Rosengartens unter Landschaftsschutz stehen.

2. Etappe: Nenndorf – Buchholz

10,5 km, 110 m, 145 m, 50-120 m, ca. 2 Std. 45 Min.

0,0 km	10,5 km	105 m	Nenndorf
1,6 km	8,9 km	100 m	Kiesgrube Dibbersen
2,0 km	8,5 km	105 m	Jagdhütte
3,2 km	7,3 km	100 m	Kreuzung an Eiche
4,2 km	6,3 km	100 m	Rast unter Kiefern/Eichen
7,1 km	3,4 km	65 m	Steinbeck B75
8,7 km	1,8 km	55 m	Bushaltestelle Stöversweg
9,6 km	0,9 km	70 m	Stadtpark
10,5 km	0,0 km	70 m	Buchholz Bahnhof

Die leichte Etappe verläuft meist auf Wirtschafts- und Forstwegen, zum Teil aber auch auf befestigten Straßen. Highlight der Strecke ist die Windmühle in Dibbersen, zu der ein kurzer Abstecher führt. Das Etappenziel Buchholz in der Nordheide, umgeben von atemberaubender Landschaft, bietet eine komplette Infrastruktur und zahlreiche kulturelle Attraktionen.

Die zweite Etappe beginnt im Norden Nenndorfs an der Emsener Straße, die Sie Richtung Westen gehen. Sie passieren die ROGA (Rosengarten Oberschule mit gymnasialem Angebot). Unmittelbar vor der Autobahn A261 wandern Sie links die Asphaltstraße abwärts, die nach einer Linkskurve an einem Fischteich zu einem unbefestigten Feldweg wird und an einen Wald heranführt. Am Waldrand entlang stoßen Sie an eine Asphaltstraße ❶. Eine Bank unter einer schönen Eiche lädt zu einer Verschnaufpause ein.

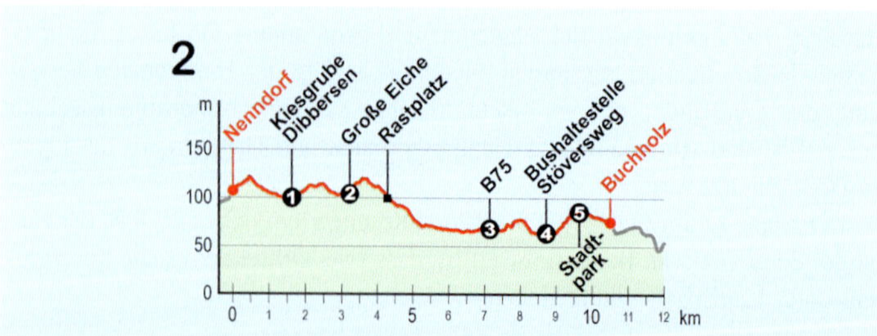

Sie befinden sich hier an den hinter einem Wall verborgenen **Sand- und Kiesgruben Dibbersen der RBS-Gruppe**, die zu den größten Sand- und Kieslieferanten in Norddeutschland zählt. Die Grube Dibbersen hat eine Gesamtfläche von 57 ha, wovon derzeit allerdings nur ein Teil im Abbaubetrieb ist. Insgesamt sollen hier über 12 Millionen Tonnen Sand und Kies abgebaut werden.

Gut 100 m hinter der Bank überqueren Sie die Zufahrt zum Grubengelände und zweigen etwa 70 m weiter zwischen zwei großen Findlingen auf einen Wanderweg ab, der dicht an die Autobahn A1 heranführt. Zwischen Autobahn und dem ausgedehnten Gelände der Kiesgrube wandern Sie weiter bis an die Emsener Straße, an der Sie nach links die Autobahn überqueren. Gleich hinter der Autobahnbrücke biegen Sie scharf rechts ab und

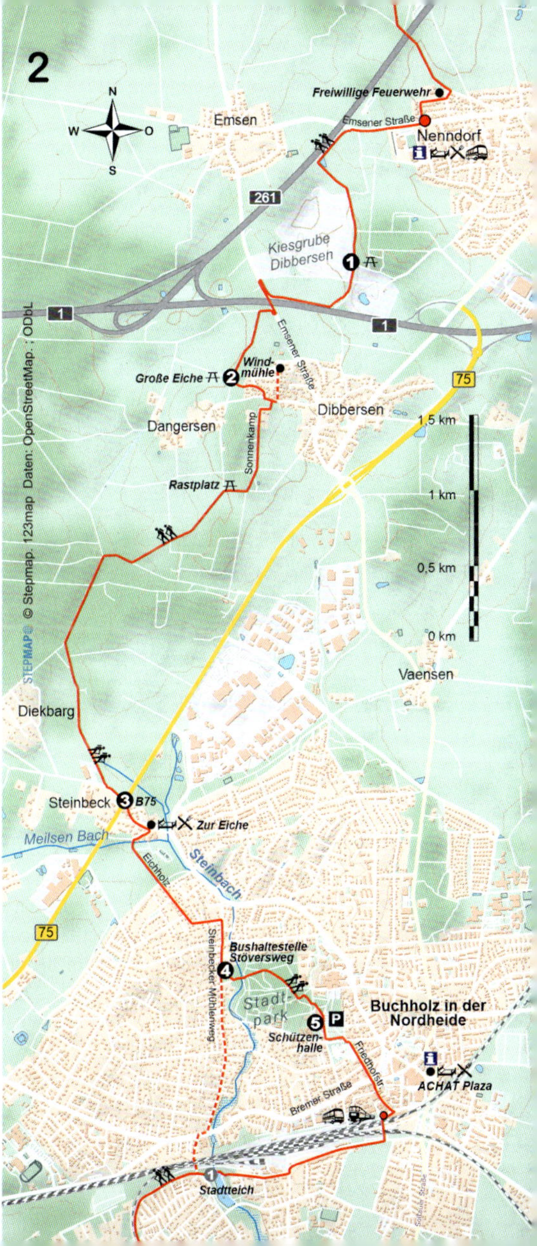

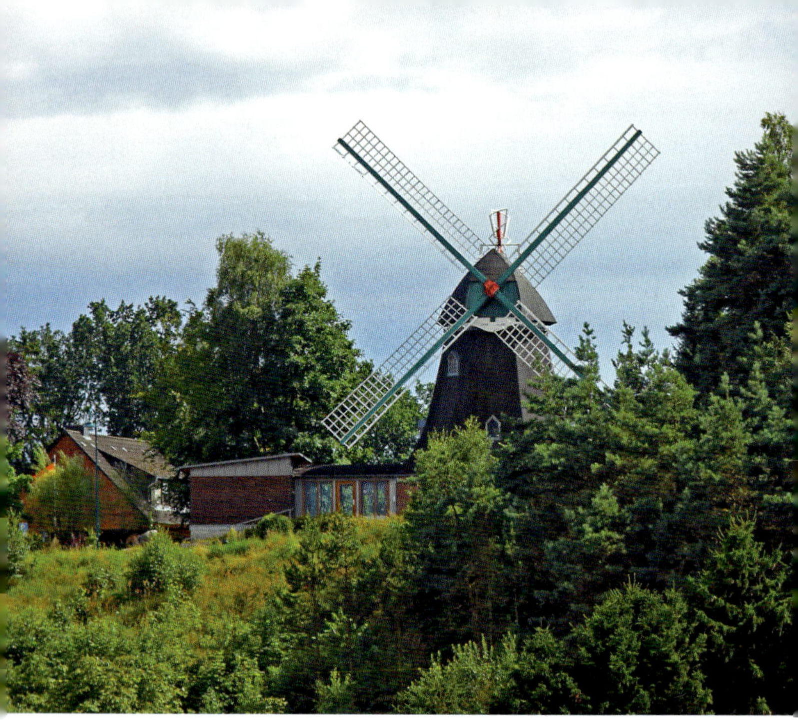

Windmühle Dibbersen

gehen gut 100 m weiter links auf einen Wirtschaftsweg, der auf einen kleinen Laubwald zuführt, wo Sie gleich am Anfang eine ⛼ Bank finden. Eine weitere steht am Ende des Waldes unter einer markanten, riesigen Eiche an einer Kreuzung ❷. Ein schöner Platz für eine Rast.

Hier gehen Sie links, erreichen gleich die ersten Häuser von Dibbersen und wandern vorbei an einem sehenswerten Reetdachhaus bis zum Ende der Straße.

Hier gehen Sie erneut nach links und etwa 40 m weiter gleich wieder rechts in den Sonnenkamp abbiegen.

☺ Wenn Sie einen Abstecher zur Windmühle Dibbersen machen wollen, gehen Sie hier geradeaus weiter und dann nach wenigen Metern gleich links in die Straße Am Habenberg, auf der Sie nach etwa 200 m die Mühle erreichen, wo Sie auch eine gute Rastmöglichkeit finden.

Windmühle Dibbersen

Die Mühle wurde 1870/71 als Erdholländer in windexponierter Lage auf dem 120 m hohen Habenberg errichtet. Bis 1935 wurde das Mahlwerk vom Wind angetrieben, danach bis zur Stilllegung 1953 durch einen Elektromotor. Anschließend wurde sie zu Wohnraum umgebaut, wobei die gesamte Mühlentechnik verloren ging. Heute steht die Mühle als Kulturdenkmal unter Denkmalschutz, wird als Veranstaltungszentrum genutzt, kann aber auch für private Feiern oder Hochzeiten gemietet werden. Betreut wird das historische Gebäude vom Verein Mühlenfreunde Dibbersen e.V.

♦ **Windmühle Dibbersen**, Zur Alten Mühle 7, 21244 Buchholz-Dibbersen, www.windmuehle-dibbersen.de, vorstand@windmuehle-dibbersen.de

Sie verlassen Dibbersen auf dem Sonnenkamp und wandern den Weg weiter südwärts. Nach etwa 300 m kommen Sie an eine rechts liegende große Wiese, wo Sie eine Bank vorfinden. Von ihr haben Sie einen besonders schönen Ausblick über die Getreidefelder auf die hügelige Landschaft Richtung Südosten. An der Gabelung etwa 50 m hinter der Wiese halten Sie sich rechts und kommen 100 m weiter an eine Kreuzung, an der Sie ebenfalls rechts gehen. Gleich hinter der Kreuzung finden Sie am rechten Wegrand einen bemerkenswerten großen Ameisenhaufen. Es ist faszinierend, die eifrigen Insekten bei ihrem emsigen Treiben zu beobachten.

Knapp 100 m hinter der Kreuzung gelangen Sie an einen guten Rastplatz mit Bänken und einem Holztisch, schön gelegen unter Kiefern und Eichen.

Sie folgen weiter dem Schotterweg, der nach 850 m im Stuvenwald, einem Landschaftsschutzgebiet, nach rechts schwenkt und dann schließlich an einem breiten geschotterten Forstweg endet. Hier finden Sie zahlreiche Wanderwegweiser und 20 m weiter Richtung Buchholz einen hölzernen Unterstand. Sie folgen dem Forstweg nach links Richtung Buchholz und halten sich etwa 600 m weiter an der nächsten Gabelung ebenfalls links. Nach knapp 200 m erreichen Sie am Rande einer Lichtung einen schönen Rastplatz mit zahlreichen Bänken im Freien und in einem hölzernen Pavillon.

Dahinter führt der Weg aus dem Wald hinaus in den Buchholzer Ortsteil Steinbeck und erreicht die B75 ❸. Sie überqueren die viel befahrene Straße und gehen etwa 250 m weiter in Höhe des Hotel-Restaurants Zur Eiche rechts in den Weg Eichholz.

🛏 ✕ **Flair Hotel Zur Eiche**, Steinbecker Str. 111, 21244 Buchholz, ☏ 041 81/200 00, ✉ hotel@zur-eiche.de, 💻 https://www.zur-eiche.de/, EZ ab € 87, DZ ab € 90

Sie folgen dem Schotterweg und erreichen nach etwas mehr als 100 m an einer Weggabelung ein Denkmal für die im Krieg Gefallenen und einen Gedenkstein „Gegen das Vergessen". Noch vor dem Stein gehen Sie nach links und überqueren wenige Schritte weiter den Steinbach, dem Sie auch auf der nächsten Etappe noch begegnen werden. Gleich dahinter passieren Sie einen Reiterhof (Reepshof) und gelangen knapp 300 m weiter in ein Wohngebiet von Buchholz.

Am Ende der Straße gehen Sie rechts in den Steinbecker Mühlenweg. Nach gut 300 m biegen Sie in Höhe der Bushaltestelle „Stöversweg" ❹ nach links auf einen Pfad in den Stadtwald ab, an dessen Ende Sie auf einen breiteren Waldweg treffen. Auf diesem gehen Sie nach links und überqueren wenig weiter erneut den Steinbach. Sie wandern auf dem gut markierten Weg durch den schönen Stadtwald und passieren im Stadtpark die Schützenhalle und einen großen Parkplatz ❺.

Noch vor dem Ende des Stadtparks gehen Sie links am südlichen Rand des Parkes entlang und verlassen ihn am Ende nach rechts auf die Parkstraße. Sie überqueren die Straße und gehen rechts in die Friedhofstraße. An ihrem Ende überqueren Sie die Bremer Straße und gehen etwas links versetzt in die Neue Straße, der Sie bis zum Bahnhof folgen, wo Sie das Ziel der zweiten Etappe erreicht haben.

Buchholz in der Nordheide

ℹ **Tourist-Information**, Kirchenstr. 6, 21244 Buchholz i. d. Nordheide, ☏ 04 181/28 28 10, ✉ info@buchholz-erleben.de, 💻 https://buchholz-erleben.de, 🚪 Mo-Sa 10:00-13:00 und 14:00-16:00, Mi und Sa nur vormittags, Mi schon ab 9:00, ⊙

🛏 ✕ **ACHAT Plaza**, Lindenstr. 21, 21244 Buchholz, ☏ 041 81/91 90, ✉ buchholz-plaza@achat-hotels.com, 💻 https://achat-hotels.com/hotels/buchholz-hamburg/, EZ ab € 90, DZ ab € 130, F € 15, ⊙. Das Hotel liegt nur etwa 350 m vom Etappenziel entfernt.

🚌 Linie 4200 Bf. Harburg – Nenndorf – Bf. Buchholz, 4210 Bf. Harburg – Langenrehm – Nenndorf – Bf. Buchholz, 4620 Ehestorf – Langenrehm – Nenndorf – Bf. Buchholz

🚆 Linie RB38 Bf. Harburg – Buchholz – Suerhop – Büsenbachtal – Handeloh – Schneverdingen – Soltau

Mit mehr als 40.000 Einwohnerinnen und Einwohnern ist Buchholz die größte Stadt im Landkreis Harburg und gilt als Tor zur Heide. Die Stadt liegt in der hügeligen Endmoränenlandschaft **Hohe Heide**, die u. a. die Schwarzen Berge, die Harburger Berge und die Lohberge umfasst. Ihre Lage etwa 20 km südlich von Hamburg macht sie auch für Menschen aus dem Großraum Hamburg sehr attraktiv für einen Tagesausflug.

Buchholz besteht aus der Kernstadt und fünf weiteren Ortschaften (Holm-Seppensen, Steinbeck, Sprötze, Trelde und Dibbersen), die 1972 in die Gemeinde Buchholz eingegliedert wurden.

Die Stadt selbst ist noch relativ jung, erst am 15. Juli 1958 wurde die Ortschaft offiziell zur Stadt ernannt. Zu dieser Zeit erhielt sie auch den Namenszusatz „in der Nordheide".

An Sehenswertem hat die Kernstadt nicht viel zu bieten. Das findet man eher in den zugehörigen Ortschaften, wie z. B. die schon erwähnte Windmühle Dibbersen oder die **Wassermühle Holm**, das **Museumsdorf Seppensen** und den **Schmetterlingspark Alaris**, der ebenfalls in Seppensen liegt.

Schmetterlingspark Alaris, Zum Mühlenteich 2, 21244 Buchholz/Seppensen, ☎ 041 81/364 81, 💻 https://schmetterlingspark-buchholz.de, Mitte März bis Ende Oktober täglich 10:00-17:00

⌘ **Museumsdorf Seppensen**, Zum Mühlenteich 3, 21244 Buchholz/Seppensen, ☎ 041 87/317 34, info@gmv-buchholz.de, 💻 www.gmv-buchholz.de/seite7.html, Öffnungszeiten und Veranstaltungen im Internet

Kulturell hat die Stadt dagegen einiges zu bieten und nennt sich deshalb stolz auch „Kulturstadt Buchholz". Das kulturelle Herz der Stadt ist das Veranstaltungszentrum **Empore**, wo vom Theater über U- und E-Musik bis hin zu Kabarett und Vortragsveranstaltungen ein vielfältiges Programm geboten wird.

Buchholz gilt auch als Einkaufsstadt. Vom Möbelhaus bis zur kleinen Boutique ist hier alles zu finden.

☺ Besonderen Reiz verströmt der **Wochenmarkt** in der Fußgängerzone im Herzen der Stadt, der jeden Mittwoch und Samstag von 7:00 bis 13:00 stattfindet.

3. Etappe: Buchholz – Handeloh

15 km, ↑ 115 m, ↓ 135 m, ⇧ 50-129 m, ca. 4 Std.

0,0 km	15,0 km	⇧ 70 m	Buchholz Bahnhof
1,3 km	13,7 km	⇧ 50 m	Stadtteich
2,5 km	12,5 km	⇧ 65 m	Suerhop Bahnhof
5,2 km	9,8 km	⇧ 90 m	Rast Höllenschlucht
6,0 km	9,0 km	⇧ 129 m	Brunsberg
7,9 km	7,1 km	⇧ 85 m	Lohbergenweg, Holm-Seppensen 2 km
9,9 km	5,1 km	⇧ 79 m	Pferdekopf
10,2 km	4,8 km	⇧ 60 m	Büsenbach
11,0 km	4,0 km	⇧ 90 m	Aussichtspunkt Büsenbachtal
12,8 km	2,2 km	⇧ 75 m	Höckeler Weg
15,0 km	0,0 km	⇧ 50 m	Handeloh

Die dritte Etappe verläuft zum größten Teil auf guten Pfaden und Waldwegen durch eine atemberaubend schöne Naturkulisse. Mit der Höllenschlucht, dem Brunsberg und dem dazugehörigen Naturschutzgebiet, dem Pferdekopf, dem Büsenbachtal mit dem glasklaren Büsenbach sowie dem Rastplatz Bachschwinde bietet sie zahlreiche landschaftliche Höhepunkte. Dieser Abschnitt des Heidschnuckenweges gehört zu den besten der gesamten Tour und wurde im Sommer 2014 von den Lesern des renommierten „Wandermagazins" in der Kategorie Tagestouren zum schönsten Wanderweg Deutschlands gewählt.

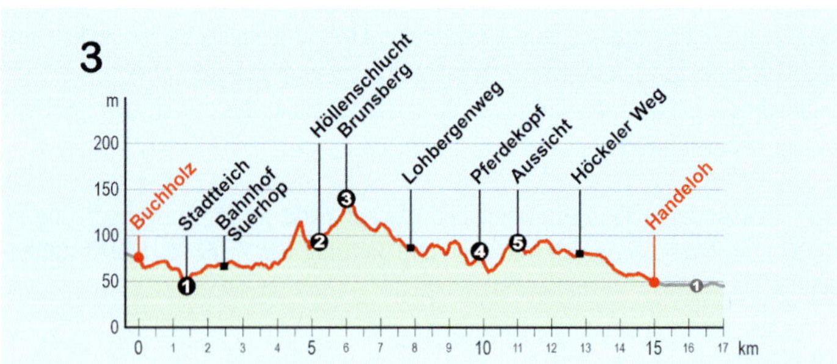

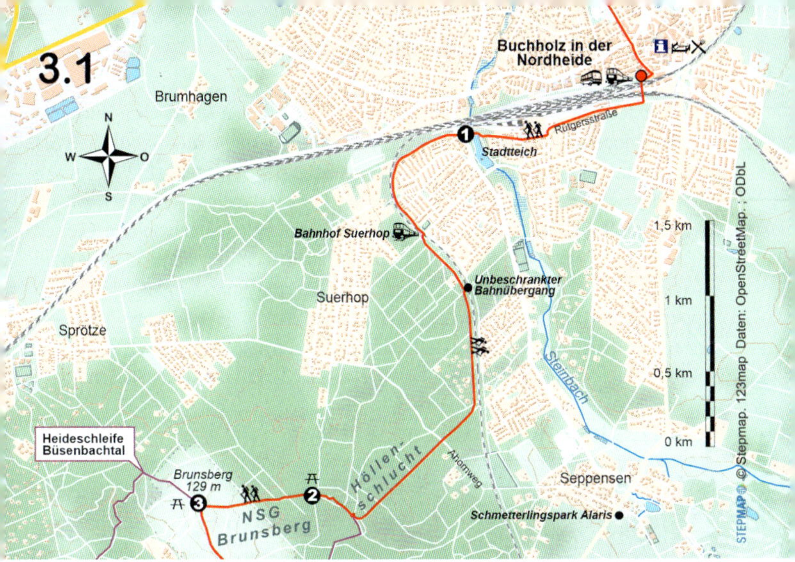

Sie beginnen die Etappe am Bahnhof von Buchholz nördlich der Gleise und überqueren diese auf der Fußgängerbrücke. Am Ende der Brücke halten Sie sich rechts und wandern auf der Rütgersstraße parallel zu den Gleisen in westlicher Richtung. Etwa 30 m hinter einer Linkskurve gehen Sie rechts in die Breslauer Straße. Kurz bevor die Straße endet und nach links die Stettiner Straße abzweigt, gehen Sie zwischen einem Zaun und einer Hecke in den Wald hinein. Sie folgen dem Weg und erreichen nach knapp 150 m den **Buchholzer Stadtteich ❶**.

Stadtteich Buchholz

Der Buchholzer Stadtteich, schön eingebettet im Steinbachtal gelegen, ist kein natürliches Gewässer, sondern durch Aufstau des Steinbachs entstanden. Der Teich dient den Buchholzerinnen und Buchholzern als Naherholungsgebiet, ist leider aber nicht als Badesee freigegeben. Jedes Jahr in den Sommerferien findet dort das Stadtteichfest mit Musik, Speisen und Getränken und einem großen Flohmarkt statt.

Sie überqueren den Steinbach und gelangen an den Seppenser Mühlenweg, den Sie geradeaus kreuzen. Sie folgen dem Weg, der parallel zur sog. Heidebahn verläuft. Die überwiegend eingleisige Bahnstrecke verbindet Buchholz mit Hannover und ist einer der wichtigsten Schienenwege durch die Lüneburger Heide.

Als erstes gelangen Sie an den Bahnhof Suerhop (Linie RB38 nach Buchholz bzw. Büsenbachtal – Hanstedt – Schneverdingen – Soltau). Hier überqueren Sie die Gleise und wandern jetzt auf der anderen Seite des Schienenbettes weiter. An einem unbeschrankten Bahnübergang gehen Sie kurz rechts und gleich wieder links in den Wald hinein und folgen dem Weg, der sich später von den Gleisen entfernt, zu einem Pfad wird und in südwestliche Richtung tiefer in den Wald hineinführt. Sie überqueren den breiten, geschotterten Ahornweg, der links nach Seppensen führt, und erreichen den steilen Rand der Höllenschlucht.

An der nächsten Wanderwegekreuzung biegen Sie links ab und steigen abwärts in die Schlucht, wo Sie auf die Heideschleife Büsenbachtal stoßen.

↳ Heideschleife Büsenbachtal

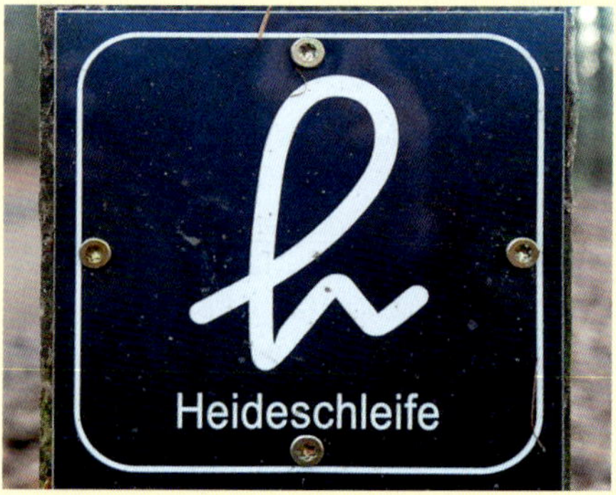

Beschilderung Heideschleifen

Die 13,6 km lange (ca. 3 Std. 30 Min.) Heideschleife durch das Büsenbachtal führt durch eine der schönsten Regionen entlang des Heidschnuckenweges. Die Schleife bietet mit dem 129 m hohen Brunsberg, der engen, dunklen Höllenschlucht und dem romantischen, lieblichen Höllental, um nur einige zu nennen, besondere landschaftliche Höhepunkte. Die aussichtsreiche Wanderung verläuft auf naturnahen, meist sandigen Wegen durch dichte Wälder und offene Heiden.

Höllenschlucht

Die Höllenschlucht ist ein periglaziales Trockental. Diese Täler bildeten sich in Europa während der Eiszeit vielerorts in Gegenden, in denen Permafrostböden existierten. Das zeitweise Auftauen der obersten Schichten des Bodens führte dazu, dass viel Schmelzwasser vorhanden war. Da der Permafrost das Versickern des Wassers in den Boden verhinderte, musste das Wasser oberflächlich abfließen. Dies führte zur Bildung von tiefen Tälern und Mulden in der Landschaft, da das Wasser Sediment und Gestein auswaschen konnte. Nach dem Tauen des Permafrostbodens in wärmeren Zeiten konnte das Wasser schließlich versickern und die Täler fielen trocken. Die Höllenschlucht ist ein relativ kleines Tal, dessen steile Wände kaum höher als 10 m hinaufragen. Dennoch ist es eine spannende Wanderung durch das schattige Tal.

Unten in der Schlucht angekommen gehen Sie nach rechts und erreichen nach knapp 300 m vor einer größeren Wanderwegekreuzung, an der es rechts zurück nach Suerhop und Buchholz geht, eine gute Stelle mit ⛩ Bank für eine Pause in der Höllenschlucht ❷. Nur etwa 450 m weiter – inzwischen haben Sie die Schlucht wieder verlassen – stoßen Sie in jetzt offenerem Gelände an eine Holzabsperrung. Hier beginnen das kleine Naturschutzgebiet Brunsberg und der Aufstieg

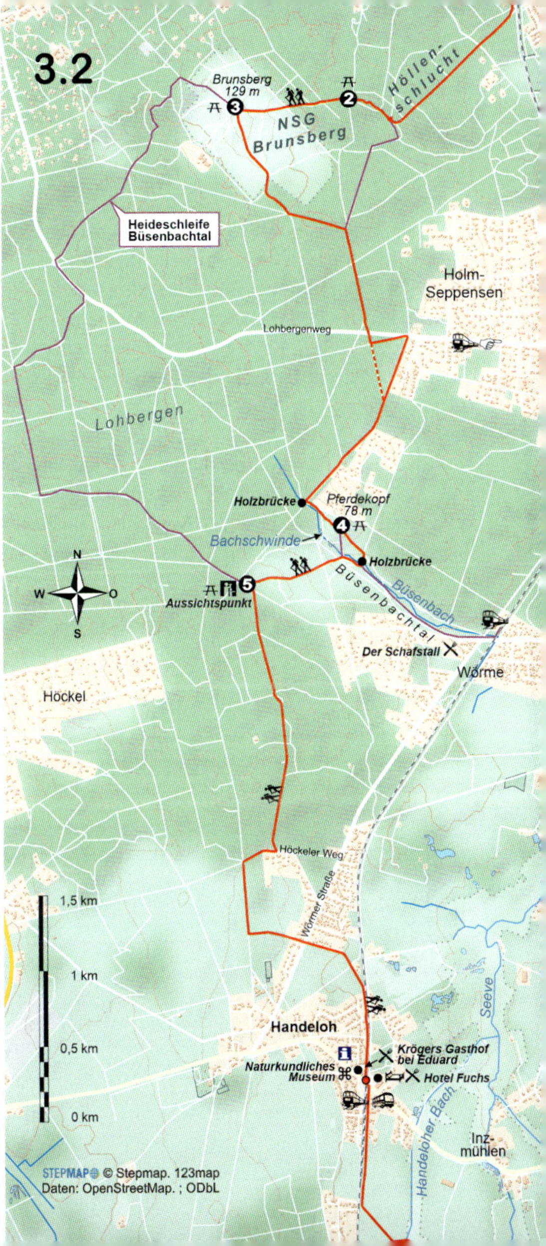

auf den Brunsberg ❸, der zwar steil, aber nur kurz ist. Oben finden Sie eine sehr gute ⛩ Rastmöglichkeit mit schöner Aussicht.

Brunsberg

Das NSG Brunsberg, seit 1954 unter Naturschutz gestellt, ist rund 61 ha groß. Im NSG ist der mit Heide bewachsene Brunsberg die höchste Erhebung (129 m). Als Aussichtspunkt ist der Brunsberg ideal – in alle Richtungen haben Sie einen fantastischen Blick. Bei gutem Wetter können Sie im Süden den 169 m hohen Wilseder Berg sehen, die höchste Erhebung in der Norddeutschen Tiefebene. Im Südwesten fällt der Blick auf den Kirchturm der Johanneskirche in Tostedt. Nur nach Norden wird die Sicht auf Hamburg durch die Harburger Berge verstellt.

Sie verlassen den Brunsberg in südlicher Richtung und gelangen schnell an das Ende des Naturschutzgebietes, die offene Heide weicht hier wieder dichtem Wald. Etwa 200 m weiter stoßen Sie an einen breiten Reitweg, dem Sie nach links folgen, und halten sich knapp 400 m weiter an einer Kreuzung rechts. Nach etwa 700 m stoßen Sie an die zweispurige asphaltierte Straße Lohbergenweg, die

Blick vom Aussichtspunkt Büsenbachtal

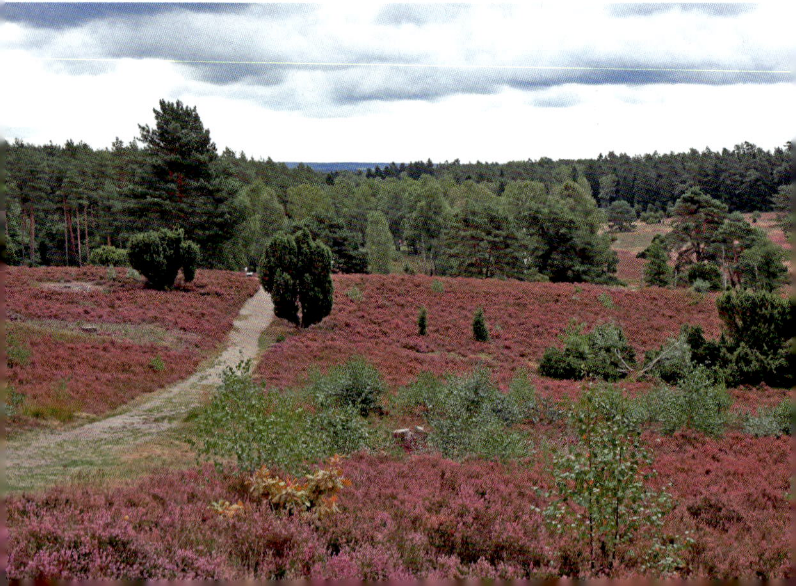

Holm-Seppensen mit dem Buchholzer Ortsteil Sprötze verbindet. Wer hier aussteigen will oder muss, erreicht links nach knapp 2 km den Bahnhof von Holm-Seppensen. Alle anderen gehen geradeaus über die Landstraße.

☺ Der Heidschnuckenweg biegt etwa 50 m weiter nach links, führt wieder zurück Richtung Lohbergenweg, um dann kurz vor der Straße am Ortseingang von Holm-Seppensen nach rechts zu schwenken. Ein Schlenker, der nur bei nassem Untergrund Sinn macht. Wer will, kann an der Linksabbiegung einfach weiter geradeaus gehen. Nach 400 m trifft man dann wieder auf den ausgeschilderten Wanderweg. Nach Regen ist diese Alternative aber kaum passierbar.

Sie folgen dem Waldweg vorbei an links liegenden Einfamilienhäusern auf schönen Grundstücken mitten im Wald, bis Sie an den kristallklaren **Büsenbach** stoßen, über den hier eine schmale Holzbrücke führt. ⩩ Mehrere Bänke in näherer Umgebung bieten sich für eine Pause an.

Büsenbach und Büsenbachtal

Das Moränengebiet Büsenbachtal entstand in der Eiszeit und wurde schon vor etwa 5.000 Jahren, also in der Jungsteinzeit, von den ersten Menschen besiedelt. Damals prägten die Landschaft weitflächige Eichen-, Erlen- und Buchenwälder. Durch die spätere Rodung der Wälder und die Nutzung des Gebiets als Weideflächen wurde die Landschaft verändert. Auf dem nun kargen und nährstoffarmen Boden konnten nur noch die widerstandsfähigsten Pflanzen wachsen. Dies war günstig für robuste Pflanzen wie die Besenheide und den Wacholder, die noch heute charakteristisch für das Büsenbachtal sind. Heute ist im Büsenbachtal die nördlichste natürlich vorkommende Ansiedlung von Wacholderpflanzen zu finden.

Der kleine, kristallklare Büsenbach hat ein interessantes Phänomen zu bieten. Der Bach verfügt über einige sogenannte „Bachschwinden". An mehreren Stellen verschwindet er unter der Erde, um dann nach kürzerer oder längerer Strecke wieder aufzutauchen. Verantwortlich für diesen Wechsel aus unter- und überirdischem Fluss sind die unterschiedlichen Bodenbeschaffenheiten. Bei wasserundurchlässigen Schichten, wie z. B. Lehm- oder Tonboden, fließt der Bach oberirdisch. Dort, wo der Boden sandig ist, kann das Wasser versickern und der Bach fließt unter der Erde weiter.

Der Heidschnuckenweg zweigt noch vor dem Bach nach links ab und führt wieder in offene Heidelandschaft. Halten Sie sich an der nächsten Gabelung rechts. Der Weg führt Sie direkt hinauf auf den **Pferdekopf ❹**, einen kleinen Berg, von dem Sie eine wunderbare Aussicht auf das Büsenbachtal und die umgebende Heidelandschaft haben. Oben laden zahlreiche Bänke und Tische zu einer ausgiebigen Rast ein.

Sie verlassen den Pferdekopf auf der dem Aufstieg gegenüberliegenden Seite und steigen ins Büsenbachtal ab. An der nächsten Kreuzung, noch vor der Schotterstraße, halten Sie sich rechts und überqueren den Büsenbach auf einer schönen Holzbrücke. Auch hier stehen mehrere Bänke und auch dies ist ein guter Rastplatz. Wer will, kann seine Füße im klaren Wasser des Baches kühlen.

☺ Wer die Wanderung hier beenden möchte, kann dem Büsenbach abwärts folgen. Der Weg führt nach etwa 1 km an den Bahnhof Büsenbachtal, von wo Sie mit der Heidebahn RB38 wieder Ihren Ausgangspunkt Buchholz erreichen.

Etwa 200 m vor dem Bahnhof kommen Sie am Café/Restaurant Schafstall vorbei. Hier können Sie sich nicht nur mit Speis und Trank versorgen, sondern finden auch eine Stempelstelle.

Der Schafstall, Am Büsenbach 35, 21256 Wörme, ☏ 041 87/10 72, mail@cafeschafstall.de, www.cafeschafstall.de, Di-So 12:00-22:00, an Wochenenden und Feiertagen schon ab 10:00, ⊙

Hinter der Brücke gehen Sie rechts und halten sich gleich darauf auch an der nächsten Gabelung rechts. Etwa 100 m weiter zweigt nach rechts ein Pfad ab, der wieder auf den Gipfel des Pferdekopfes führt. Sie halten sich hier links und folgen dem breiteren Weg den Hang des Büsenbachtales aufwärts.

Die zahlreichen Abzweigungen und Kreuzungen können im ersten Moment verwirren, der Weg ist aber sehr gut markiert. Auf Ihrem Weg aufwärts durch die sehenswerte Heidelandschaft finden Sie unter einzeln stehenden Kiefern mehrere Bänke. Den erstklassigen Rastplatz am **Aussichtspunkt Büsenbachtal ❺** mit Holztischen und -bänken sowie mehreren Informationstafeln erreichen Sie am Ende des Weges am Waldrand. Von hier haben Sie einen fantastischen Blick hinunter ins Büsenbachtal.

Vom Rastplatz aus gehen Sie in südöstlicher Richtung nach links, verlassen den Forstweg aber schon nach wenigen Metern wieder nach rechts auf einen stellenweise sehr sandigen Forstweg, der zunächst durch Nadel- und später durch einen schönen Laubwald mit teilweise schönen alten Eichen und Buchen führt.

Am Ende des Waldes treffen Sie auf den Höckeler Weg und die ersten Häuser von Handeloh. Sie gehen hier rechts und an der nächsten Kreuzung links die Schotterstraße zwischen Feldern abwärts. Knapp 500 m weiter biegen Sie links ab und folgen dem Weg, der die Handeloh mit Wörme verbindende Landstraße überquert und an die Gleise der Heidebahn führt. Schließlich geht es entlang der Bahnlinie bis zum Bahnhof von Handeloh, wo Sie das Ziel dieser Etappe erreicht haben.

Handeloh

Bürger- und Verkehrsverein Handeloh e.V., Am Markt 1, 21256 Handeloh, 041 88/89 10 11, über Kontaktformular auf der Website, https://handeloh-tourismus.de, Di und Do 10:00-12:30

Hotel Fuchs, Hauptstraße 35, 21256 Handeloh, 041 88/414, hotel-fuchs@t-online.de, https://hotel-restaurant-fuchs.de, EZ/F ab € 80, DZ/F ab € 95, ⊙. Das Haus liegt am Ziel gegenüber vom Bahnhof.

Linie 4631 Handeloh – Wesel – Undeloh (nur an Schultagen)

Linie RB38 Bf. Harburg – Buchholz – Suerhop – Büsenbachtal – Handeloh – Schneverdingen – Soltau

Handeloh ist ein Ort der Samtgemeinde Tostedt im Landkreis Harburg. Mit etwa 2.400 Einwohnerinnen und Einwohnern ist es eine relativ kleine Gemeinde. Landschaftlich ist der Ort durch weite Heidelandschaften und alte Mischwälder geprägt.

⌘ Auch kulturell bietet der Ort ein Highlight: das Naturkundliche Museum mit der Schulungsstätte „Alte Schmiede“. Das Museum bietet Ausstellungen über die heimische Singvogelwelt und informiert über Säugetiere, Vögel, Lurche und Kriechtiere aus der Region. In der Schulungsstätte werden u. a. Seminare über verschiedene Themen wie Naturschutzrecht, Bodenkunde oder Artenbestimmung angeboten.

♦ **Naturkundliches Museum und Schulungsstätte „Alte Schmiede“**, Hauptstraße 42, 21256 Handeloh, 041 88/74 13, museumhandeloh@web.de, nach Vereinbarung

In den 1990er-Jahren hat Handeloh eine gewisse Aufmerksamkeit durch die Wahl des Drehortes der Kinderfernsehsendung „Neues vom Süderhof“ erhalten. Da die Serie auf einem Reiterhof in Handeloh gedreht wurde, entstanden viele der Szenen in und um den Ort in der Lüneburger Heide.

4. Etappe: Handeloh – Wesel

➲ 8,7 km, ↑ 80 m, ↓ 60 m, ⇧ 45-70 m, ⌛ ca. 2 Std. 30 Min.

0,0 km	8,7 km	⇧ 50 m	Handeloh
1,2 km	7,5 km	⇧ 50 m	Unterstand
1,5 km	7,2 km	⇧ 50 m	NSG Lüneburger Heide
2,2 km	6,5 km	⇧ 45 m	Rastplatz am Teich
4,1 km	4,6 km	⇧ 50 m	Rastplatz Pavillon
4,2 km	4,5 km	⇧ 50 m	Abzweig Variante
5,3 km	3,4 km	⇧ 60 m	Wehlen 5-Wege-Kreuzung*
7,0 km	1,7 km	⇧ 65 m	Vereinigung der Routen
8,7 km	0,0 km	⇧ 70 m	Wesel

** Dieser Wegpunkt liegt auf der Alternativroute.*

„Rastplatz" an der Seeve

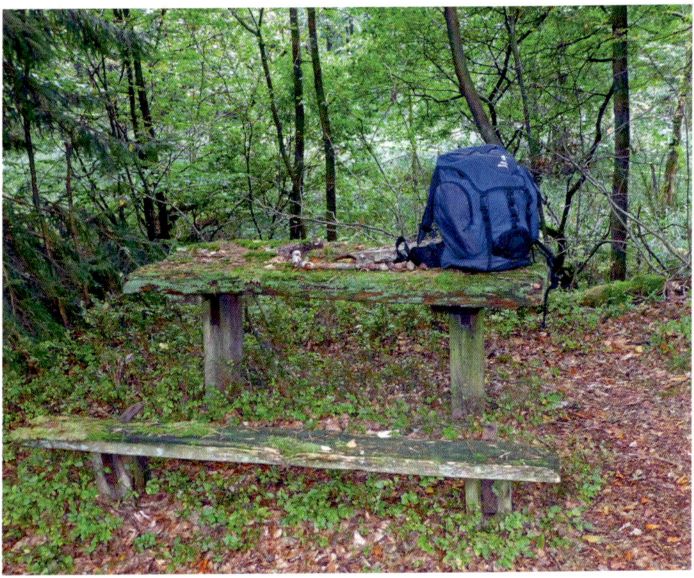

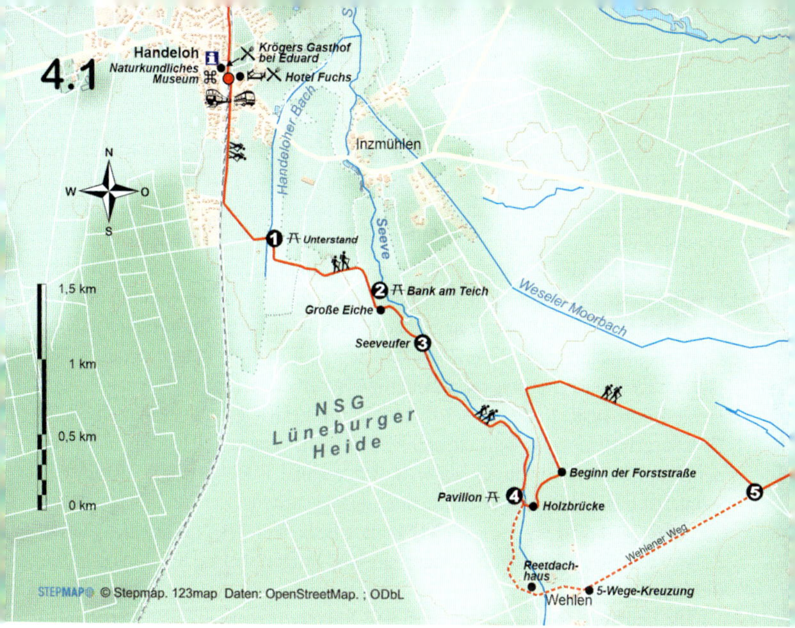

Die leichte Etappe verläuft meist auf Wirtschafts- und Forstwegen sowie guten Pfaden. Auf diesem Wegstück gelangen Sie zum ersten Mal in das Naturschutzgebiet Lüneburger Heide. Besonders schön ist der Streckenabschnitt entlang der noch jungen Seeve, der durch einen fast urwaldähnlichen Wald führt. Nach etwa der Hälfte der Strecke haben Sie die Möglichkeit, eine markierte Variante zu wählen, die über den Weiler Wehlen führt und ca. 300 m kürzer ist.

Sie gehen vom Bahnhof über den beschrankten Bahnübergang und dahinter gleich wieder rechts bis zum Ende der Asphaltstraße, wo Sie links auf dem Feldweg weitergehen. Auf einer Holzbrücke überqueren Sie einen Graben, gehen dahinter auf einem Pfad weiter und treffen gleich darauf auf einen ⛩ kleinen Unterstand ❶ mit einer Sitzgelegenheit. Sie wandern auf dem Pfad weiter, bis Sie an einer Kreuzung das NSG Lüneburger Heide erreichen.

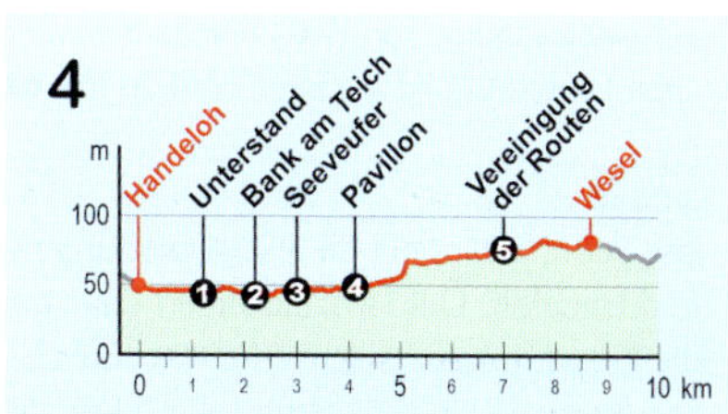

NSG Lüneburger Heide

Das im Norden der Lüneburger Heide liegende Naturschutzgebiet ist mit etwa 23.437 ha das größte NSG in Niedersachsen. Seit 1922 steht das Gebiet unter Naturschutz und ist damit auch eines der ältesten Naturschutzgebiete in ganz Deutschland.

Im Zentrum des Gebietes liegt der 169 m hohe Wilseder Berg, die höchste Erhebung der Norddeutschen Tiefebene. Landschaftlich ist die Region vor allem durch Wälder und weite Heidelandschaften geprägt. Aber auch Ackerbau, Moore, Grünland, Siedlungen und Gewässer sind hier zu finden, oft Relikte der über viele Jahrhunderte ausgeführten Heidebauernwirtschaft, die diese Landschaft prägte. Heute ist die Heide Kulturlandschaft und muss regelmäßig gepflegt werden. In der Lüneburger Heide geschieht dies zum einen durch grasende Heidschnuckenherden, zum anderen durch kontrollierte Brände und Rodungen. Für den Artenschutz ist das Gebiet besonders wichtig, da viele seltene Tier- und Pflanzenarten zu finden sind. Ein besonders interessanter Bewohner des NSG ist das auf der Roten Liste als stark gefährdet eingestufte und in Deutschland streng geschützte Birkhuhn.

Die prächtige Heideblüte ist meist von Anfang August bis Anfang September zu bewundern, aber witterungsbedingt kann sich dies manchmal auch um einige Wochen verschieben.

Sie kreuzen hier leicht rechts versetzt einen Feldweg und gehen dahinter auf einem typischen sandigen Heideweg weiter. An der nächsten größeren Kreuzung schwenkt der Weg nach Süden und verläuft am Rande eines Laubwaldes mit z. T. uralten, großen Bäumen. Etwa 200 m hinter der Kreuzung können Sie nach links einen kurzen Abstecher zu einer Bank machen, die am Rande eines Teiches steht ❷. Die Bank ist zwar schon etwas marode, dennoch ist es ein sehr schöner Platz für eine Rast.

Etwa 100 m weiter an einer mächtigen Eiche verlassen Sie den Weg nach links auf einen Pfad in den Wald hinein. Sie wandern nun durch dichten, urwaldähnlichen Laubwald und kommen bald an das ❸ Ufer der Seeve.

Seeve

Die Seeve entspringt im NSG Lüneburger Heide zwischen den Orten Handeloh und Undeloh. Der Fluss mäandert dann auf einer Länge von etwa 40 km durch die Geest, bis er schließlich etwas südlich des Ortes Over in die Elbe mündet. Die Seeve ist ein ganzjährig kalter Fluss mit einer Durchschnittstemperatur von nur 6-8° C. Oft wird die Seeve darum als der kälteste Fluss Norddeutschlands bezeichnet. Dies allerdings stört die vielen darin und daran lebenden Tiere und Pflanzen nicht. Äschen, Bach- und Meerforellen fühlen sich genauso wohl wie der Eisvogel, den man hier mit etwas Glück bei der Nahrungssuche beobachten kann.

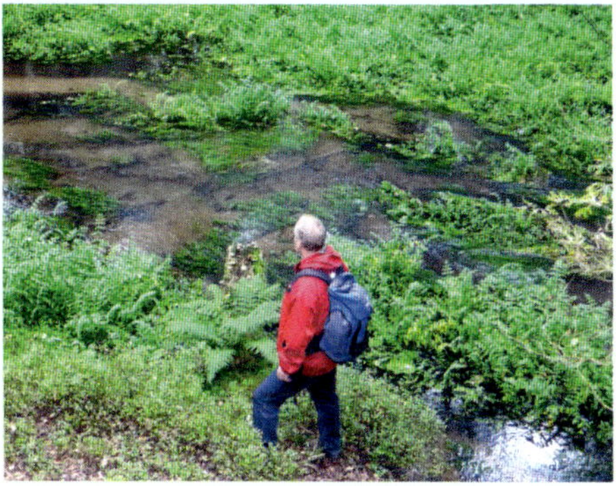

An der Seeve

Sie folgen dem Pfad durch eine urwüchsige Landschaft, immer nahe am Fluss, bis Sie einen Pavillon ❹ mit Bänken und Tisch erreichen – ⛩ ein schöner Rastplatz, der auch bei Regen Schutz bietet.

Weniger als 50 m hinter dem Pavillon gelangen Sie an eine Verzweigung des Heidschnuckenweges. Der Hauptweg zweigt links ab und führt über eine Holzbrücke über die Seeve, die markierte Variante geradeaus auf dem Pfad weiter.

☺ Wir bevorzugen die etwa 300 m kürzere Variante, da sie durch den beschaulichen Weiler Wehlen verläuft, während die Hauptroute diesen Ort umgeht.

Variante über Wehlen

Die Alternativroute führt an der Verzweigung auf dem Pfad weiter geradeaus. Am Ende des Pfades stoßen Sie auf eine Kopfsteinpflasterstraße. Sie gehen nach links, kommen an einem schönen, mit Reet gedeckten Fachwerkhaus vorbei und stoßen auf einen weiteren Forstweg, auf dem Sie ebenfalls nach links gehen. Nach wenigen Metern erreichen Sie eine Brücke über die Seeve.

Sie folgen der Straße und gelangen in dem Weiler **Wehlen** an die 5-Wege-Kreuzung, eine großzügig angelegte Kreuzung, von der fünf Wege sternförmig abgehen.

⛩ Zahlreiche Bänke bieten sich hier für eine beschauliche Rast an.

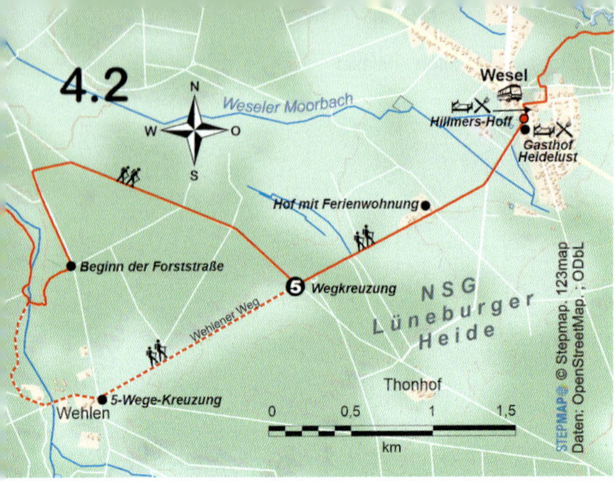

Von der Kreuzung aus folgen Sie dem Wehlener Weg in nordöstlicher Richtung, bis Sie nach etwa 1,4 km wieder auf die Hauptroute stoßen ❺.

Die Hauptroute des Heidschnuckenwegs führt über eine Holzbrücke über die hier noch sehr schmale Seeve und dahinter durch sumpfiges Gelände über einen Holzbohlenweg bis zum Rand des Seevetales, wo es trockener wird und Sie sich links halten.

Auf dem Pfad wandern Sie bis zu einer breiten Forststraße. Dort wenden Sie sich nach links und biegen etwa 600 m weiter rechts auf einen Forstweg ab, den Sie bis zu seinem Ende gehen. Sie wenden sich nach rechts und treffen nach etwa 1,5 km an einer Wegkreuzung auf die von rechts kommende Variante ❺.

Dann gehen Sie links auf den befestigten Wehlener Weg, passieren nach ca. 900 m einen Hof mit einer Ferienwohnung und sind 800 m weiter am Ziel der Etappe im Zentrum von Wesel angekommen.

Wesel

🛏 ✕ **Gasthof Heidelust**, Weseler Dorfstr. 9, 21274 Undeloh-Wesel, ☏ 041 89/272, ✉ info@heidelust.de, 💻 www.heidelust.de, EZ/F ab € 67, DZ/F ab € 93
Die Unterkunft liegt unmittelbar am Etappenziel.

♦ **Pension/Restaurant Hillmers-Hoff**, Weseler Dorfstr. 16, 21274 Undeloh-Wesel, ☏ 041 89/81 83 74 und 01 52/03 86 70 34, ✉ über Kontaktformular auf der Internetseite, 💻 www.pension-hillmershoff.de, EZ/F ab € 75, DZ/F ab € 108, ⊙. Auch diese Unterkunft liegt in unmittelbarer Nähe des Etappenziels.

🚌 Linie 4631 Handeloh – Wesel – Undeloh (nur an Schultagen)

Wesel ist ein kleines Dorf in der Gemeinde Undeloh. Sehenswert ist das sogenannte **Hexenhaus**, das in Wandständerbauweise mit eingehälsten Ankerbalken errichtet wurde. Das ehemalige Dorfbackhaus, im Jahre 1731 erbaut, wurde

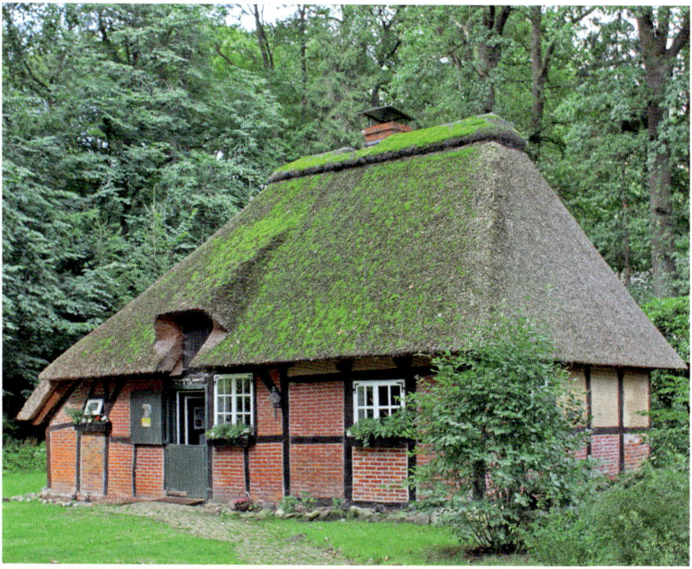

Hexenhaus in Wesel

damals aus Feuerschutzgründen am Ortsrand errichtet. Später wurde es zu Wohnzwecken genutzt und aufgrund der sich ändernden Ansprüche wegen der rapiden Bevölkerungszunahme im 19. Jh. mehrfach umgebaut.

Auch für den Namen des Hauses ist die verwinkelte Bauweise verantwortlich, nicht etwa der Standort auf dem sogenannten „Höllenhof". Der Name wurde dem Platz wegen der im nahe gelegenen Eichenwald zahlreich vorkommenden Stechpalmensträucher gegeben (in der Region wird die Stechpalme auch „Holler" genannt). Das Hexenhaus ist heute eines der ältesten erhaltenen Heidebackhäuser. Im Jahre 2007 wurde ein Förderverein zum Erhalt des Hauses gegründet, der sich um die Pflege des Gebäudes kümmert. Neben kulturellen Veranstaltungen finden hier auch Trauungen statt.

In der Ortsmitte von Wesel beginnt ein beliebter Heidelehrweg. Auf dem 6 km langen Rundweg erhalten Sie historische, geologische und kulturelle Informationen über die Landschaft und das Naturschutzgebiet Lüneburger Heide.

5. Etappe: Wesel – Undeloh

7,8 km, ↑ 115 m, ↓ 105 m, ⇧ 60-125 m, ca. 2 Std. 15 Min.

0,0 km	7,8 km	⇧ 70 m	Wesel
1,1 km	6,7 km	⇧ 60 m	Fischteiche
1,7 km	6,1 km	⇧ 80 m	Rast am Vermessungspunkt
2,3 km	5,5 km	⇧ 85 m	Schutzhütte
2,7 km	5,1 km	⇧ 105 m	Rast auf Hügelrücken
4,6 km	3,2 km	⇧ 115 m	Wanderparkplatz K27
5,5 km	2,3 km	⇧ 125 m	Rast unter Eiche
7,8 km	0,0 km	⇧ 80 m	Undeloh

Die kurze, leichte Etappe verläuft zum größten Teil auf Pfaden und Forst- bzw. Heidewegen durch dichten Wald und offene Heide. Besonders schön ist der gut 3 km lange Abschnitt durch die Weseler Heide. Ziel ist der sehenswerte, touristisch voll erschlossene typische Heideort Undeloh.

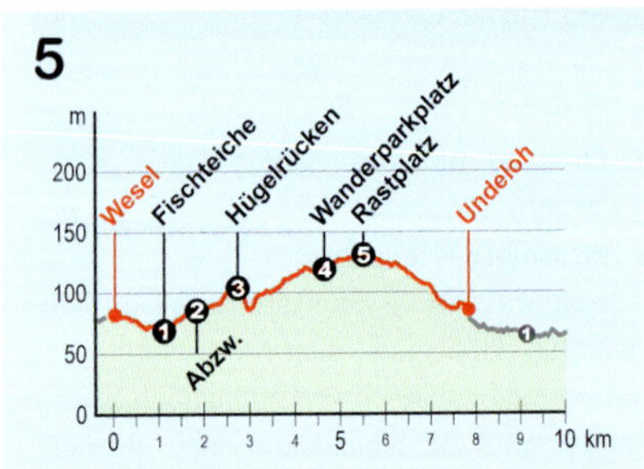

Sie beginnen die fünfte Etappe in Wesel am Gasthof Heidelust und gehen die Dorfstraße Richtung Handeloh nach Norden, biegen aber schon nach 100 m rechts in die Straße Am Höllenhof ab. Gleich links am Anfang der Straße liegt das Weseler Hexenhaus (☞ vorige Etappe). Etwa 100 m weiter zweigt der Heidschnuckenweg links zur Heidehalle des Schützenvereins ab. Sie folgen dem gepflasterten Weg, gehen unmittelbar vor der großen Wiese, wo der Weg nach rechts zur Schützenhalle schwenkt, aber nach links und dann gleich wieder rechts auf einem Pfad in den Buchenwald hinein. Am Ende des Pfades biegen Sie rechts auf den unbefestigten Forstweg ab, der Sie durch dichten Wald bis an mehrere Fischteiche ❶ führt.

Der Weg führt auf einem Damm zwischen zwei Teichen hindurch, verlässt den Wald und kommt in die offene, hügelige **Weseler Heide**, wo Sie auf eine Heideschleife stoßen.

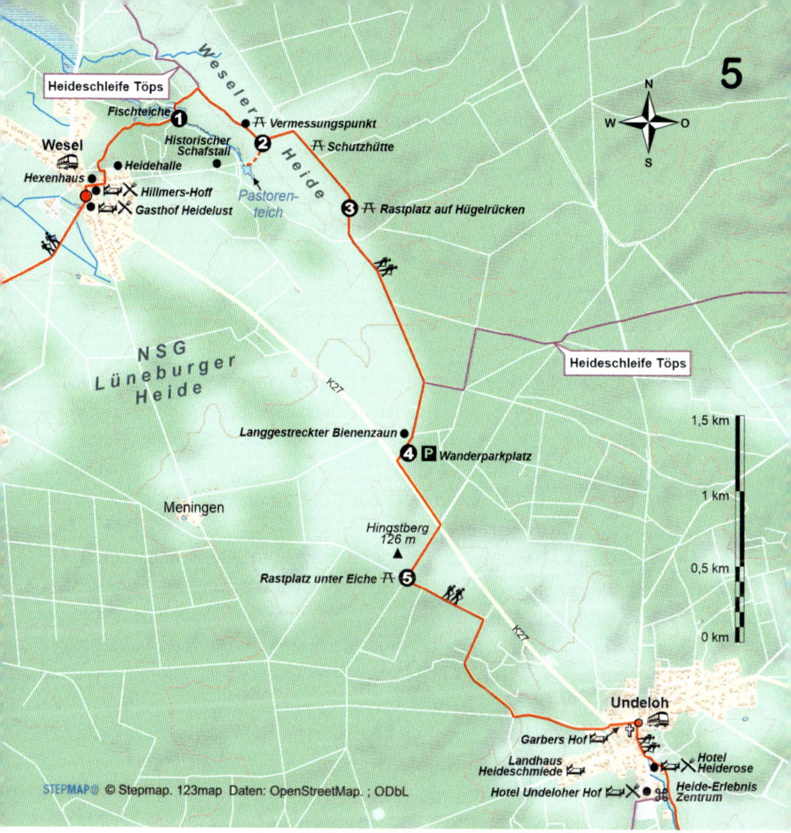

Heideschleife Töps

Mit 20,9 km (ca. 6 Std.) ist die zwischen Wesel und Hanstedt liegende Schleife die längste. Der anspruchsvolle Wanderweg führt durch eine äußerst abwechslungsreiche Landschaft aus Heiden, Feuchtgebieten und Wäldern vorbei an Bächen und Teichen. Besonders schön ist der Blick von der hoch gelegenen Töpsheide, der an klaren Tagen bis nach Hamburg reicht.

Weseler Heide

Die Weseler Heide zwischen Wesel und Undeloh ist etwa 350 ha groß und ein beliebtes Ausflugsziel. Das Gebiet ist so groß, dass man außerhalb der Saison oft keinem anderen Menschen begegnet.

In der Weseler Heide wird die charakteristische Besenheide durch zahlreiche Bienenzäune, Wacholderbüsche und alte Schafställe ergänzt und bietet somit ein romantisches und uriges Bild der Lüneburger Heide. Mehrere Wanderwege schlängeln sich durch die hügelige Landschaft, der Heidschnuckenweg ist einer von ihnen. Ein Highlight der Weseler Heide ist der idyllische Pastorenteich, der einen Besuch wert ist.

Wie in vielen anderen Gegenden der Lüneburger Heide wird auch hier eine Heidschnuckenherde zum Erhalt der typischen Vegetation gehalten.

Sie wandern jetzt leicht auf und ab durch eine atemberaubend schöne Heidelandschaft und erreichen auf einer kleinen Hügelkuppe mit einem Vermessungspunkt eine ⛼ Bank. Ein wunderbarer Platz für eine Rast mit schöner Aussicht.

An der nächsten Kreuzung ❷ etwa 150 m weiter erwartet Sie ebenfalls eine Bank. Ein kurzer Abstecher nach rechts bringt Sie zu dem idyllisch in die Heidelandschaft eingebetteten **Pastorenteich**.

Der Heidschnuckenweg verläuft an der Kreuzung halb links weiter leicht aufwärts. Nach gut 200 m treffen Sie an einer weiteren Kreuzung auf einen breiten, unbefestigten Fahrweg, auf dem Sie nach rechts gehen. Sie wandern nun am Rande eines Nadelwaldes entlang, haben nach rechts aber immer noch einen guten Blick auf die offene Heidelandschaft. Vorbei an einem Bienenzaun erreichen Sie eine **Schutzhütte**.

Etwa 400 m weiter folgt ein weiterer ausgezeichneter Platz für eine Pause: ⛼ eine Bank auf einem schmalen Hügelrücken mit schöner Aussicht ❸.

Sie folgen weiter dem Weg, der zunächst relativ steil in ein Tal führt. Dort kreuzen Sie einen breiten Forstweg und steigen auf der anderen Seite wieder aufwärts an den Waldrand. Entlang des Nadelwaldes wandern Sie vorbei an einem schönen, lang gestreckten Bienenzaun bis zu einem großen Wanderparkplatz ❹ an der nach Undeloh führenden Kreisstraße.

Der Heidschnuckenweg führt auf einem unbefestigten Weg parallel zur Kreisstraße nach links. Nach 500 m endet der Weg, Sie wenden sich nach rechts, überqueren die Kreisstraße und wandern dahinter auf dem unbefestigten Weg weiter, vorbei am Hingstberg, der rechts vom Weg liegt.

⛼ An der nächsten Kreuzung an einer mächtigen Eiche und einem Bienenzaun finden Sie den nächsten schönen Rastplatz ❺. Hier haben Sie auch den höchsten Punkt dieser Etappe erreicht. Von nun an geht es bis Undeloh nur noch bergab.

Der Heidschnuckenweg zweigt an der Kreuzung links ab. Etwa 600 m weiter beschreibt der Hauptweg eine Linkskurve und führt zurück zur Kreisstraße. Sie gehen hier rechts und folgen dem Waldweg, bis Sie nach etwa 800 m an eine größere Kreuzung mit Wanderwegweisern gelangen.

Hier zweigt der Heidschnuckenweg nach links auf einen stellenweise sehr sandigen Forstweg ab, neben dem etwas später ein Pfad verläuft, auf dem es sich angenehmer gehen lässt.

Der Weg endet an der Kreisstraße, wo Sie rechts gehen und nach wenig mehr als 100 m das Etappenziel im Zentrum von Undeloh an der Kirche St. Magdalenen erreichen.

Undeloh

i **Verkehrsverein Undeloh und Umgebung e. V.**, ☏ 041 89/333, ✉ info@undeloh.de, 💻 https://undeloh.de, Kontakt nur telefonisch oder über E-Mail

🛏 Undeloh bietet eine Vielzahl von Übernachtungsmöglichkeiten. Ein ausführliches Unterkunftsverzeichnis erhalten Sie von der Tourist-Information. Hier nur eine kleine Auswahl:

🛏 ✕ **Hotel Heiderose**, Wilseder Str. 13, 21274 Undeloh, ☏ 041 89/311, ✉ info@hotel-heiderose.de, 💻 www.hotel-heiderose.de, EZ/F ab € 90, DZ/F ab € 140, ⊙. Das Hotel liegt direkt am Wanderweg Richtung Wilsede, nur etwa 150 m vom Etappenziel entfernt.

♦ **Hotel Undeloher Hof**, Wilseder Str. 22, 21274 Undeloh, ☏ 041 89/457, ✉ info@undeloherhof.de, 💻 www.undeloher-hof.de, EZ/F ab € 90, DZ/F ab € 115, ⊙. Das Hotel liegt direkt am Wanderweg Richtung Wilsede, nur etwa 200 m vom Etappenziel entfernt.

🛏 **Landhaus Heideschmiede**, Heimbucher Str. 27, 21274 Undeloh, ☏ 041 89/813 10, ✉ info@landhaus-heideschmiede.de, 💻 https://landhaus-heideschmiede.de, EZ/F ab € 75, DZ/F ab € 110, ⊙. Die Unterkunft liegt sehr ruhig etwa 500 m östlich des Zentrums.

♦ **Garbers Hof**, Hannelore & Karl-Otto Degener, Zur Dorfeiche 4, 21274 Undeloh, ☏ 041 89/452, ✉ kontakt@garbershof.de, 💻 https://degener-garbershof.de, EZ/F ab € 70, DZ/F ab € 120. Die Pension (es werden auch Ferienwohnungen angeboten) liegt unmittelbar am Weg, etwa 150 m vor dem Etappenziel. Die Familie bietet auch 🐎 Kutschfahrten an.

🚌 Linie 4631 Handeloh – Wesel – Undeloh (nur an Schultagen)

Die Gemeinde Undeloh besteht aus sechs Ortsteilen. Neben dem Namensgeber Undeloh zählen auch die Ortsteile Wehlen, Wesel, Meningen, Thonhof und Heimbuch zu der Gemeinde. Insgesamt hat Undeloh etwa 950 Einwohnerinnen und Einwohner.

Undelohs Lage direkt in der Lüneburger Heide, nicht weit vom Wilseder Berg, macht es zu einem beliebten Ausflugsziel zum Wandern, Spazierengehen, Reiten und Radfahren. Die vielfältige Landschaft bietet nicht nur zur Heideblüte einen herrlichen Anblick. Die freien Höhenrücken, Wacholderhaine,

St.-Magdalenen-Kirche

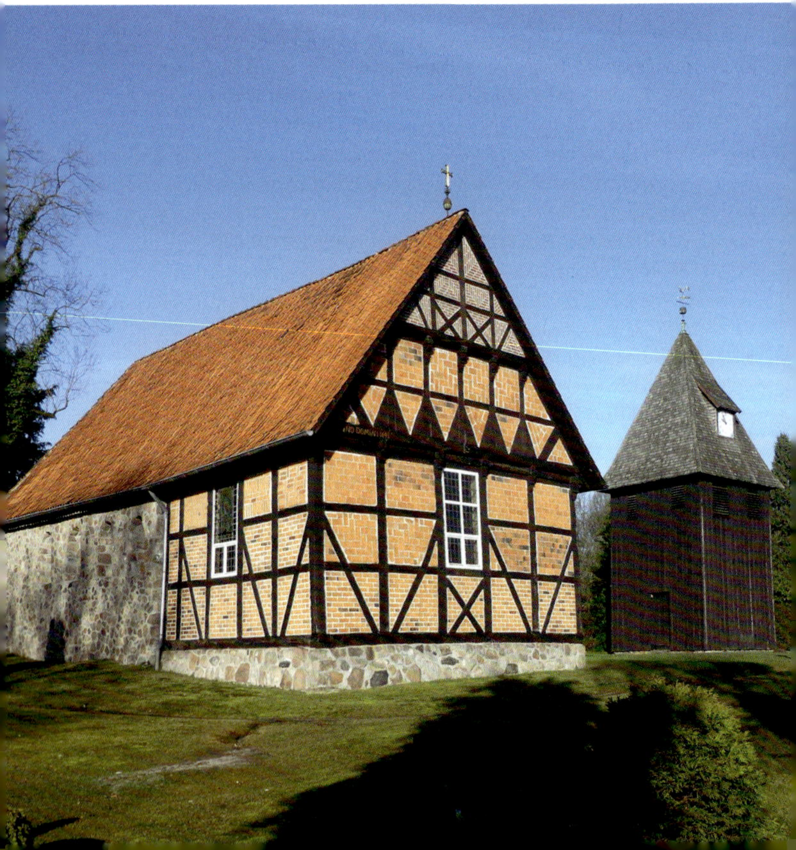

Bachläufe, Mischwälder und Moore bieten das ganze Jahr über Abwechslung und laden zu ausgiebigen Aufenthalten ein.

Spaß für die Kleinen garantiert die etwa 4 km lange **Kinder-Ralley** zum Undeloher Heidelehrweg. Auf der Rallye müssen Fragen zur Heide und zur Gegend beantwortet werden. Als Belohnung bekommen die Teilnehmenden eine „Heidekenner-Urkunde". Fragebogen und Urkunde erhalten Sie im Heide-ErlebnisZentrum oder in der Tourist-Information.

Etwas entspannter geht es bei einer gemütlichen **Kutschfahrt** durch die Heide zu. Zahlreiche Undeloher Betriebe bieten Fahrten an. Während der Sommersaison gibt es auch eine direkte Kutschen-Verbindung nach Wilsede.

⌘ Das Heide-ErlebnisZentrum in Undeloh ist ein Muss für alle, die sich für die Geschichte, Kultur und Ökologie der Heide interessieren. Von der Entstehung der Landschaft während der Eiszeit bis hin zur Pflege und Erhaltung der Heide in heutiger Zeit kann man viel Wissenswertes erfahren.

♦ **Heide-ErlebnisZentrum Undeloh**, Wilseder Straße 23, 21274 Undeloh, ☏ 041 89/81 86 48, hez@verein-naturschutzpark.de, https://www.verein-naturschutzpark.de/heide-erlebniszentrum, ganzjährig Mi-So 10:30-17:00, Mitte Juli bis Ende Oktober schon ab 10:00, Eintritt frei, ⊙

Eine weitere Attraktion in Undeloh ist die alte ✞ **St.-Magdalenen-Kirche**, die aus dem 12. Jh. stammt. Besonders der frei stehende hölzerne Glockenturm ist ein beliebtes Fotomotiv. Die ursprüngliche Wehrkirche, die aus Feldsteinen erbaut war, wurde im Dreißigjährigen Krieg stark in Mitleidenschaft gezogen. Der Chor wurde zerstört und durch den Fachwerkanbau ersetzt.

Das idyllische Dorfbild wird durch zahlreiche historische reetgedeckte Häuser, wie z. B. das aus dem Jahr 1690 stammende „Hoyers Hus", geprägt.

Viele der gemütlichen Gasthöfe und Cafés in Undeloh bieten heidetypische Delikatessen. Wer Lust und Appetit hat, kann z. B. Heidschnucken-Bratwurst oder andere Spezialitäten vom Heideschaf probieren und zum Kaffee Buchweizentorte kosten.

Der Name Undeloh stammt aus dem Langobardisch-römischen und wird übersetzt mit „Quelle am Eichenhain". Laut Überlieferung war diese Quelle in alten Zeiten sehr bedeutend für die Gegend, da sie immer dann Wasser führte, wenn es benötigt wurde. So soll sie während der Regenzeiten trocken gelegen haben, während sie in den Trockenzeiten Wasser führte.

6. Etappe: Undeloh – Wilsede

9 km, ↑ 120 m, ↓ 75 m, ⇧ 60-125 m, ca. 2 Std. 30 Min.

0,0 km	9,0 km	⇧ 80 m	Undeloh
1,4 km	7,6 km	⇧ 70 m	Rastplatz Zwillingskiefer
4,2 km	4,8 km	⇧ 60 m	Pastor-Bode-Weg
5,0 km	4,0 km	⇧ 70 m	Gedenkstein
5,7 km	3,3 km	⇧ 90 m	2-Bänke-Rast
5,9 km	3,1 km	⇧ 100 m	Unterstand
6,5 km	2,5 km	⇧ 110 m	Schafstall
8,1 km	0,9 km	⇧ 115 m	Pflasterstraße
9,0 km	0,0 km	⇧ 125 m	Wilsede

Auch die sechste Etappe gehört zu den schönsten Abschnitten des Heidschnuckenweges. Sie verläuft fast ausschließlich auf unbefestigten Wegen und Pfaden. Die Tour führt zunächst durch die Undeloher Heide entlang des wundervollen Radenbachtals und anschließend durch die Wilseder Heide, die wegen ihrer malerischen Ausblicke zu den schönsten Heideflächen gehört. Ziel ist Wilsede, ein romantisches Heidedorf mit vielen gut erhaltenen historischen Gebäuden (fast) ohne jeglichen Autoverkehr. Hier finden Sie zahlreiche Gasthäuser und Übernachtungsmöglichkeiten.

Die Etappe beginnt im Zentrum Undelohs an der St.-Magdalenen-Kirche. An der Kreuzung stand einst die alte Dorfeiche, eine Originalbaumscheibe und eine Informationstafel erinnern an den Baum. Sie gehen an der Kreuzung Richtung Süden in die Wilseder Straße und erreichen schon nach nur 200 m den Dorfteich. Zahlreiche Bänke säumen das Gewässer, ein schöner Platz, aber für eine Rast eigentlich noch zu früh.

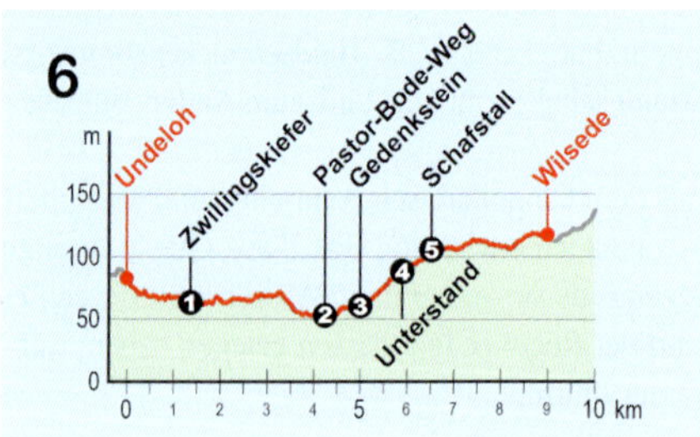

Der Heidschnuckenweg zweigt vor dem Teich nach links ab. Dahinter führt er auf einem Wanderweg an der Rückseite des Hotels/Res-

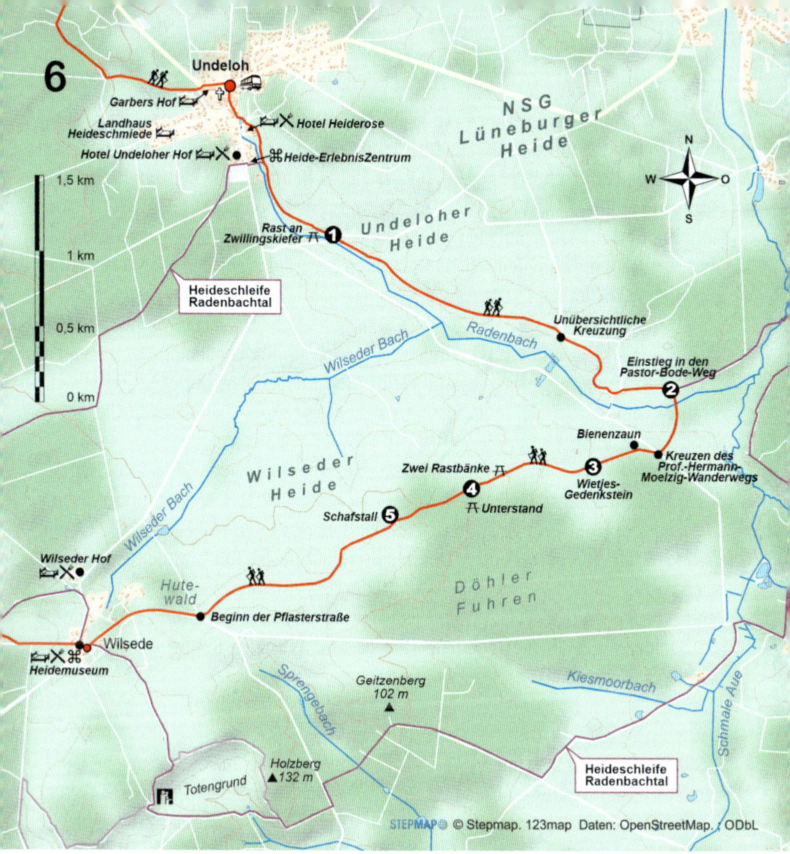

taurants Heiderose vorbei und trifft in Höhe des Heide-ErlebnisZentrums auf die Heideschleife Radenbachtal.

Heideschleife Radenbachtal

Die 20,6 km lange Heideschleife (6 Std.) gehört wegen ihrer Länge zu den anspruchsvolleren Rundwegen entlang des Heidschnuckenweges. Auf meist sandigen, naturnahen Wegen verläuft sie durch das schöne, sanft gewundene Radenbachtal, dann zum Totengrund, der als Keimzelle des Naturschutzes in Deutschland gilt. Weiter geht es nach Wilsede, dem Vorzeigedorf der Heide schlechthin. Von dort auf den Wilseder Berg, dem höchsten Berg in der Norddeutschen Tiefebene und zurück nach Undeloh.

☺ Wenn Sie am Dorfteich die Wilseder Straße geradeaus weitergehen, kommen Sie nach 300 m zum ⌘ Heide-ErlebnisZentrum (☞ Undeloh). In dem von der Stiftung Naturschutzpark Lüneburger Heide betriebenen Haus erfahren Sie in einer Ausstellung viel Wissenswertes über die Entstehung und Pflege der Heidelandschaft. Um wieder auf den Heidschnuckenweg zu gelangen gehen Sie links über den Radenbach. Gleich dahinter treffen Sie wieder auf den Wanderweg und gehen nach rechts.

Sie wandern nun durch die **Undeloher Heide** im **Radenbachtal**, das zu einem der schönsten und ursprünglichsten Heidetäler überhaupt gehört. Der Bach fließt zu Ihrer rechten Seite. Er mündet in die Schmale Aue, die weiter in die Seeve fließt (☞ Etappe 4).

Zunächst ist der Weg noch von Eichen gesäumt und flach, später wandern Sie durch leicht hügeliges Gelände in offener Heide mit Birken, Kiefern und Wacholder. An einer Kreuzung gelangen Sie an eine markante Zwillingskiefer ⽰ ❶, ein schöner Platz für eine Pause. Der Heidschnuckenweg führt weiter geradeaus. Nach rechts würden Sie hier über den Radenbach wieder an die Wilseder Straße gelangen. Neben dem Weg verläuft jetzt rechts ein starker Zaun mit Elektrodrähten. Dahinter grasen die Dülmener Pferde und Wilseder Roten, die der Landschaftspflege dienen.

Dülmener Pferde und Wilseder Rote

Das Radenbachtal mit grünen Wiesen und Weiden ist eine außergewöhnliche Landschaft für die ansonsten trockene Heide. Früher wurden diese Bereiche bewirtschaftet und konnten so erhalten werden. Heute ist die Bewirtschaftung unrentabel.

Um die Landschaft dennoch zu pflegen und in ihrer jetzigen Form zu erhalten, werden heute die Dülmener Pferde und Wilseder Rote eingesetzt, beides robuste Rassen, die kaum Pflege bedürfen und das ganze Jahr über auf der Weide bleiben können.

Die Dülmener Pferde sind eine Ponyrasse, die zu den ältesten deutschen Pferderassen zählt. Sie stehen auf der Roten Liste der gefährdeten Haustierrassen und sind als extrem gefährdet eingestuft, da es nur noch um die 500 Tiere gibt und ihre Lebensräume sehr begrenzt sind. Obwohl sie manchmal als Dülmener Wildpferde bezeichnet werden, sind sie keine Wildpferde im eigentlichen Sinn, ihre halbwilde Lebensweise verhalf ihnen zu ihrem Beinamen.

Ihre Widerstandsfähigkeit und Genügsamkeit war ein Grund dafür, warum sich die Stiftung Naturschutzpark Lüneburger Heide im Jahre 2004 entschied, eine

Herde im Radenbachtal zur Landschaftspflege einzusetzen. Seitdem hat sich die anfangs aus sechs Stuten bestehende Herde gut vermehrt, sie ist nun auf über 30 Pferde angewachsen.

Gleichzeitig mit den Dülmener Pferden wurden auch 20 Rinder der Rasse Wilseder Rote im Radenbachtal angesiedelt. Seitdem hat sich die Herde stetig vergrößert, sodass nun etwa 35 Rinder dort leben. Damit die Gruppe nicht zu groß wird, werden immer wieder Tiere aus der Herde genommen und geschlachtet. Das Fleisch wird als Delikatesse in der Region angeboten.

Die Wilseder Rote ist eine alte deutsche Robustrasse. Die heutigen Wilseder Roten sind eine Kreuzung aus den schottischen Highland-Rindern und den ursprünglich aus England kommenden Shorthorns. Vom Verhalten und Aussehen ähneln sie den bis ins 19. Jh. in der Lüneburger Heide lebenden kleinen roten Heide-Rindern.

Auch wenn es verlockend ist, dürfen die Pferde und Rinder nicht gefüttert werden.

Sie folgen weiter dem Weg und gelangen an eine große, etwas unübersichtliche Kreuzung. Halten Sie sich hier einfach rechts und entlang des Zaunes. Der Weg führt jetzt etwas steiler bergab erneut in das Tal des Radenbaches und gelangt nach etwa 650 m an eine weitere Kreuzung. Sie gehen geradeaus und treffen nach gut 400 m an einer Infotafel zum Thema Artenvielfalt auf den von Egestorf kommenden Pastor-Bode-Weg ❷.

Der 3,5 km lange Weg nach Egestorf ist als Zugang zum Heidschnuckenweg markiert.

Pastor Wilhelm Bode

Wilhelm Bode (1860-1927), ab 1886 Pastor in Egestorf, gilt als Begründer der Naturschutzidee in der Lüneburger Heide. 1905 kaufte er aus Naturschutzgründen den Totengrund, ein Trockental in der Nähe Wilsedes, fünf Jahre später für den Verein Naturschutzpark den Wilseder Berg, um ihn vor der Aufforstung zu bewahren. Weitere größere Flächenkäufe kamen in den Folgejahren dazu. Er engagierte sich unermüdlich für die Erhaltung der Kulturlandschaft Heide und war überall als der **Heidepastor** bekannt.

Was viele nicht wissen: Pastor Bode war auch Gründer der Egestorfer Spar- und Darlehnskasse, ein Vorläufer der heutigen Volksbank Lüneburger Heide, er setzte sich für eine ärztliche Grundversorgung in Egestorf ein, war bei der

Gründung eines genossenschaftlichen Krankenhauses aktiv, initiierte eine zentrale Wasserversorgung und einiges mehr.

Bode wurde 1923 wegen Pflichtverletzung aus seinem Amt entlassen. Grund dafür war ein angebliches außereheliches sexuelles Verhältnis zwischen ihm und der Wirtin des Gasthauses zum Heidemuseum. Allerdings ist bis heute nicht geklärt, ob der Vorwurf stimmt oder ob es nur ein von Gegnern gestreutes Gerücht war, um den bei Landbesitzern und Bodenspekulanten unbeliebten Heidepastor mundtot zu machen. Danach lebte Bode bis zu seinem Tod in Wilsede.

Der dem umtriebigen Pastor gewidmete Pastor-Bode-Weg führt von Lüneburg über Salzhausen und Egestorf nach Wilsede. Der 44 km lange Wanderweg ist mit einem schwarz umrandeten gelben Pfeil markiert. Der Weg ist technisch nicht anspruchsvoll, er weist nur wenige Steigungen auf und ist das ganze Jahr über begehbar.

Sie gehen hier nach rechts und wandern nun auf den Spuren des Heidepastors weiter. Zunächst überqueren Sie den Radenbach, gehen dahinter auf einem Holzbohlenweg (☝ bei Nässe sind die Bretter sehr rutschig) durch einen sumpfigen Erlenbruchwald und anschließend über eine Wiese für Pferde und Rinder. Nun beginnt der „Aufstieg“ nach Wilsede. Etwa 60 Höhenmeter müssen bewältigt werden.

Auf dem Weg nach Wilsede

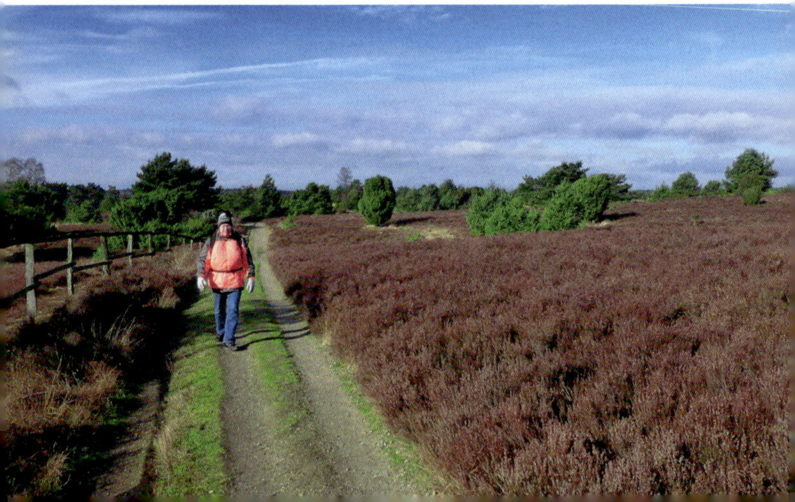

Hinter der Weide überqueren Sie den Professor-Hermann-Moelzig-Wanderweg, der rechts wieder zurück nach Undeloh führt. Sie gehen hinter dem Weg halb rechts weiter und wandern am Waldrand aufwärts. Nach kurzer Zeit passieren Sie einen Bienenzaun.

Der Weg führt Sie nun durch die **Wilseder Heide**, die wegen ihrer vielen malerischen Ausblicke besonders attraktiv ist. Sie gelangen an einen Gedenkstein für Alfred Wietjes ❸. Der 1961 verstorbene Hamburger „Wandervogel" hinterließ sein Vermögen dem Verein Naturschutzpark, der damit diese Heideflächen kaufen und vor einer Aufforstung retten konnte.

Knapp 700 m weiter gelangen Sie an zwei Bänke. Von hier haben Sie einen wunderbaren Blick ins Radenbachtal und darüber hinaus nach Nordosten. Ein Platz, der sich für eine ausgiebige Rast anbietet.

Etwa 200 m weiter erreichen Sie einen lichten Kiefernwald. Gleich links treffen Sie auf einen hölzernen Unterstand ❹ mit einer Bank, bei Regen ein willkommener Schutz.

Am Ende des Waldes kommen Sie an einen typischen, mit Reet gedeckten Schafstall ❺, der auf einem Feldsteinfundament ruht. Etwas weiter findet sich erneut eine Bank mit herrlicher Aussicht.

Setzen Sie Ihren Weg durch die Heide fort, bis Sie auf eine gepflasterte Straße stoßen. Hier gehen Sie nach rechts. Sie wandern an einem rechts liegenden kleinen Wald entlang, in dem mächtige, uralte Buchen und Eichen stehen, ein imposanter Anblick. Es handelt sich dabei um den Rest eines früheren Hutewaldes.

Hutewald

Hutewälder entstanden durch die Nutzung eines Waldes als Schweine-, Rinder- oder Pferdeweide. Da die Tiere die auf dem Boden liegenden schmack- und nahrhaften Bucheckern und Eicheln fraßen, konnten keine neuen Bäume nachwachsen. Die großen blieben stehen, der Wald wurde im Laufe der Zeit lichter und glich mehr und mehr einer Parklandschaft. Hinzu kam, dass die Tiere auch an den alten Bäumen alles abfraßen, was sie erreichen konnten, sodass eine gerade Unterkante von Ästen und Laub entstand.

Sie folgen der Straße weiter und erreichen bald die ersten Häuser von Wilsede: schöne reetgedeckte alte Bauernhäuser. Das Ziel der Etappe haben Sie mitten im Dorf am Gasthaus Zum Heidemuseum bzw. am Selbstbedienungsrestaurant **Milchhalle** ⊙ erreicht. Nur wenige Schritte entfernt liegt das Heidemuseum. In Wilsede treffen Sie auch auf die Heideschleife Wilseder Berg.

Heideschleife Wilseder Berg

Die 14,9 km lange Rundwanderung (ca. 4 Std.) zählt zu den schönsten, die man in der Lüneburger Heide unternehmen kann. Neben dem Heidedorf Wilsede und dem Wilseder Berg sind der Stein- und der Totengrund weitere Höhepunkte. Auch die kleinen Dörfer Nieder- und Oberhaverbeck sind sehenswert. Die erste Teilstrecke bis nach Niederhaverbeck verläuft auf der Route des Heidschnuckenweges. Im Osten berühren sich die Heideschleifen Wilseder Berg und Radenbachtal (☞ S. 77), sodass besonders fitte und sportliche Wanderinnen und Wanderer beide Schleifen kombinieren können.

Wilsede

🛏 ✕ **Gasthaus Zum Heidemuseum**, Wilsede 9, 29646 Bispingen, ☎ 041 75/217, info@zum-heidemuseum.eu, https://zum-heidemuseum.eu, EZ/F ab € 41, DZ/F ab € 82, ⊙. Das Gasthaus liegt unmittelbar am Etappenziel.

♦ **Wilseder Hof**, Familie Wischhof, Wilsede 2c, 29646 Bispingen, ☎ 041 75/311, info@wilsederhof.de, https://wilsederhof.de, EZ/F ab € 79, DZ/F ab € 110. Der Wilseder Hof liegt etwa 400 m nördlich des Etappenziels.

Wilsede

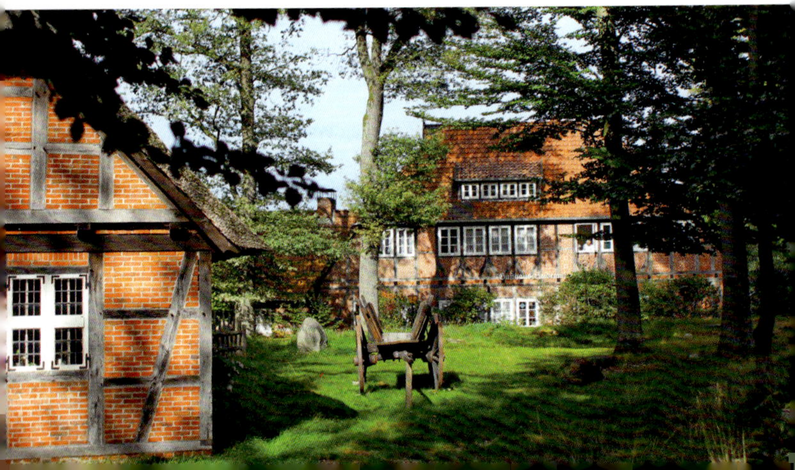

Menschen, die zum ersten Mal nach Wilsede kommen, denken, sie befinden sich in einem Museumsdorf. Die schönen historischen Gebäude, die abgeschiedene Lage und das nahezu autofreie Gelände – dafür die Pferdekutschen als Transportmittel – tragen zu diesem Eindruck bei. Aber der Schein trügt, Wilsede ist mit seinen etwa 50 Einwohnerinnen und Einwohnern ein lebendes Dorf und hat sich ganz auf den Tourismus eingestellt. In der Hochsaison, in der bis zu 10.000 Personen am Tag über das kleine Heidedorf herfallen, herrscht hier ein geschäftiges Treiben, und selbst in der für Ausflüge in die Heide ungünstigen Jahreszeit wird der Ort gern und häufig besucht. Dies lässt sich auch an den guten und zahlreichen Einkehr- und Übernachtungsmöglichkeiten ablesen, die für ein Dorf solcher Größe ungewöhnlich sind.

Wilsede, 1297 erstmals urkundlich erwähnt, ist ein typisches lockeres Haufendorf ohne sichtbare Ordnung und ohne scharfe Grenze zur umgebenden Landschaft.

⌘ Einen Besuch lohnt das Heidemuseum Dat ole Huus, das einen Einblick in die bäuerliche Lebensweise in der Mitte des 19. Jh. gibt.

♦ **Heidemuseum Dat ole Huus**, Wilsede 3, 29646 Bispingen, ☏ 041 75/80 29 33, 💻 https://www.verein-naturschutzpark.de/heidemuseum-wilsede.htm, Mitte Juli bis Oktober tägl. 10:00-17:00, ansonsten nur an Wochenenden und auf Anfrage, Eintritt € 3, ⊙

Erwähnenswert ist auch der **Emhoff**, ein ehemaliger Schafstall, in dem es während der Saison wechselnde Ausstellungen rund um die Kulturlandschaft Lüneburger Heide gibt. Im benachbarten Treppenspeicher werden Bilder von Tieren und Pflanzen aus der Heide gezeigt (Informationen und Öffnungszeiten ☞ Heidemuseum).

☺ Von Wilsede führt ein gut 1 km langer Wanderweg zu einem Aussichtspunkt über dem **Totengrund**, der als einer der landschaftlichen Höhepunkte der Lüneburger Heide und als Keimzelle des Naturschutzes in Deutschland gilt. Wer Zeit hat, sollte sich diesen kurzen Abstecher nicht entgehen lassen und den Totengrund besuchen.

✋ Wilsede ist für den allgemeinen Kfz-Verkehr gesperrt und daher nur zu Fuß, mit dem Fahrrad oder mit der 🐎 Kutsche zu erreichen. Für Einheimische und Pensionsgäste gibt es aber eine Durchfahrterlaubnis.

7. Etappe: Wilsede – Niederhaverbeck

5 km, ↑ 55 m, ↓ 80 m, ⇧ 100-169 m, ca. 1 Std. 15 Min.

0,0 km	5,0 km	⇧ 125 m	Wilsede
1,3 km	3,7 km	⇧ 165 m	Schutzhütte
1,6 km	3,4 km	⇧ 169 m	Gipfel Wilseder Berg
3,5 km	1,5 km	⇧ 105 m	Eichen-/Buchen-Paar
4,1 km	0,9 km	⇧ 100 m	Sandfang
5,0 km	0,0 km	⇧ 100 m	Niederhaverbeck

Die siebte Etappe verläuft zum größten Teil auf guten Wanderwegen durch offene Heide. Nur im letzten Teil wandern Sie entlang einer Kutschstraße durch dichten Wald. Auch diese Etappe gehört zu den schönsten des Heidschnuckenweges, führt sie doch durch prächtige Heidelandschaft über den Wilseder Berg, den höchsten Berg der Norddeutschen Tiefebene. Aber keine Angst, Sie benötigen keine alpine Erfahrung und Trittsicherheit oder Schwindelfreiheit sind nicht erforderlich. Insgesamt stellt der zu bewältigende Aufstieg von 65 m auch für weniger fitte Wanderinnen und Wanderer kein Problem dar.

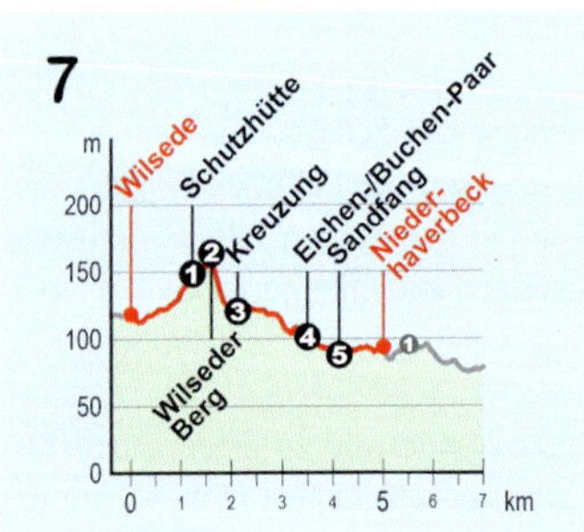

Sie starten die Etappe am Heidemuseum, gehen am Eingang vorbei und dahinter etwas links versetzt auf die Kopfsteinpflasterstraße, eine schöne Eichenallee. Hier finden Sie in kurzen Abständen zahlreiche Informationstafeln. Darüber hinaus werden hier vom Verein Naturschutzpark die für die Heide typischen Feldfrüchte Roggen, Rauhafer und Buchweizen angebaut.

Gut 400 m nach Ihrem Start biegen Sie am Waldrand von der Kopfsteinpflasterstraße nach rechts auf einen breiten Wanderweg ab. Diesem folgen Sie durch eine schöne Heidelandschaft mit viel Wacholder aufwärts.

Sie erreichen ein Buchenwäldchen, an dessen Ende nach rechts ein kurzer Stichweg zu einer Schutzhütte ❶ führt. Bis zum Gipfel sind es nur noch etwa 300 m.

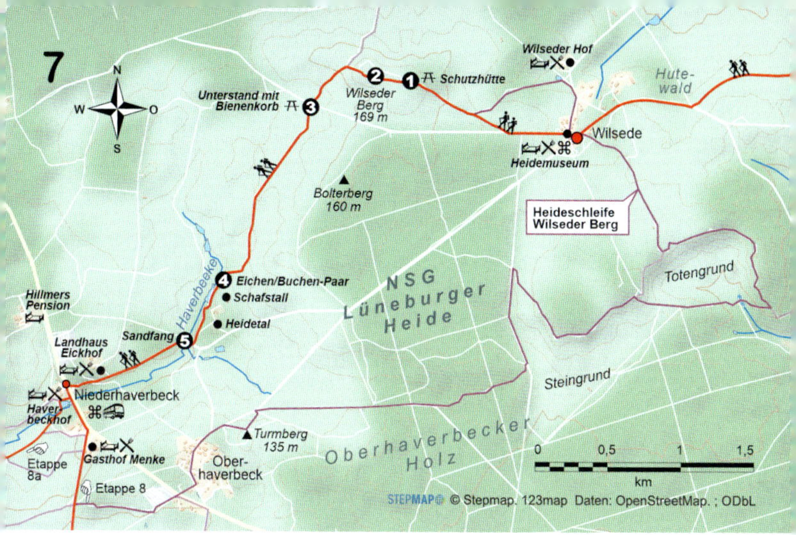

Der Gipfel ❷ des 169,2 m hohen **Wilseder Berges** ist durch einen Findling gekennzeichnet.

Wilseder Berg

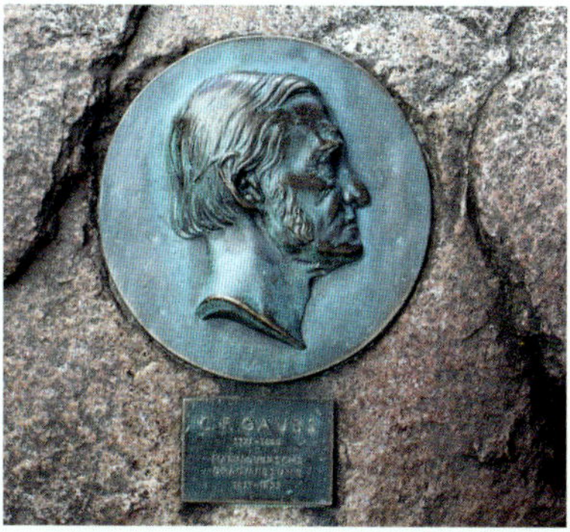

Gauß-Plakette auf dem Wilseder Berg

Der Wilseder Berg ist die höchste Erhebung in der gesamten Norddeutschen Tiefebene. Nach alpinen Maßstäben nur ein kleiner, unscheinbarer Hügel, wird er von den Norddeutschen doch als richtiger Berg angesehen. Wie dem auch sei, von seinem Gipfel hat man einen wunderbaren 360-Grad-Panoramablick, der bei klarer Sicht im Norden bis nach Hamburg reicht. Besonders schön ist auch der Blick nach Süden in die Heidelandschaft, durch die der Wanderweg weiterführt.

Der Berg ist in der Saale-Kaltzeit (300.000 bis 130.000 Jahre vor unserer Zeit) entstanden. Bei dem flachgipfeligen Berg handelt es sich um einen Teil einer Endmoräne.

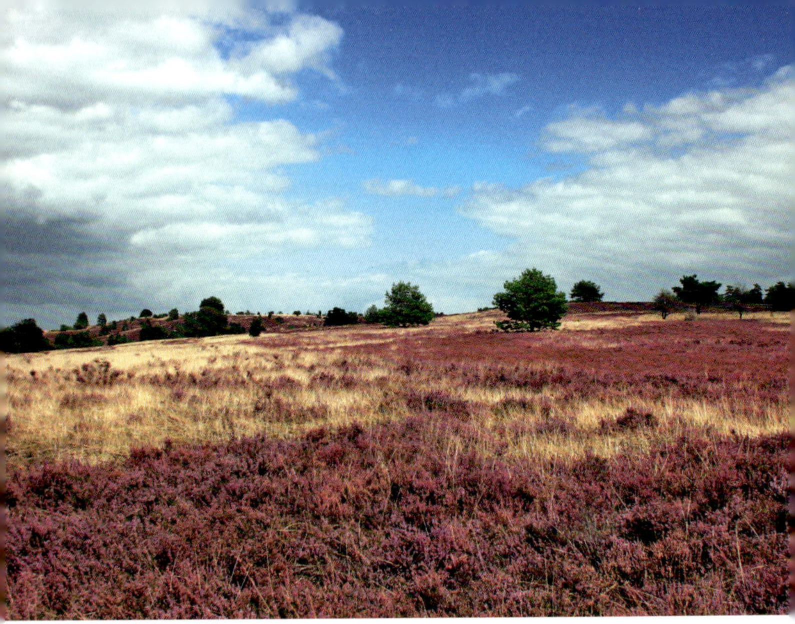

Heide am Wilseder Berg

Sie gehen geradeaus weiter zunächst relativ steil abwärts und schwenken nach 200 m an der Abzweigung nach links. Sie wandern jetzt den Südwesthang des Berges hinab. Am Hang finden Sie zahlreiche Bänke, oft im Schatten von Bäumen und jede für sich ein schönes Plätzchen zum Verweilen.

Etwa 350 m hinter der Abzweigung erreichen Sie eine Kreuzung. Rechts etwas abseits steht ein Bienenzaun und direkt an der Ecke ein kleiner Unterstand mit einem Bienenkorb aus Stroh ❸.

Sie gehen immer noch abwärts geradeaus weiter und erreichen ein kleines, mit Farn bewachsenes Tal, auf dessen linker Seite Sie weitergehen. Unten im Tal können Sie die **Haverbeeke** erkennen. Der kleine, nur etwa 4 km lange Quellbach mündet etwa 1,5 km östlich von Niederhaverbeck in die Wümme, die ihrerseits in die Weser fließt.

Zur Erinnerung: Der Radenbach auf der anderen Seite des Wilseder Berges fließt in die Elbe, d. h., Sie haben mit dem Wilseder Berg soeben die **Elbe-Weser-Wasserscheide** überquert.

Etwa 200 m, nachdem Sie das Tal erreicht haben, kommen Sie an eine ⛼ Bank. Hier lohnt sich ein Blick nach rechts auf ein interessantes Baumpaar ❹ aus einer Buche und einer Eiche. Die Bäume wachsen dicht nebeneinander und eng umschlungen wie ein Liebespaar. Links etwas oberhalb sehen Sie einen markanten Schafstall.

Sie gehen weiter am Talrand entlang, die Haverbeeke unter Ihnen ist hier zu einem Teich aufgestaut. Kurz darauf führt links ein Pfad zum/zur Hotel/Pension Haus Heidetal (keine Einkehrmöglichkeit). Er endet an der Zufahrt. Dort gehen Sie rechts und gleich wieder rechts auf die Wilsede mit Niederhaverbeck verbindende Kopfsteinpflasterstraße. Hier dürfen Autos nur mit einer Sondergenehmigung fahren. Dafür herrscht in der Saison reger Kutschenbetrieb.

Sie überqueren die Haverbeeke und finden in der Linkskurve ein Sandrückhaltebecken, einen sogenannten **Sandfang ❺**. Sie folgen dem Kutschenweg durch schönen Wald und passieren nach etwa 550 m einen rechts liegenden Zugang zum Hotel/Restaurant Landhaus Eickhof.

Sie wandern weiter und gelangen an das Hans-Pforte-Haus, ein Naturinformationshaus des Vereins Naturschutzpark. Wenige Schritte weiter stoßen Sie gegenüber vom Landhaus Haverbeckhof an einer Bushaltestelle auf die links nach Behringen führende Landstraße. Hier in Niederhaverbeck haben Sie das Ziel der Etappe erreicht.

Niederhaverbeck

🛏 ✕ ⌘ 🐎 🚌

🛏 ✕ **Landhaus Haverbeckhof**, Niederhaverbeck 2, 29646 Bispingen, ☏ 051 98/989 80, ✉ info@haverbeckhof.de, 💻 https://haverbeckhof.de, EZ/F ab € 58, DZ/F ab € 99, ⊙. Das Landhaus liegt direkt am Etappenziel.

♦ **Gasthof Menke**, Niederhaverbeck 12, 29646 Bispingen, ☏ 051 98/330, ✉ info@gasthof-menke.de, 💻 https://gasthof-menke.de, DZ/F ab € 140
Das Landhaus liegt direkt am Heidschnuckenweg, knapp 300 m vom Ziel an der nach Behringen führenden Landstraße.

♦ **Hotel Landhaus Eickhof**, Niederhaverbeck 8, 29646 Bispingen, ☏ 051 98/12 88, ✉ info@landhaus-eickhof.de, 💻 www.landhaus-eickhof.de, DZ/F ab € 80, Apartment für 2-6 Pers. je nach Belegung ab € 120. Das Hotel liegt etwa 300 m vor dem Etappenziel auf der rechten Seite des Wanderweges. Es ist nach wenigen Metern über einen Pfad erreichbar.

♦ **Hillmers Pension**, Niederhaverbeck 15, 29646 Bispingen, ☏ 051 98/210, ✉ info@hillmers-kutschfahrten.de, 💻 https://hillmers-kutschfahrten.de, Ü in Apartments ab € 70. Die Pension, von der aus Sie auch zu 🐎 Kutschfahrten starten können, liegt etwa 600 m nördlich vom Etappenziel.

🚌 Linie 156 Schneverdingen – Niederhaverbeck – Behringen - Bispingen

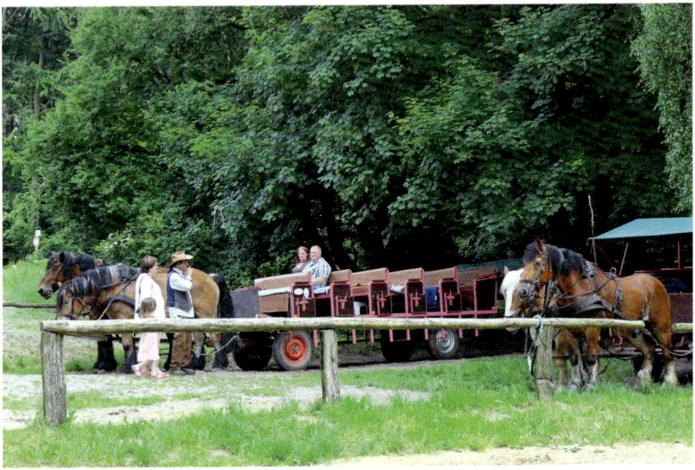

In Niederhaverbeck können Sie eine Kutschfahrt machen

Niederhaverbeck bildet zusammen mit dem etwas südlicher gelegenen Oberhaverbeck den Ortsteil Haverbeck der Gemeinde Bispingen. Beide Dörfer sind sehr klein, bestehen nur aus einer Handvoll Häusern und haben zusammen weniger als 100 Einwohnerinnen und Einwohner. Beide liegen mitten in der Heide, sind durch die Landstraße L211 gut erschlossen und liegen nicht weit vom Wilseder Berg, einer der Hauptattraktionen der Lüneburger Heide, entfernt. Daher verwundert es nicht, dass beide Orte stark touristisch geprägt sind.

Wer sich gern wie in alten Zeiten nicht motorisiert mit 2 PS fortbewegen möchte, der findet eine Reihe von Möglichkeiten, an Kutschfahrten in die Heide und nach Wilsede teilzunehmen. ⌘ Und wer etwas über Bienen und Heide-Imker wissen möchte, der hat die Gelegenheit, sich im Hans-Pforte-Naturinformationshaus Niederhaverbeck die Ausstellung „Bienenwelten" anzuschauen.

♦ **Hans-Pforte-Naturinformationshaus**, Niederhaverbeck 3, 29646 Bispingen, ☏ 051 98/379, außerhalb der Saison ☏ 051 98/98 24 30, info@verein-naturschutzpark.de, https://verein-naturschutzpark.de/naturinformationshaus/, Mitte Juli bis Ende Oktober tägl. von 10:00-16:00, in der übrigen Zeit nur Sa und So, Eintritt frei

8. Etappe: Niederhaverbeck – Behringen über Behringer Heide

7,8 km, ↑ 65 m, ↓ 90 m, ⇧ 75-105 m, ca. 2 Std.

0,0 km	7,8 km	⇧ 100 m	Niederhaverbeck
2,0 km	5,8 km	⇧ 85 m	Gedenkstein Dr. Preising
2,4 km	5,4 km	⇧ 90 m	Kreuzung im Eichenwald
3,8 km	4,0 km	⇧ 85 m	Dünen
5,5 km	2,3 km	⇧ 85 m	Rastplatz „Zur schönen Aussicht"
6,1 km	1,7 km	⇧ 90 m	Parkplatz Behringer Heide
7,8 km	0,0 km	⇧ 75 m	Behringen

Die kurze Etappe verläuft im Wesentlichen auf Heidewegen und -pfaden, kürzere Strecken auch auf befestigtem Untergrund. Sie führt durch die Haverbecker und Behringer Heide, zwei landschaftlich sehr schöne Heideflächen. Für den naturkundlich Interessierten bietet die Etappe mit Sanddünen und Trockenrasen noch etwas Besonderes, leben hier doch speziell angepasste Pflanzen- und Tierarten wie z. B. die farbenprächtigen Sandlaufkäfer.

Bienenzaun in der Behringer Heide

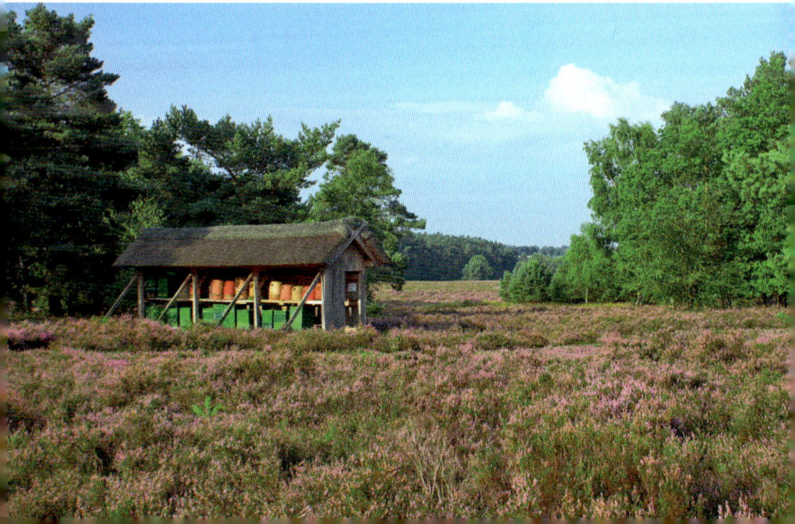

Startpunkt der Etappe ist die Bushaltestelle am Hotel/Restaurant Haverbeckhof. Sie gehen die Landstraße Richtung Süden und überqueren die Haverbeeke, die rechts zu einem Löschwasserteich aufgestaut wurde. Nach etwas mehr als 200 m biegen Sie rechts auf den breiten Wirtschaftsweg ab, der an einem beeindruckenden Findling, der Hermann Löns (☞ Etappe 12) gewidmet ist, und am Gasthof Menke ❶ vorbeiführt. Hier treffen Sie auf eine weitere Heideschleife.

Heideschleife Haverbeeke

Mit nur 3,6 km gehört die Heideschleife (1 Std.) durch das besonders schöne Heidetal der Haverbeeke zu den kürzesten. Die flache Rundtour, die entlang beider Ufer des glasklaren Heidebaches verläuft, ist auch für Menschen geeignet, die mit Rollator oder Rollstuhl unterwegs sind.

Kurz dahinter kreuzen Sie die Heideschleife Tütsberg.

Heideschleife Tütsberg

Die 11,9 km lange Heideschleife (ca. 3 Std. 30 Min.) führt rund um das Quellgebiet der Wümme. Die Wanderung verläuft durch eine meist offene Heide- und Graslandschaft auf autofreien Wegen und schmalen Pfaden. Der südliche Teil wurde bis 1990 noch intensiv als Übungsgelände für Panzer genutzt. Nach Aufgabe des Truppenübungsplatzes hat es sich bis heute in eine wertvolle Fläche für bedrohte Tiere und Pflanzen entwickelt.

Das beliebte Restaurant/Hotel Hof Tütsberg (☞ S. 103) bietet zum Kaffee leckere Kuchen und Torten und auf der Abendkarte findet man zahlreiche Spezialitäten aus der Heide.

An der Kreuzung mit der Heideschleife gehen Sie weiter geradeaus und folgen dem Weg durch die schöne, leicht hügelige Haverbecker Heide, passieren zunächst einen Bienenzaun auf der linken, dann einen auf der rechten Seite des Weges und gelangen an einen Gedenkstein ❷ für Prof. Dr. Preising, der lange Zeit „höchster beamteter Naturschützer" war und großen Anteil am Schutz der Heidelandschaft hat.

Rechts vom Weg etwas im Hintergrund können Sie einen Teich erkennen, dahinter liegt das **Wümmemoor**, das Quellgebiet der Wümme (☞ Variante 8a). Etwa 300 m weiter erreichen Sie in einem kleinen Eichenwald mit schönen alten Bäumen, darunter auch einige Stühbüsche, eine Wegkreuzung.

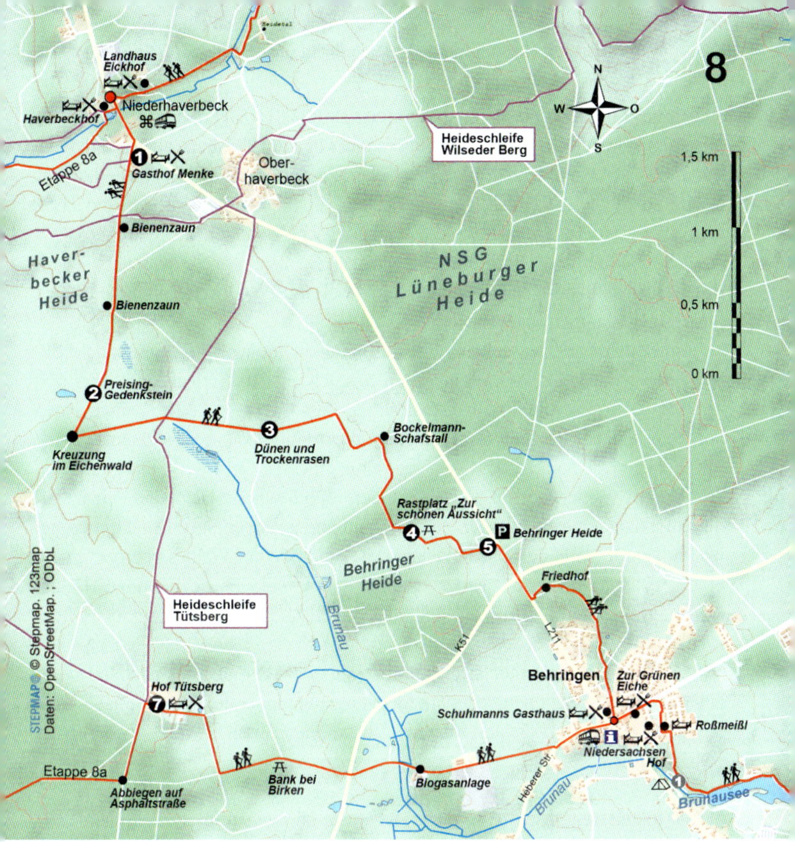

Stühbüsche

Ein Stühbusch fällt durch seine bizarre Wuchsform sofort auf. Zur Holzgewinnung wurden vor allem Eichen, aber auch Buchen auf den Stock gesetzt, d. h. kurz über dem Boden abgesägt. Aus dem Stumpf trieben zahlreiche neue Sprosse aus, die sich zu den mehrstämmigen Formen entwickelten.

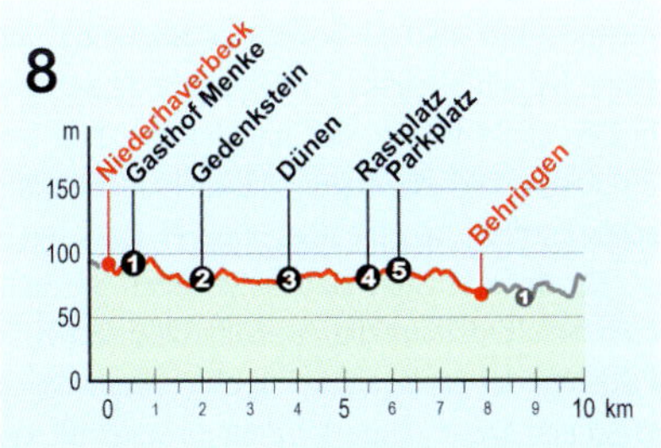

An der Kreuzung biegen Sie scharf links ab Richtung Behringer Heide. An der nächsten Kreuzung zweigt rechts ein Wanderweg zum Tütsberg ab, über den die Variante (☞ Variante 8a) führt. Sie gehen an der Kreuzung weiter geradeaus. Rechts sehen Sie das Quellgebiet der **Brunau**, die über die Luhe in die Elbe fließt, womit Sie wieder auf der Elbseite der Elbe-Weser-Wasserscheide sind.

Etwa 700 m hinter der Kreuzung gelangen Sie an ein größeres rechts liegendes Gebiet mit niedrigen Sanddünen und Trockenrasen ❸, das durch die frühere Nutzung als Panzerübungsgelände entstanden ist.

Am Ende der Dünen gehen Sie rechts von dem Teerweg auf einen unbefestigten Feldweg. Nach etwa 250 m halten Sie sich an der Weggabelung links und wandern bis zum Bockelmann-Schafstall, der aus dem Jahr 1870 stammt. Noch vor dem Schafstall biegen Sie rechts auf einen Pfad ab, kreuzen einen Feldweg und gehen auf einem Holzplankenweg durch feuchtes Gelände. Der Untergrund wird schnell wieder trocken und Sie wandern durch schöne Heide auf einem sandigen Pfad auf einen Nadelwald zu. Am Waldrand gelangen Sie an eine Kreuzung, wo Sie geradeaus in den Wald hineingehen. Am Ende des Waldes überqueren Sie erneut einen Feldweg und gehen dahinter schräg links in die **Behringer Heide**. Der nun folgende Wegabschnitt durch die malerische Heide ist besonders schön.

⛼ Etwa 200 m weiter zweigt nach rechts ein Weg ab, der nach 20 m zu einem besonders schönen Rastplatz ❹ mit atemberaubender Aussicht nach Westen in die Heide führt. Seinen Namen „Zur schönen Aussicht" trägt der Rastplatz völlig zu Recht.

Sie folgen weiter dem Weg durch die Heide und gehen kurz vor seinem Ende links auf einen neu angelegten Weg, der zum Parkplatz Behringer Heide ❺ an der Landstraße führt. Sie überqueren die Straße und gehen auf dem Radweg nach rechts. Etwa 150 m hinter der Kreuzung mit der K51, die links nach Lüneburg führt, biegen Sie links zum Friedhof ab und gleich 10 m weiter links auf einen Pfad in den Wald hinein, der um den Friedhof herumführt. Sie folgen dem Pfad und erreichen bald die ersten Häuser von Behringen. Hier finden Sie nochmals einen schönen Platz für eine Rast: eine ⛼ Bank mit Blick auf eine Wiese und einen Teich.

An der nächsten Gabelung halten Sie sich rechts, überqueren an der Zufahrt zum Schützenhaus die Asphaltstraße rechts versetzt und gehen dahinter auf dem Feldweg, der etwas später zu einer Asphaltstraße wird, weiter. Am Ende der Straße erreichen Sie an einer Informationstafel für Wanderinnen und Wanderer die Mühlenstraße. Hier sind Sie am Ziel der Etappe angekommen.

Behringen

Verkehrsverein Behringen e.V., Mühlenstr. 2, 29646 Bispingen-Behringen, ☎ 051 94/830, ✉ info@behringen-online.de, 💻 www.behringen-online.de, Osterwoche, Mai und Juni sowie 1.-15. Oktober Mo, Di, Do, Fr 9:00-12:00, Juli bis September Mo bis Sa 9:00-12:00, in der übrigen Zeit Kontakt nur telefonisch oder über E-Mail

Schumanns Gasthaus, Mühlenstr. 1, 29646 Bispingen-Behringen, ☎ 051 94/12 61, ✉ info@schumanns-gasthaus.de, 💻 https://schumanns-gasthaus.de, EZ/F ab € 64, DZ/F ab € 94. Das Hotel/Restaurant liegt direkt am Etappenziel.

♦ **Akzent Hotel Zur Grünen Eiche**, Mühlenstr. 6, 29646 Bispingen-Behringen, ☎ 051 94/985 80, ✉ info@hotel-behringen.de, 💻 www.hotel-behringen.de, EZ/F ab € 85, DZ/F ab € 110. Die Zimmerpreise beinhalten ein reichhaltiges Sektfrühstück vom Buffet, ⊙. Das Hotel liegt direkt am Etappenziel.

Gästehaus Roßmeißl, Marion Gerkau, Widukindstr. 6, 29646 Bispingen-Behringen, ☎ 051 94/20 72, ✉ info@gaestehaus-rossmeissl.de, 💻 https://gaestehaus-rossmeissl.jimdofree.com, DZ/F ab € 43. Die Pension liegt direkt am Heidschnuckenweg Richtung Bispingen südlich des Dorfparks, etwa 500 m vom Etappenziel entfernt.

Hotel Niedersachsen Hof, Widukindstr. 3, 29646 Bispingen-Behringen, 051 94/97 09 80, peterkaeselau@t-online.de, www.niedersachsenhof-behringen.de, EZ/F ab € 65, DZ/F ab € 90. Das Hotel liegt nahe am Heidschnuckenweg Richtung Bispingen am Dorfpark, etwa 500 m vom Etappenziel entfernt.

Campingplatz Brunautal, Seestraße 17, 29646 Bispingen-Behringen, 051 94/418 80 22 und 051 94/418 80 22, info@camping-brunautal.de, https://www.camping-brunautal.de. Der Campingplatz liegt auf dem Weg nach Bispingen, gut 1 km vom Etappenziel entfernt. Vermietet werden auch Chalets, Ü für 2 Personen ab € 69 sowie Schlafhütten, Ü für 2 Personen € 41 und Schlaffässer, Ü für 2 Personen ab € 36, Mitte März bis Anfang November.

Linie 154 Behringen – Bispingen, 156 Schneverdingen – Niederhaverbeck – Behringen – Bispingen

Die Gegend um Behringen war schon vor mehr als 2.000 Jahren besiedelt. Funde von Grabhügeln aus der Bronzezeit belegen dies. Im Mittelalter war das Dorf eine kleine Bauernsiedlung, doch heute ist Behringen mit einer Fläche von fast 13 ha und knapp 1.000 Einwohnerinnen und Einwohnern das zweitgrößte Dorf der Einheitsgemeinde Bispingen.

Nördlich des Ortes beginnt die Behringer Heide, die zu einem der schönsten Gebiete der Lüneburger Heide zählt. Dieser Teil der Heide steht erst seit relativ kurzer Zeit unter Naturschutz: Erst 1994 wurde das Gebiet dem Verein Naturschutzpark übergeben, nachdem es seit dem Zweiten Weltkrieg englischen Truppen als Manövergebiet zur Verfügung gestanden hatte.

Die Renaturierung der Behringer Heide bedeutete großen menschlichen und maschinellen Aufwand und dauerte fast 10 Jahre.

Besonders beliebt sind die geführten **Radtouren** durch die Lüneburger Heide, z. B. jeden Freitagabend in der Sommersaison die Radtour „Heidschnucken ins Bett bringen". Die Teilnehmerinnen und Teilnehmer sind dabei, wenn der Schäfer abends die Tiere wieder in den Stall treibt. Alternativ kann der Heidschnuckeneintrieb auch bei einer gemütlichen **Kutschfahrt** beobachtet werden.

Großer Beliebtheit bei Urlaubsgästen und Einheimischen erfreut sich auch das einmal im Jahr (am ersten Wochenende im August) stattfindende **Behringer Seefest**. Das bedeutet: zwei Tage lang volles Programm auf und um den Brunausee. Höhepunkt des Seefestes sind die „Leuchtenden Wasserspiele" auf dem See mit einem Höhenfeuerwerk als krönendem Abschluss.

Variante 8a: Niederhaverbeck – Behringen über Schneverdingen

20,9 km, 100 m, 125 m, 75-110 m, ca. 5 Std. 30 Min.

0,0 km	20,9 km	100 m	Niederhaverbeck
1,1 km	19,8 km	90 m	Rastplatz Haverbeeke
1,8 km	19,1 km	85 m	Rast Niederung Haverbeeke
2,2 km	18,7 km	80 m	Wümmebrücke
5,6 km	15,3 km	90 m	B3 P
6,5 km	14,4 km	95 m	Silvestersee
9,7 km	11,2 km	90 m	Parkplatz Pietzmoor P
12,4 km	8,5 km	80 m	Hof Möhr
17,5 km	3,4 km	110 m	Hof Tütsberg
20,9 km	0,0 km	75 m	Behringen i

Die lange Etappe verläuft zum größten Teil auf Waldpfaden, Forst- und Wirtschaftswegen. Sie bietet neben großräumigen Heideflächen und dichten Nadel-, Laub- und Mischwäldern auch ausgedehnte Moore. Besonders sehenswert ist das Pietzmoor, das durch die 6,3 km lange Heideschleife erschlossen werden kann. Wem die Etappe zu lang ist, der findet in Schneverdingen, einem sehenswerten Heideort, nach knapp der Hälfte des Weges eine Unterkunft. Allerdings streift der Wanderweg Schneverdingen nur am östlichen Stadtrand.

Als Variante ist diese Strecke mit gelbem „H" auf schwarzem Grund markiert.

Sie starten an der Bushaltestelle am Hotel/Restaurant Haverbeckhof, gehen entlang der Landstraße Richtung Süden und biegen gleich bei der ersten Möglichkeit noch vor der Brücke über die Haverbeeke rechts auf eine Kopfsteinpflasterstraße ab. Hier stoßen Sie auf die Heideschleife Haverbeeke (☞ S. 90).

Nach etwa 100 m geht es links ab und an der zu einem Löschwasserteich aufgestauten Haverbeeke vorbei, die Sie am Ende überqueren. Sie wandern am Waldrand entlang, gelangen aber schnell in offene Heide, die sich links erstreckt. Rechts in den Wiesen fließt, von Erlen gesäumt, die Haverbeeke.

⛩ Knapp 800 m hinter der Brücke über die Haverbeeke schwenkt der Bach nach Süden und führt nahe an den Wanderweg heran. Hier finden Sie einen schönen Rastplatz ❶ mit Tisch und Bank und Zugang zur Haverbeeke.

Sie gehen weiter bis zum Ende des Weges, wo Sie auf die Heideschleife Tütsberg (☞ S. 90) stoßen. Der Heidschnuckenweg verläuft hier nach rechts.

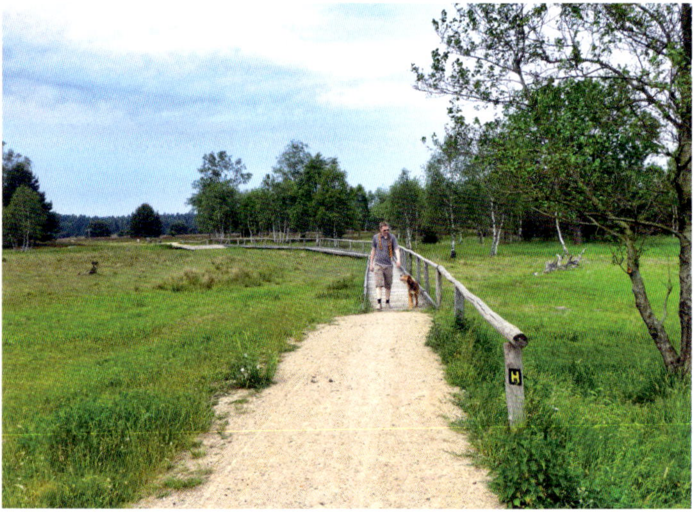

Auf einem Holzbohlenweg geht es durch die sumpfige Niederung an der Haverbeeke

☺ Wenn Sie hier zunächst nach links gehen, gelangen Sie nach knapp 400 m an einen schönen Aussichtspunkt, den sogenannten Alfred-Töpfer-Blick. Von hier haben Sie eine besonders gute Sicht auf das **Wümmemoor**, das Quellgebiet der Wümme.

Wieder auf dem Heidschnuckenweg gehen Sie auf einem Holzbohlenweg durch eine sumpfige Niederung und überqueren erneut die Haverbeeke.

⛩ Kurz darauf erreichen Sie eine weitere gute Rastmöglichkeit mit Bank und Tisch.

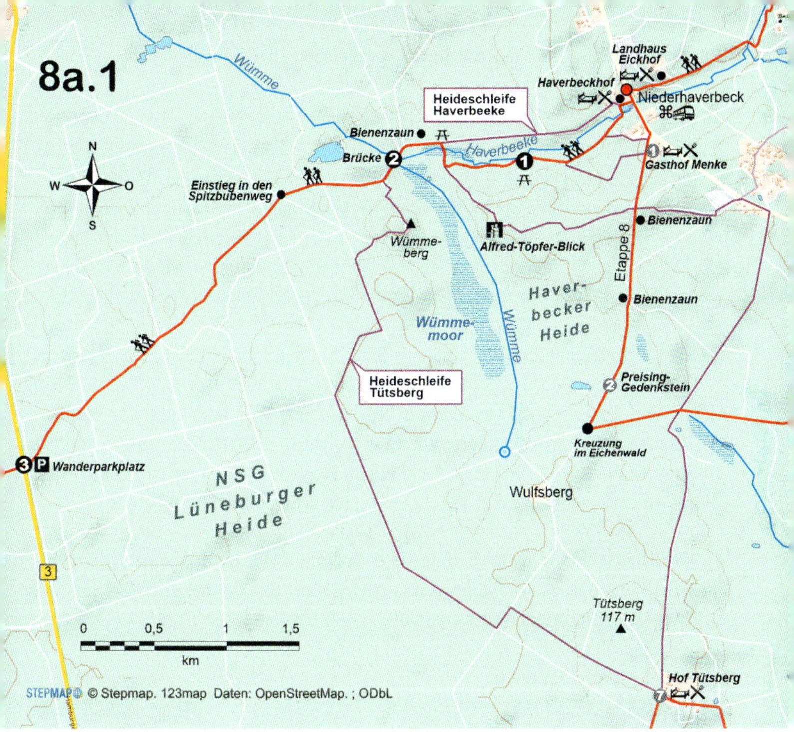

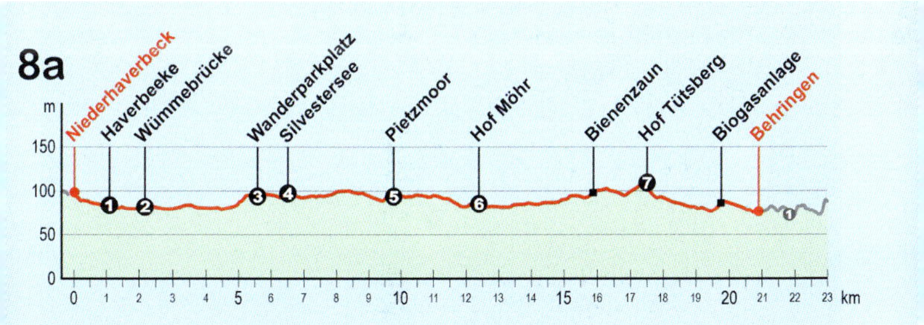

Hinter dem Rastplatz gehen Sie auf dem Forstweg nach links, passieren einen Bienenzaun und gelangen schließlich an die **Wümme ❷**, in die wenige Meter östlich die Haverbeeke mündet. Nach links Richtung Südosten erstreckt sich das Wümmemoor.

Wümme

118 km fließt die Wümme durch Niedersachsen, dann vereinigt sie sich mit der deutlich kürzeren Hamme und heißt für die letzten 10 km Lesum. Diese mündet bei Bremen Vegesack in die Weser. Haverbeeke, Wümme und Lesum haben zusammen eine Länge von 131 km und sind damit drittlängster Nebenfluss der Weser. Die Wümme steht in ihrem gesamten Verlauf unter Natur- oder Landschaftsschutz und ist für den Fisch-Artenschutz einer der wichtigsten Flüsse Niedersachsens.

Hinter der Wümmebrücke wandern Sie auf einem Pfad parallel zum Forstweg.

☺ Gut 150 m hinter der Wümmebrücke zweigt links vom Forstweg ein Pfad ab. Wenn Sie diesem folgen, erreichen Sie nach etwa 400 m einen Aussichtspunkt auf dem Wümmeberg. Vom Waldrand haben Sie erneut einen guten Blick auf das Wümmemoor – ein kurzer Abstecher, der sich allemal lohnt.

Der Heidschnuckenweg verläuft weiter auf dem Pfad, bis er knapp 900 m hinter der Wümmebrücke direkt an den Forstweg führt und auf der anderen Seite als sogenannter **Spitzbubenweg** weiterläuft.

Auf dem Spitzbubenweg

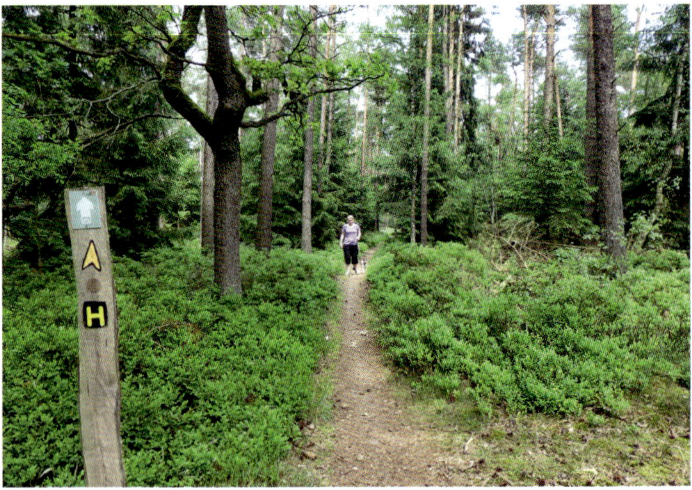

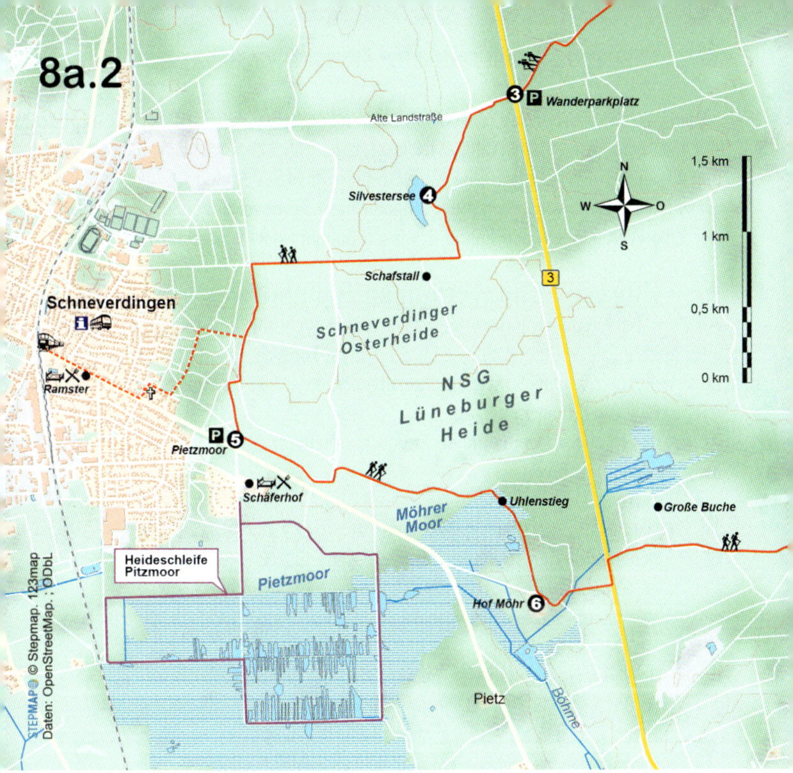

Durch dichte, verschiedene Waldtypen wandern Sie auf dem schönen Pfad bis zu einem Wanderparkplatz ❸ kurz vor der Bundesstraße B3. Sie überqueren vorsichtig die verkehrsreiche Straße und gehen dahinter auf der Alten Landstraße in westlicher Richtung weiter. Gut 100 m hinter der Bundesstraße biegen Sie links von der asphaltierten Straße auf einen Forstweg ab, verlassen diesen aber nach etwa 200 m bei der ersten Möglichkeit wieder nach links. Sie befinden sich jetzt in der **Schneverdinger Osterheide**, einem ausgedehnten Heidegebiet, das noch bis Mitte der 90er-Jahre des vorigen Jahrhunderts als Truppenübungsplatz für Panzer diente. Heute ist davon nichts mehr zu sehen.

Der Weg führt Sie durch die schöne Heide bis an den **Silvestersee ❹**, ein größeres Gewässer mit schönem Rastplatz und der Möglichkeit zu baden. Sie folgen dem Weg bis zu seinem Ende und gehen dort nach rechts. Der Weg führt jetzt schnurgerade Richtung Westen. Sie passieren einen Schafstall und gelangen an eine größere Kreuzung, an der Sie weiter geradeaus gehen. Gut 500 m hinter der Kreuzung vor einem Waldgebiet zweigt der Heidschnuckenweg nach links auf einen weiteren Forstweg ab. Sie wandern jetzt Richtung Süden.

Nach 500 m zweigt rechts der Zugang nach **Schneverdingen** ab, der vorbei an der Eine-Welt-Kirche nach knapp 2 km am Bahnhof der Heidestadt endet.

Zugang Schneverdingen Bahnhof (1,8 km)

An der Abzweigung wandern Sie in westlicher Richtung und biegen nach 300 m links ab. Sie folgen dem Waldweg bis zu seinem Ende an einem Wohngebiet, gehen dort rechts (Ernst-Dax-Straße) und gelangen nach gut 150 m an die Eine-Welt-Kirche, wo Sie nach links gehen.

An der Kirche vorbei kommen Sie an die Heberer Straße, der Sie nach rechts bis zum Bahnhof folgen.

Schneverdingen

Schneverdingen Touristik, Rathauspassage 18, 29640 Schneverdingen, ☎ 051 93/938 00, https://www.schneverdingen-touristik.de, touristik@schneverdingen.de, Mai bis Oktober Mo-Fr 9:00-18:00 und Sa 10:00-13:00, November bis April Mo-Fr 9:00-17:00, ⊙

Hotel/Restaurant Ramster, Heberer Str. 16, 29640 Schneverdingen, ☎ 051 93/68 88, info@hotel-ramster.de, https://hotel-ramster.de, EZ ab € 65, DZ ab € 120, ⊙. Das Hotel/Restaurant liegt direkt am Zugang vom Bahnhof zum Wanderweg, etwa 350 m vom Bahnhof entfernt.

♦ **Naturhotel Schäferhof**, Heberer Str. 100, 29640 Schneverdingen, ☎ 051 93/35 47, info@hotel-schaeferhof.com, www.naturhotel-schneverdingen.de, EZ/F ab € 90, DZ/F ab € 120, ⊙. Das Hotel liegt etwa 200 m südlich vom Parkplatz Pietzmoor am Wanderweg durch das Moor.

Linie 106 Schneverdingen – Soltau, 156 Schneverdingen – Niederhaverbeck – Behringen – Bispingen

Linie RB38 Bf. Harburg – Buchholz – Suerhop – Büsenbachtal – Handeloh – Schneverdingen – Soltau

Schneverdingen, einst ein kleines Heidedorf mitten in der Heide, ist bis heute mit ihren knapp 20.000 Einwohnerinnen und Einwohnern zu einer geschäftigen Kleinstadt geworden, die alle Versorgungsmöglichkeiten bietet. Natürlich ist auch Schneverdingen ganz auf die Lüneburger Heide eingestellt und so verwundert es nicht, dass das größte Event im Jahr das **Heideblütenfest** Ende August mit der

Krönung der Heidekönigin ist. 50.000 Besucherinnen und Besucher sind dabei, wenn vier Tage lang gefeiert wird.

Darüber hinaus hat Schneverdingen aber noch mehr zu bieten. Da sei z. B. der Heidegarten genannt mit 150 verschiedenen **Heidearten** und mehr als 150.000 Einzelpflanzen. Hier blüht die Heide zu jeder Jahreszeit. Den hübsch angelegten Garten können Sie besonders gut aus der Vogelperspektive von einem Aussichtsturm aus bewundern. Der Zugang ist rund um die Uhr möglich und kostenlos.

Sehenswert ist auch die hölzerne ✝ **Eine-Welt-Kirche**. Im Innern birgt der Eine-Welt-Altar 7.000 Bodenproben aus der ganzen Welt, die in sogenannten Büchern aus Kunstglas präsentiert werden und damit das Naturelement Erde mit dem Kultursymbol Buch verbinden.

Der Heidschnuckenweg folgt dem breiten Forstweg weiter Richtung Süden, bis er unmittelbar vor dem großen Wanderparkplatz am Pietzmoor ❺ nach links schwenkt.

Der Eine-Welt-Altar in Schneverdingen

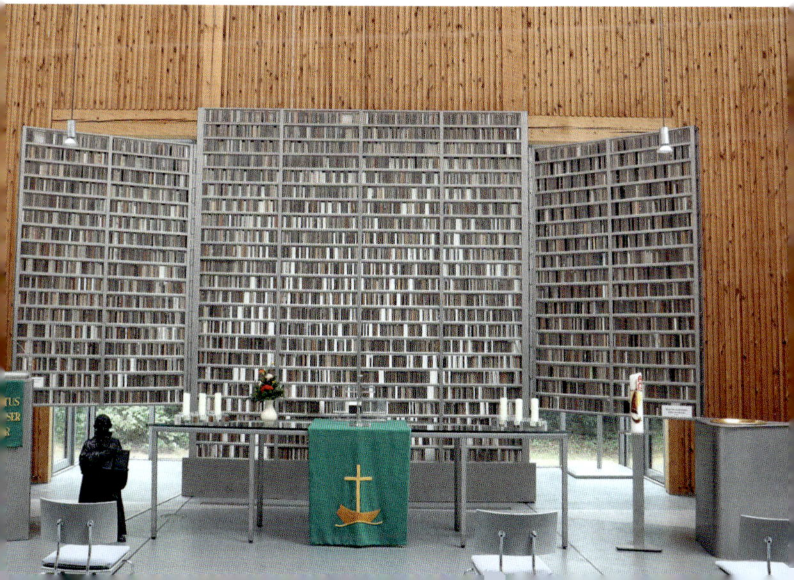

☺ Wer noch Zeit und genügend Kondition hat, sollte sich auf keinen Fall eine Rundtour durch das **Pietzmoor** entgehen lassen, das Sie nach einem kurzen Fußweg im Süden des Parkplatzes vorbei am Hotel/Restaurant Schäferhof erreichen. Hier beginnt die Heideschleife Pietzmoor.

Heideschleife Pietzmoor

Der 6,3 km lange Rundweg (ca. 1 Std. 45 Min.) führt mitten durch das alte Hochmoor, zum Teil auf einem eigens angelegten Holzbohlenweg. Er bietet die Chance, u. a. Kreuzottern, Waldeidechsen, verschiedene Libellen, Schmetterlinge und andere seltene Tiere zu sehen. Auch Pflanzenliebhaberinnen und Pflanzenliebhaber kommen auf ihre Kosten: Neben dem Wollgras kann man auch den fleischfressenden Sonnentau entdecken und zahlreiche andere, auf Moore spezialisierte Pflanzen.

Der Heidschnuckenweg führt nördlich des Parkplatzes am Pietzmoor in östliche Richtung weiter. Sie folgen der breiten Forststraße und gelangen dann hinter einer Rechtskurve auf den Uhlenstieg, einen Holzbohlenweg, der durch das **Möhrer Moor** führt.

Möhrer Moor

Das Möhrer Moor ist ein typisches Übergangsmoor, in dem sowohl Hochmoor- als auch Niedermoorpflanzen zu finden sind. Während hochmoortypische Pflanzen wie der Sonnentau auf nährstoffarme Bedingungen angewiesen sind, benötigen Pflanzen der Niedermoore mineralreicheres Grundwasser. Hierzu gehört z. B. die Moorlilie, die in vielen Heidemooren zu finden ist und im Juni mit ihren gelben Blüten für schöne Farbtupfer sorgt.

Der Wanderweg führt weiter durch Wald bis an den Hof Möhr ❻, in dem heute der Hauptsitz der Alfred-Töpfer-Akademie für Naturschutz untergebracht ist.

Alfred-Töpfer-Akademie für Naturschutz

Die Alfred-Töpfer-Akademie für Naturschutz wurde 1981 als Norddeutsche Naturschutzakademie gegründet. 1995 erhielt sie zu Ehren von Alfred Töpfer ihren heutigen Namen. Sie ist eine Einrichtung des Landes Niedersachsen und gehört zum Geschäftsbereich des Umweltministeriums. Zu ihren Aufgabenbereichen zählen die Bildung, Forschung und Öffentlichkeitsarbeit im Naturschutz sowie die Organisation des Freiwilligen Ökologischen Jahres in Niedersachsen.

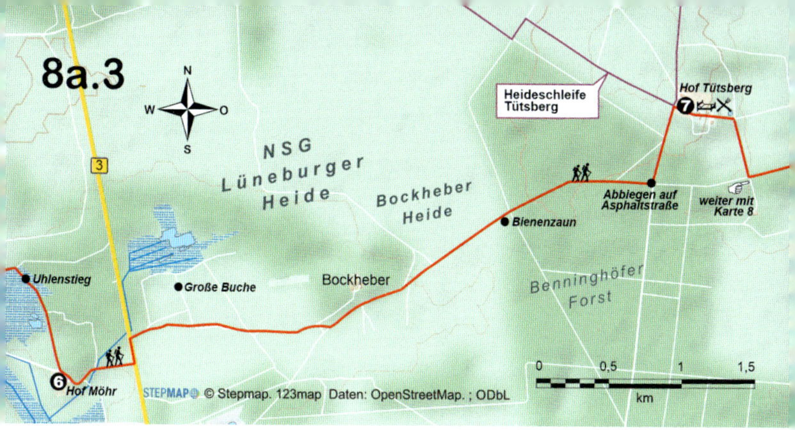

Töpfer (1894-1993) war ein Hamburger Unternehmer, der als einer der Pioniere des Landschafts- und Naturschutzes in Deutschland gilt.

Sie überqueren den mit Kopfsteinen gepflasterten Platz vor dem Informationshaus und wandern auf der Straße Richtung Tütsberg weiter. Der Weg geht in eine sehenswerte Kastanienallee über und endet an der B3, die Sie vorsichtig überqueren. Dahinter laufen Sie auf dem Fuß-/Radweg nach links, können aber glücklicherweise schon nach etwa 150 m die Bundesstraße wieder nach rechts auf einen zunächst noch befestigten Wirtschaftsweg verlassen. Nach etwa 400 m können Sie links in der freien Feldflur etwas abseits vom Weg eine beeindruckende, über 200 Jahre alte Buche sehen, die durch ihre gleichmäßige, vom Boden geradlinig abgesetzte Krone auffällt, eine Wuchsform, die auf frühere Beweidung hindeutet.

Zunächst dominieren noch landwirtschaftlich genutzte Flächen, dann, nach einem kurzen Anstieg, befinden Sie sich wieder inmitten einer weiten Heidelandschaft, der **Bockheber Heide**. Sie wandern auf einen dichten Wald zu, den Benninghöfer Forst, den Sie gleich nach dem Passieren eines Bienenzauns betreten. Sie folgen dem Waldweg, bis Sie auf eine Asphaltstraße stoßen. Hier wenden Sie sich nach links, gehen an einem Parkplatz vorbei und an der Kreuzung rechts zum idyllisch gelegenen **Hofgut Tütsberg ❼**. Das sehenswerte historische Hofgut beherbergt heute ein Hotel und ein Restaurant mit vorzüglichen Speisen und ist ein beliebtes Ausflugsziel.

🛏✕ **Hotel Hof Tütsberg**, Hof Tütsberg, 29640 Schneverdingen-Heber,
☎ 051 99/900, ✉ info@tuetsberg.de, 💻 https://tuetsberg.de,
EZ/F ab € 65, DZ/F ab € 115

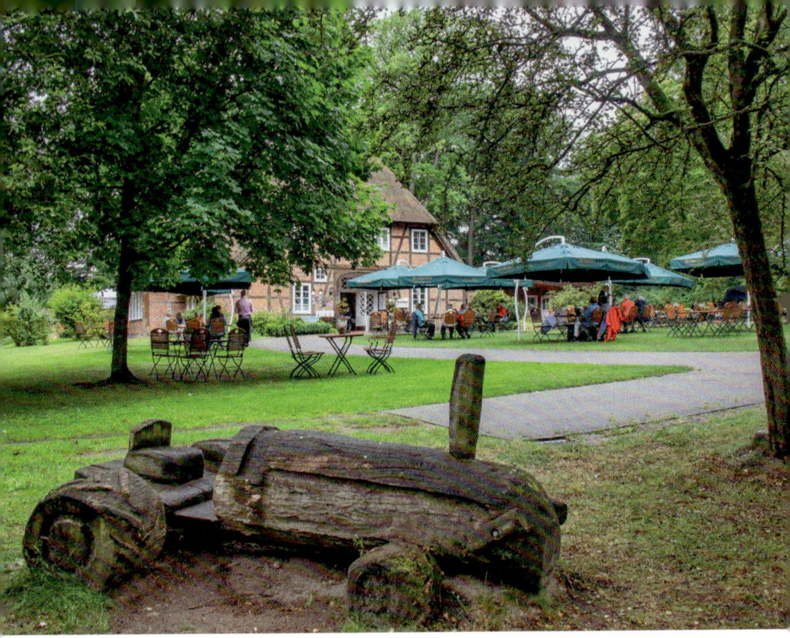

Das Restaurant am Hofgut Tütsberg ist ein beliebtes Ausflugsziel

Sie wandern abwärts über das Gutsgelände an Hotel und Restaurant vorbei und biegen an der ersten Möglichkeit rechts ab auf eine schöne Birkenallee, die Sie aber schon an der nächsten Kreuzung wieder nach links verlassen. Nach knapp 500 m gelangen Sie an einen schönen ⩚ Rastplatz mit Bank und Tisch neben einer jungen Birkengruppe.

Der Weg führt weiter bis an die asphaltierte Kreisstraße, die Sie überqueren. Etwa 350 m weiter kreuzen Sie die Brunau und passieren anschließend eine Biogasanlage. Entlang landwirtschaftlich genutzter Flächen erreichen Sie die asphaltierte Heberer Straße, auf der Sie nach links gehen. Etwa 400 m weiter stoßen Sie im Zentrum von Behringen auf die Kreuzung mit der Haverbecker Straße. Gleich dahinter treffen Sie in der Mühlenstraße wieder auf die Hauptroute des Heidschnuckenweges. Hier haben Sie das Ziel der Etappe erreicht.

Behringen

☞ 8. Etappe

9. Etappe: Behringen – Bispingen

8,4 km, 105 m, 110 m, 70-105 m, ca. 2 Std. 15 Min.

0,0 km	8,4 km	75 m	Behringen
1,6 km	6,8 km	75 m	Rast Brunausee
2,0 km	6,4 km	80 m	Raststätte Brunautal
4,3 km	4,1 km	95 m	Rast Borsteler Kuhlen
7,4 km	1,0 km	70 m	Luhetalbad
8,4 km	0,0 km	80 m	Bispingen TI-Büro

Die kurze, leichte Etappe verläuft auf Pfaden, Wirtschafts- und Forstwegen und zum Teil entlang befestigter Straßen. Höhepunkte der Strecke sind der Brunausee und das Heidegebiet der Borsteler Kuhlen. Wer Lust auf Schwimmen oder Sauna hat, ist im Luhetalbad gut aufgehoben. Das Etappenziel Bispingen bietet neben vielfältiger Gastronomie und zahlreichen Unterkunftsmöglichkeiten auch verschiedene Attraktionen, die nicht immer mit der Heide in Zusammenhang zu bringen sind.

Sie starten die Etappe an der Mühlenstraße wenige Meter östlich von der Kreuzung mit der Haverbecker Straße im Zentrum des Ortes. Sie gehen auf der Mühlenstraße in östlicher Richtung vorbei an dem Hotel/Restaurant Zur Grünen Eiche. An der nächsten Kreuzung an der alten Schule und der Freiwilligen Feuerwehr wechseln Sie auf einen Fußweg, dem Sie am Rande eines parkähnlichen Geländes folgen, bis Sie an die asphaltierte Widukindstraße stoßen. Hier gehen Sie links und etwa 50 m weiter gleich wieder rechts auf einen Feldweg. Sie wandern an einer rechts liegenden Koppel entlang. Am Ende der Koppel schwenkt der Feldweg nach rechts, hier gehen Sie weiter geradeaus auf einen Pfad, der steil abwärts führt. Unten im Tal liegt der Campingplatz Brunautal ❶ (☞ Etappe 8). Der Pfad führt am Rande des Campingplatzes vorbei und trifft am Ende direkt am Ufer des Brunausees auf eine Asphaltstraße.

Brunausee

Die Brunau entspringt etwas südlich von Niederhaverbeck und mündet nach gut 10 km bei Hützel, einem Ortsteil im Norden von Bispingen, in die Luhe. Die Wasserqualität des Gewässers ist nicht gut, an ihrer Mündung hat sie nur die Güteklasse III (kritisch belastet).

Der Heidebach wurde Anfang der 1980er-Jahre zum Brunausee aufgestaut. Er ist etwa 70 ha groß und liegt in waldiger Umgebung. Um den See herum führen Wanderwege und im Sommer kann man sich in der sandigen Badebucht erfrischen. Es gibt einen Hochseilklettergarten und eine Quadbahn. Von Anfang April bis Mitte Oktober haben auch Angler hier ihren Spaß. Tages- und Wochenangelkarten können gegen Vorlage eines gültigen Angelscheins beim Angelverein Bispingen erworben werden. Das Café-Restaurant Seeterrasse an der Badebucht bietet neben Speis und Trank im Sommer auch einen Tretbootverleih an.

Für Geschwindigkeitsfans ist die Quadbahn sicherlich eine tolle Attraktion. Auf einer 500 m langen sandigen Strecke dürfen Kinder ab 8 Jahren allein auf den schnellen Quads durch die Gegend düsen.

Sehenswert ist auch der 1986 angelegte „5x-Beringen-Garten", der am Ufer des Brunausees zu finden ist. Er wurde angelegt, um die fünf gleichnamigen Dörfer Be(h)ringen in Deutschland, Luxemburg, den Niederlanden, Belgien und der Schweiz zu präsentieren. Für jedes Dorf wurde ein Findling aufgestellt und ein für die Gegend typischer Baum gepflanzt.

Cafe-Restaurant Seeterrasse, Uhlenstieg 13, 29646 Behringen, ☏ 051 94/14 00, https://seeterrasse.de, cafe@seeterrasse.de; Fr-Mo 11:30 bis 18:00, Mi 11:30-21:00 (ab 18:00 Mittwochabendbuffet, keine Gerichte von der Karte)

Quadbahn-Bispingen, Uhlenstieg 13a, 29646 Bispingen, ☏ 01 71/315 19 58, www.quadbahn-bispingen.de, April bis Oktober außerhalb der Ferien an Wochenenden 13:00-17:00, während der Ferien täglich 13:00-17:00, in den Sommerferien 11:00-18:00, im Winter und bei starkem Regen geschlossen. Ein Quad kostet € 10 pro 10 Min. Fahrtzeit.

Sie folgen der Straße nach links, bis es kurz vor dem Hof Junkernberg rechts auf einem Pfad abwärts ans Seeufer geht. Jetzt beginnt ein besonders schöner Abschnitt auf einem schmalen Fußweg direkt am Ufer.

Auf der anderen Seite des Sees können Sie bald das Naherholungsgebiet mit Badestrand, Tretbooten, Klettergarten und dem Café-Restaurant Seeterrasse sehen.

Etwa 300 m nachdem Sie den See erreicht haben, gelangen Sie an einen besonders schönen Rastplatz ❷ mit einer Bank direkt am Seeufer. Das Einzige, was stört, ist die nahe, laute Autobahn.

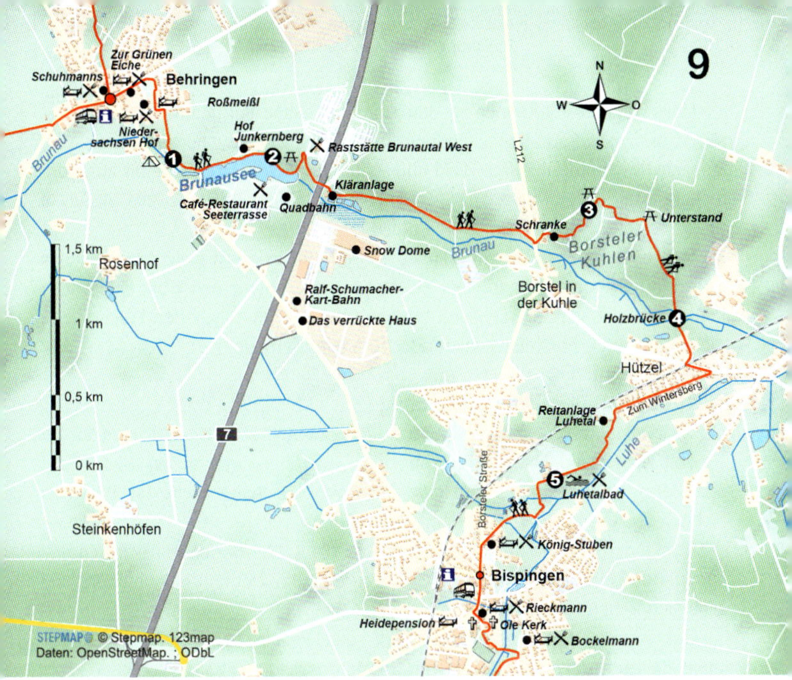

Sie folgen dem Pfad am Seeufer weiter und wandern am östlichen Ende des Sees links aufwärts.

☺ Wenn Sie hier rechts weitergehen, kommen Sie nach etwa 300 m zum Café-Restaurant Seeterrasse.

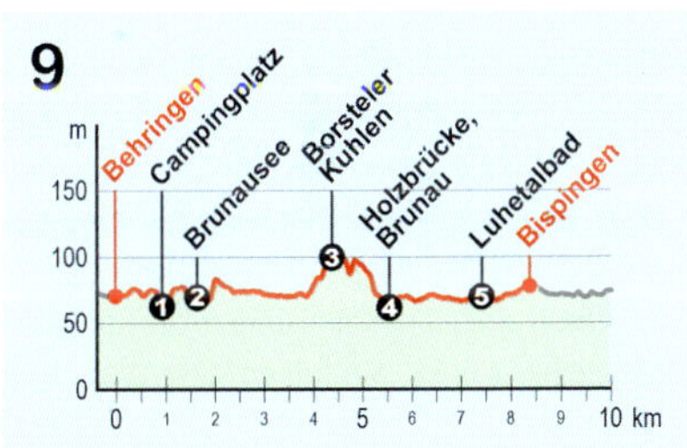

Oben angelangt erreichen Sie die Zufahrt zur Autobahnraststätte Brunautal West der A7. Wer mag, kann sich hier verpflegen oder Reiseproviant besorgen, beides zu autobahntypischen Preisen.

Sie gehen die Straße nach rechts, unterqueren auf ihr die Autobahn und verlassen sie dort, wo sie eine Linkskurve macht. Sie gehen auf die mit einem Metalltor verschlossene Einfahrt einer Abwasserreinigungsanlage zu.

Links von dem Tor können Sie den Zaun durch eine Tür durchqueren. Sie passieren die Anlage auf einem schönen Pfad, der später zu einem Forstweg wird. Zunächst wandern Sie durch Wald und später am Waldrand entlang bis zur Siedlung Borstel in der Kuhle. Hier stoßen Sie auf eine Landstraße, die Sie leicht rechts versetzt Richtung Borsteler Kuhlen überqueren.

Sie gehen an einem Fachwerkhaus vorbei und verlassen gleich dahinter den asphaltierten Weg vorbei an einer Schranke nach rechts in den Wald hinein. Der Pfad schlängelt sich aufwärts und führt in offene Heide mit hohen Wacholdern, die sogenannten **Borsteler Kuhlen** oder **Borsteler Schweiz**.

Borsteler Kuhlen/Borsteler Schweiz

Die Borsteler Kuhlen gehören zu den landschaftlich schönsten Plätzen in der Lüneburger Heide. Vom Aussichtspunkt hat man einen grandiosen Blick in das über 30 m tiefer liegende, mit Heide und Wacholder bewachsene Tal. Bei guter Sicht ist sogar der Bispinger Kirchturm zu sehen.

Entstanden sind die Kuhlen während der Eiszeit. Der Boden war gefroren und damit undurchlässig. Das abtauende Wasser konnte nur oberirdisch abfließen und grub sich in den Hang ein.

Das hügelige Relief schuf die Eiszeit, die Heideflächen der Mensch. Über lange Zeiten wurden die Flächen von Schafen beweidet, 1951 verließ der letzte Schäfer das Gebiet. Heute müssen die Flächen ständig von nachwachsenden Gehölzen befreit werden, damit die Kulturlandschaft Heide erhalten bleibt.

Wenig weiter erreichen Sie auf dem teilweise sehr schmalen Pfad eine Bank ❸ mit schönem Blick ins Tal. Eine gute Möglichkeit für eine Rast.

Oben angelangt umrunden Sie den Talschluss und gehen bei der nächsten Möglichkeit links. Sie folgen dem Weg, treffen auf einen kleinen, links liegenden Unterstand, gehen hier nach rechts und nehmen gleich an der nächsten Gabelung den Weg nach links. Er führt jetzt teilweise recht steil hinab ins Tal der Brunau. Sie stoßen auf einen Feldweg, auf dem Sie nach rechts Richtung Hützel gehen, und überqueren wenig später auf einer Holzbrücke die Brunau ❹, die nur knapp 1 km weiter in die Luhe mündet.

Kurz hinter der Brunau erreichen Sie Hützel, einen Ortsteil von Bispingen. Am Ende des Weges gehen Sie links, überqueren die Bahn und gehen bei der nächsten Möglichkeit kurz vor der Bushaltestelle rechts in die Straße Zum Wintersberg.

Am Ende der Siedlung vor der Reitanlage Luhetal gehen Sie links auf dem asphaltierten Fuß-/Radweg zunächst zwischen Pferdekoppeln hindurch und dann durch Wald bis zum Luhetalbad ❺, ein beheiztes Hallen- und Freibad mit Sauna.

Luhetalbad, Trift 19, 29646 Bispingen Hützel, ☏ 051 94/97 42 39, https://ihr-stadtwerk.de/de/Menue/Baeder/Luhetalbad/, ganzjährig Mo 6:45-8:00 und 14:30-17:30, Di-Fr 6:45-9:30 und 14:30-17:30, Sa, an Sonn- und Feiertagen 8:00-12:00, bei schlechtem Wetter geschlossen

Kurz vor dem Ende des Freibadgeländes biegen Sie links auf einen unbefestigten Fußweg ab, der sich zunächst durch Wald und dann durch Wiesen bis zu dem asphaltierten Luheweg zieht, wo Sie nach rechts gehen.

☺ Wenn Sie an dieser Stelle wenige Schritte nach links gehen, können Sie an einer Brücke einen Blick auf die hier noch junge Luhe werfen. Zu den Quellteichen des Flusses, der in die Elbe mündet, werden Sie während der nächsten Etappe kommen.

Sie folgen dem Luheweg vorbei am Hotel/Restaurant König-Stuben, bis er kurz hinter dem Hotel an der Borsteler Straße endet. Hier gehen Sie links und wandern bis zum Ende der Straße, wo Sie im Zentrum des Ortes das Etappenziel erreicht haben.

Wer zum Büro der Tourist-Information möchte, geht rechts in die Bahnhofstraße. Das Büro erreicht man nach etwa 300 m links im ehemaligen Bahnhofsgebäude.

Bispingen

Tourist-Information Bispingen, Bahnhofstr. 19, 29646 Bispingen, ☏ 051 94/987 96 90, info@bispingen-touristik.de, https://www.bispingen.de, Mai, Juni und Oktober Mo bis Fr 9:00-17:00, Sa 10:00-13:00, Juli bis September Mo bis Fr 9:00-18:00, Sa und So 10:00-13:00, November bis April Mo, Di, Do, Fr 10:00-16:00, Mi und Sa 10:00-12:00, ⊙

Hotel/Restaurant König-Stuben, Luheweg 25, 29646 Bispingen, ☏ 051 94/981 00, info@koenig-stuben.de, https://koenig-stuben.de, EZ/F ab € 68, DZ/F ab € 109. Das Hotel liegt direkt am Heidschnuckenweg, gut 100 m vor dem Etappenziel.

Heidehotel Bockelmann, Nöllestr. 18, 29646 Bispingen, ☏ 051 94/980 30, info@hotel-bockelmann.de, https://www.hotel-bockelmann.de/, EZ ab € 75, DZ ab € 135, ⊙. Das Hotel liegt am Wanderweg, gleich hinter dem Kirchplatz.

♦ **Heidehotel Rieckmann**, Kirchweg 1-2, 29646 Bispingen, ☏ 051 94/95 10, info@hotel-rieckmann.de, https://hotel-rieckmann.de, EZ/F ab € 65, DZ/F ab € 89, inkl. reichhaltigem Sektfrühstücksbuffet, ⊙. Das Hotel liegt am Wanderweg, nur wenige Meter östlich der Kirche.

♦ **Heidepension Bispingen**, Soltauer Str. 2, 29646 Bispingen, ☏ 051 94/97 43 07 und 01 60/210 01 11, heidepensionbispingen@gmail.com, www.heidepension.restaurant-lapiazza-bispingen.de, EZ ab € 65, DZ ab € 79, F € 5. Die Pension liegt im Zentrum des Ortes, etwa 150 m vom Wanderweg entfernt.

Jugendherberge Bispingen, Töpinger Str. 42, 29646 Bispingen, ☏ 051 94/23 75, bispingen@jugendherberge.de, https://jugendherberge.de/jugendherbergen/bispingen-288/portract/, Bett im Mehrbettzimmer ab € 33. Die Jugendherberge liegt direkt am Heidschnuckenweg auf dem Weg nach Soltau, etwa 1,7 km hinter dem Start.

Linie 150 Bispingen – Soltau, 156 Schneverdingen – Niederhaverbeck – Behringen – Bispingen

Die Ole Kerk in Bispingen

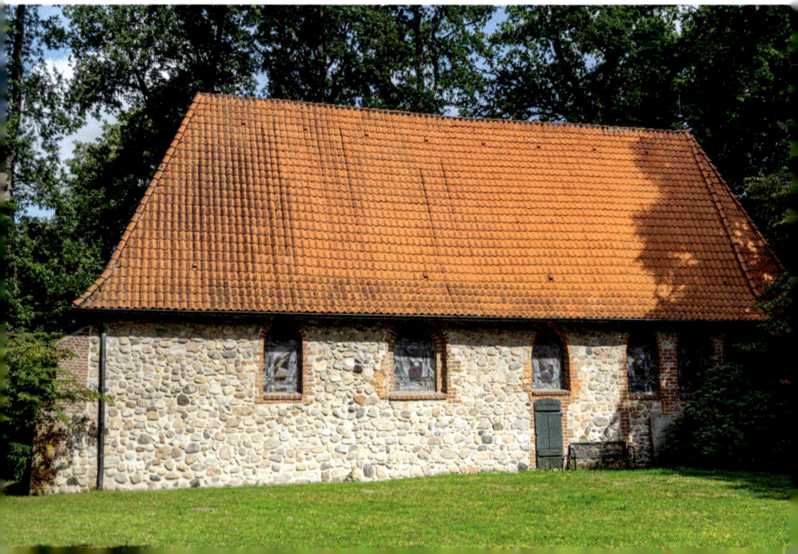

Bispingen ist der größte Ort der gleichnamigen Gemeinde im Heidekreis und hat etwa 2.500 Einwohnerinnen und Einwohner. Historische Funde aus der Gegend belegen, dass die Region schon seit vielen Tausend Jahren besiedelt ist: Hügelgräber, Urnenfelder und andere Funde weisen auf die lange Besiedlungsgeschichte hin. 1193 wurde das Dorf erstmals urkundlich erwähnt. In der Urkunde wird der Verkauf des Dorfes an den Bischof Lüder von Verden beschrieben. Von diesem Transfer stammt wohl auch der Name „Bispingen“, der sich aus „von Biscopinge“ ableitet. Dies heißt so viel wie „dem Bischof gehörig“. Die Endung „ingen“ ist in diesem Teil Niedersachsens weit verbreitet und weist auf langobardischen Ursprung hin.

Lange Zeit war Bispingen ein kleines Heidebauerndorf. Die Bronzeskulptur eines Schäfers in der Ortsmitte weist auf diese Vergangenheit hin.

Sehenswert ist die ✞ **Ole Kerk**, eine 1353 aus Feldsteinen erbaute kleine Kirche. Sie ist das älteste erhaltene Bauwerk in Bispingen und wird heute oft für Trauungen, Andachten und Konzerte genutzt. Die Kirche ist fast ganzjährig geöffnet und lädt zu einer kurzen Verschnaufpause im Stillen ein. Die neue ✞ **St.-Antonius-Kirche** wurde erst 1908 errichtet, als die alte Kirche nicht mehr genug Platz für die gesamte Gemeinde bot. Einige Stücke wurden aus der alten Kirche in die neue umgesiedelt, so z. B. eine Bronzetaufe von 1406.

Bispingen bietet zahlreiche verschiedene Freizeitmöglichkeiten, z. B. **Center Parcs Bispinger Heide**, einen großen Freizeitpark mit Ferienhausvermietung, Abenteuerschwimmbad, Streichelzoo und vielem mehr.

💻 https://www.centerparcs.de/de-de/deutschland/fp_BS_ferienpark-bispinger-heide

Die Beurteilung des **Heidekastells Iserhatsche** ist reine Geschmackssache, doch in einer Hinsicht sind sich alle, die einmal dort waren, einig: Iserhatsche ist einzigartig. (💻 www.iserhatsche.de)

Iserhatsche ist ein Jagdschloss, das heute gleichzeitig als verrücktes Museum dient. Neben einer Führung durch die eindrucksvollen Zimmer der Villa, die voller Kuriositäten sind, kann man den Motagnetto, wohl das interessanteste Bauwerk auf Iserhatsche, besichtigen. Dieser Multifunktionsbau eines kleinen Schlosses im italienischen Stil beherbergt u. a. den „Berg der Sammelleidenschaften“ mit einer 16.000 volle Flaschen umfassenden Biersammlung und einen eingebauten Vulkan. Einmalig ist auch der geschmiedete Ebereschen-Eisen-Glockenbaum im Barockgarten.

Ein echter Geheimtipp ist das **Greifvogel-Gehege** Bispingen (💻 www.greifvogel-gehege.de). Inmitten eines großen Waldgebiets kann man zahlreiche Greifvogel- und Eulenarten bewundern. Die Besitzerin selbst übernimmt die Führungen durch ihr Gehege, das sich vor allem durch die fehlenden Käfige und Volieren auszeichnet. Dadurch wird der Umgang mit den Tieren sehr intim und persönlich. Sicherlich ein unvergessliches Erlebnis.

Im Gewerbegebiet in Bispingen, direkt an der A7, befindet sich das **Ralf Schumacher Kartcenter** (💻 www.rs-kartcenter.de) mit In- und Outdoor-Kartanlagen sowie Bowlingbahnen. Das **Abenteuer Resort Lüneburger Heide** (💻 www.abenteuer-resort.de) bietet neben einer Skihalle mit 300 m langer Piste zum Rodeln, Snowboard- und Skifahren auch eine sehenswerte Oldtimerausstellung und seit April 2020 auf 12.000 m² eine riesige Eisenbahn-Modellbauwelt mit 20 km Schienen und über 500 Zügen.

Ein weiteres Highlight ist das **Verrückte Haus** (💻 www.dasverruecktehaus-bispingen.de), ein auf dem Kopf stehendes Gebäude in dem auch im Inneren alles auf dem Kopf steht. Ein Besuch vermittelt einen ganz ungewöhnlichen Eindruck von unserer Welt. Daneben liegt das 2018 eröffnete **Abenteuerlabyrinth Lüneburger Heide** (💻 www.abenteuerlabyrinth.de). In dem 2.800 m² großen Irrgarten warten 18 Abenteuerstationen und ein schaurig-schöner Gruselgang auf Groß und Klein. Gleich nebenan befindet sich das **Abenteuerland Lüneburger Heide** (💻 www.abenteuerland.de), wo man sich im modernsten Trampolinpark Deutschlands richtig austoben kann.

Das verrückte Haus bei Bispingen

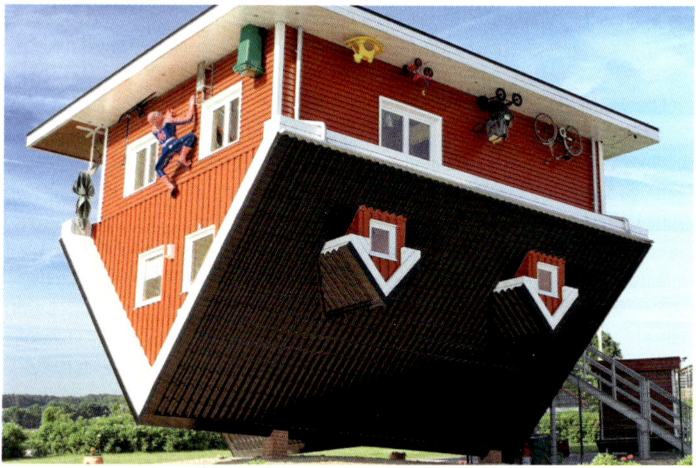

10. Etappe: Bispingen – Soltau

➲ 22,3 km, ↑ 140 m, ↓ 160 m, ⇧ 60-115 m, ⌛ ca. 5 Std. 45 Min.

0,0 km	22,3 km	⇧ 80 m	Bispingen TI-Büro
1,7 km	20,6 km	⇧ 75 m	JH Bispingen
3,1 km	19,2 km	⇧ 85 m	Abenteuerspielplatz
5,1 km	18,1 km	⇧ 100 m	Quellteiche Luhe
8,0 km	14,3 km	⇧ 90 m	Bahnübergang
12,0 km	10,3 km	⇧ 85 m	Deimern
12,7 km	9,6 km	⇧ 75 m	Ehbläcksmoor
15,6 km	6,7 km	⇧ 80 m	Heide-Park Soltau
18,9 km	3,4 km	⇧ 70 m	Hochspannungsleitung
21,3 km	1,0 km	⇧ 65 m	Soltau-Therme Eingang
22,3 km	0,0 km	⇧ 60 m	Soltau

Die leichte, aber lange Etappe verläuft zum größten Teil auf Wirtschafts- und Forstwegen. Wem das zu viel ist, der kann sie am Heide-Park Soltau unterbrechen und den Aufenthalt mit einem Besuch des „Riesen-Rummels" verbinden. Allerdings sind es von dort bis zum Etappenziel auch nur noch knapp 7 km. Landschaftlicher Höhepunkt sind die Heideflächen nördlich von Deimern und die Quellteiche der Luhe. Schade nur, dass die Geräusche der nahen Autobahn die Idylle an den Teichen stören.

Am Ende der Borsteler Straße gehen Sie weiter in südlicher Richtung in die Hauptstraße (rechts entlang der Bahnhofstraße geht es zum Büro der Bispingen Touristik). Nach etwa 250 m biegen Sie noch vor der St.-Antonius-Kirche links in den Kirchweg ab, wandern an der alten Kirche Ole Kerk vorbei, halten sich rechts und gelangen auf einen Schulhof. Dort gehen Sie nach links, wandern links an der Turnhalle vorbei und überqueren kurz dahinter die Luhe.

Der Weg endet an der Rückseite vom Heidehotel Bockelmann. Sie gehen rechts und nach 30 m gleich wieder rechts. Der gepflasterte Fußweg führt Sie in einen Mischwald hinein. Dort, wo er nach links über Stufen aufwärtsführt, gehen Sie weiter geradeaus auf einen unbefestigten Weg, dem Sie bis zum Ende folgen.

Sie gehen rechts, überqueren erneut die Luhe und passieren einen kleinen rechts liegenden Teich. Der Forstweg endet an der nach Töpingen führenden Landstraße. Sie überqueren die Landstraße und gehen nach links. Nach etwa

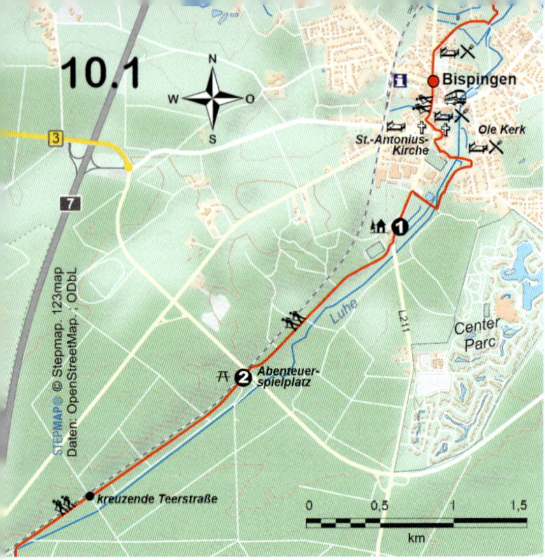

250 m erreichen Sie die Jugendherberge Bispingen ❶. Gleich hinter der Jugendherberge verlassen Sie die Töpinger Straße nach rechts Richtung Abenteuerspielplatz.

Sie wandern auf dem breiten Forstweg parallel zur Bahntrasse, die Sie von Zeit zu Zeit rechts durch die Bäume sehen können. Sie unterqueren eine Autostraße und gelangen gleich dahinter an den **Abenteuerspielplatz Bispingen ❷**, der vielfältige Spiel- und Rastmöglichkeiten bietet. Der Grillplatz am südwestlichen Ende des Geländes ist aber nur nach Voranmeldung für Gruppen nutzbar.

Am Anfang des Geländes verlassen Sie die inzwischen asphaltierte Straße und gehen rechts weiter direkt über den Spielplatz, an dessen Ende Sie auf einen Trimm-dich-Pfad treffen. Sie wandern nun schnurgerade in südwestlicher Richtung auf einem Forstweg durch wechselnde Waldtypen. Störend ist der Lärm der Autobahn, der ständig lauter wird.

Nach etwas mehr als 1 km kreuzen Sie eine Teerstraße. Sie wandern weiter in der gleichen Richtung, müssen aber nach etwa 600 m aufpassen. Hier biegen Sie

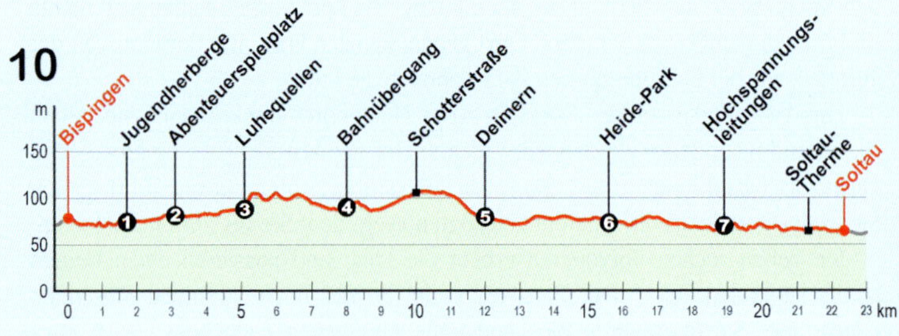

links Richtung Luhequellen auf einen Pfad von dem Forstweg ab. Unmittelbar darauf sind Sie an den drei terrassenförmig angelegten **Quellteichen der Luhe ❸**.

Luhe

Die gut 58 km lange Luhe ist ein linker Nebenfluss der Ilmenau, in die sie bei Winsen/Luhe mündet. Die Ilmenau fließt dann noch 3 km weiter, bis sie ihr Ende in der Elbe findet. Die Luhe entspringt in drei Quellteichen, die an einem Endmoränenrücken liegen. Das Wasser stammt von der anderen Seite der Autobahn und fließt unterirdisch bis zu den Teichen.

Quellteich der Luhe

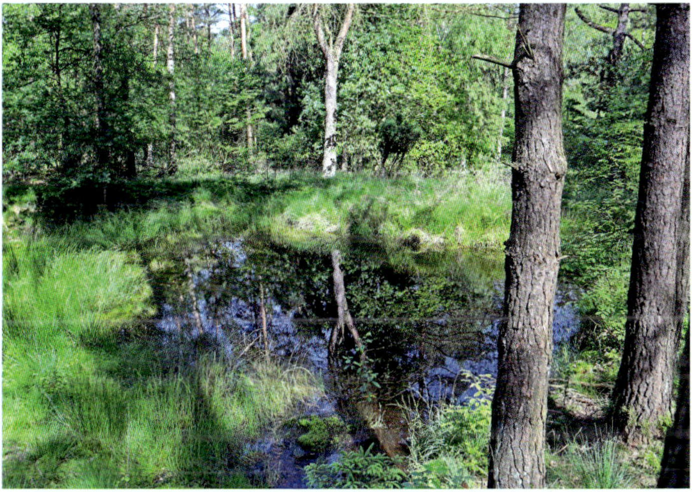

An den Quellteichen lassen sich zahlreiche Tiere beobachten, z. B. Frösche und Molche oder Libellen. Am oberen Quellteich finden Sie eine ⛼ Bank mit Blick auf das Gewässer, ein schöner, idyllischer Rastplatz. Nur die Autogeräusche von der nahen A7 stören.

Sie folgen dem Pfad, der sich leicht ansteigend durch den Wald schlängelt, in südlicher Richtung. Achten Sie hier besonders auf die Markierungen, weil der Pfad je nach Höhe der Vegetation nicht immer gut zu erkennen ist.

Etwa 500 m hinter den Teichen stoßen Sie auf einen Forstweg, auf dem Sie nach rechts auf einen Sendemast zugehen. Vor dem Mast gehen Sie links und folgen dem breiten, geschotterten Forstweg Richtung Süden.

An der nächsten Gabelung nach knapp 1 km halten Sie sich rechts. Sie unterqueren die Autobahn A7 und gelangen an einen Bahnübergang ❹, den Sie überqueren. Gleich hinter den Gleisen gehen Sie rechts auf einen Feldweg, der Sie an eine stark befahrene, zweispurige Landstraße führt. Sie überqueren die Straße rechts versetzt und folgen dahinter dem grasigen Weg bis zu seinem Ende. Dort gehen Sie rechts und dann am Rand des kleinen Waldstreifens entlang, bis er vor einem Wald an einer größeren Wegkreuzung endet. Hier gehen Sie links und folgen dem Weg zunächst am Waldrand entlang wieder hinein in das NSG Lüneburger Heide. Am Ende des Weges gehen Sie links.

Nach kurzer Zeit gelangen Sie wieder in die offene Heide. Dass hier vor 20 Jahren noch Panzer die Landschaft zerpflügt haben, lässt sich heute nur noch erahnen.

Am Ende des Weges gehen Sie erneut links und wandern auf der breiten Schotterstraße neben einem Reit- und Kutschenweg in südwestlicher Richtung nach **Deimern**, ein knapp 200 Einwohnerinnen und Einwohner zählender Ortsteil von Soltau. Hier treffen Sie an der Kreisstraße an einer Wendeschleife auf eine Schutzhütte ❺ und Bushaltestelle.

Auf der anderen Seite der Kreisstraße, etwas südlich der Haltestelle, gehen Sie in die für Motorfahrzeuge verbotene Asphaltstraße Richtung Westen. Hinter dem letzten Hof gelangen Sie wieder in das NSG Lüneburger Heide, der Weg wird sandiger. Etwa 500 m hinter dem letzten Hof erreichen Sie das links liegende **Ehbläcksmoor**, an dessen Rand Sie entlanggehen, von dem aber wegen des Baumbewuchses nicht viel zu sehen ist.

Ehbläcksmoor

Das Ehbläcksmoor ist ein fast 40 ha großes Naturschutzgebiet. Kernstück ist ein Moorlilien-Torfmoos-Moor, das im Osten durch einen Bruchwald in der Niederung der Großen Aue begrenzt wird. Westlich geht es über ein Glocken-Heide-Moor und Sandheide in Kiefernforste über.

Sie folgen dem Weg weiter und passieren eine Erdgasanlage. An der folgenden Kreuzung gehen Sie noch geradeaus, biegen aber dann an der nächsten links ab. Das schon seit einiger Zeit zu hörende Gekreische kommt vom wenig südlich liegenden Heide-Park Soltau.

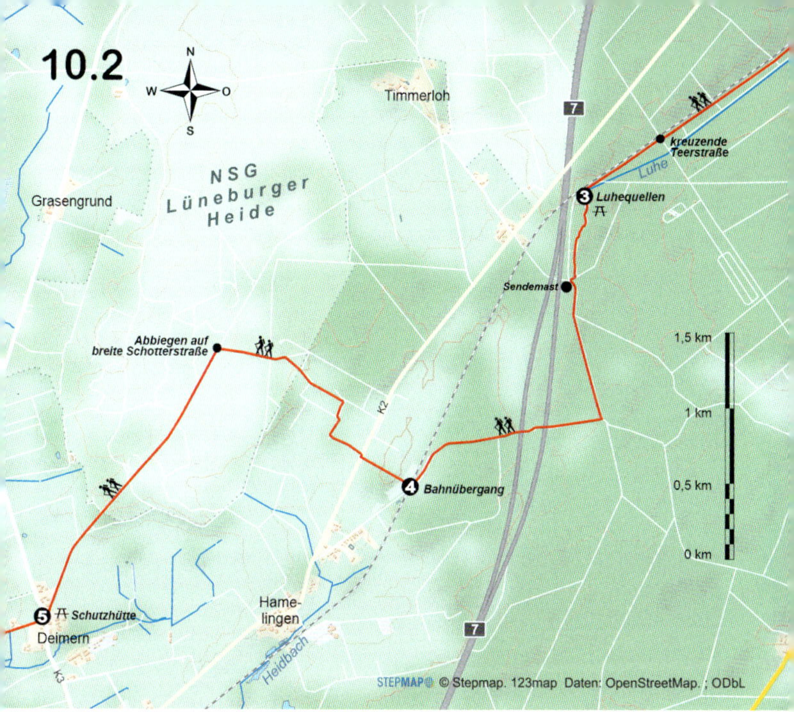

Sie folgen dem Feldweg Richtung Süden. Links können Sie bald die bunten Häuschen des Holiday Camps sehen und im Hintergrund den 103 m hohen Freifallturm Scream, der der höchste dieser Art auf der Welt sein soll.

Schließlich stoßen Sie auf eine Asphaltstraße am Nordende des riesigen Parkplatzgeländes. Hier gehen Sie links und nach etwa 150 m rechts auf den Parkplatz. Achten Sie dabei auf die Markierungen. Über den Parkplatz wandern Sie nach Süden und treffen zwischen zwei Teichen auf die Kreisstraße. Wenn Sie sich vor den Teichen links halten, gelangen Sie zum Eingang des Heide-Parks Soltau ❻.

Heide-Park Soltau

Der Heide-Park Soltau gehört zu den größten deutschen Freizeitparks. Auf einer Fläche von 850.000 m² finden Sie zahlreiche Attraktionen wie Achterbahnen, Freifalltürme, Wasserbahn, Horrorkabinett und viele weitere Fahrgeschäfte. Bei einigen kann einem schon vom bloßen Zuschauen weich in den Knien werden.

Heide-Park Soltau, Heide Park 1, 29614 Soltau, ☏ 018 06/91 91 01,
https://heide-park.de, info@heide-park.de
von Anfang April bis Ende Oktober täglich 10:00-18:00, im Sommer bis 19:00
Im Park besteht auch die Möglichkeit, in einem Hotel (Abenteuerzimmer für 2 Pers. ab € 175) oder in einem Holiday Camp (Hütte für 2 Pers. ab € 96) zu übernachten.

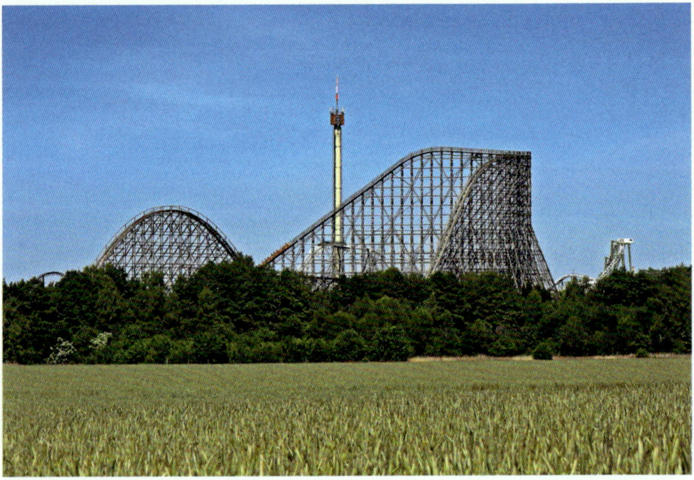

Die Fahrgeschäfte im Heide-Park Soltau sind schon von Weitem zu sehen

Sie überqueren die Kreisstraße K9 an der Ampel, gehen rechts und biegen etwa 100 m weiter links auf einen Waldweg ab. Knapp 300 m weiter gehen Sie an der nächsten Gabelung rechts.

Nach weiteren 500 m stoßen Sie an einer Kreuzung auf die Südostecke eines Campingplatzes (Zugang von der Kreisstraße K9). Hier finden Sie auch Gästezimmer und können in urigen Schlaffässern übernachten.

Campingplatz Auf dem Simpel, Auf dem Simpel 1, 29614 Soltau,
☏ 051 91/36 51, über Kontaktformular auf der Website,
https://auf-dem-simpel.de, ganzjährig,
Übernachtung in Schlaffässern (ab € 36, ein weiterer Erwachsener € 10), Mietwohnwagen für 4 Pers. (ab € 104), Gästezimmern (ab € 62) und anderen Unterkünften (Ferienhaus bis zu 6 Pers. ab € 143)

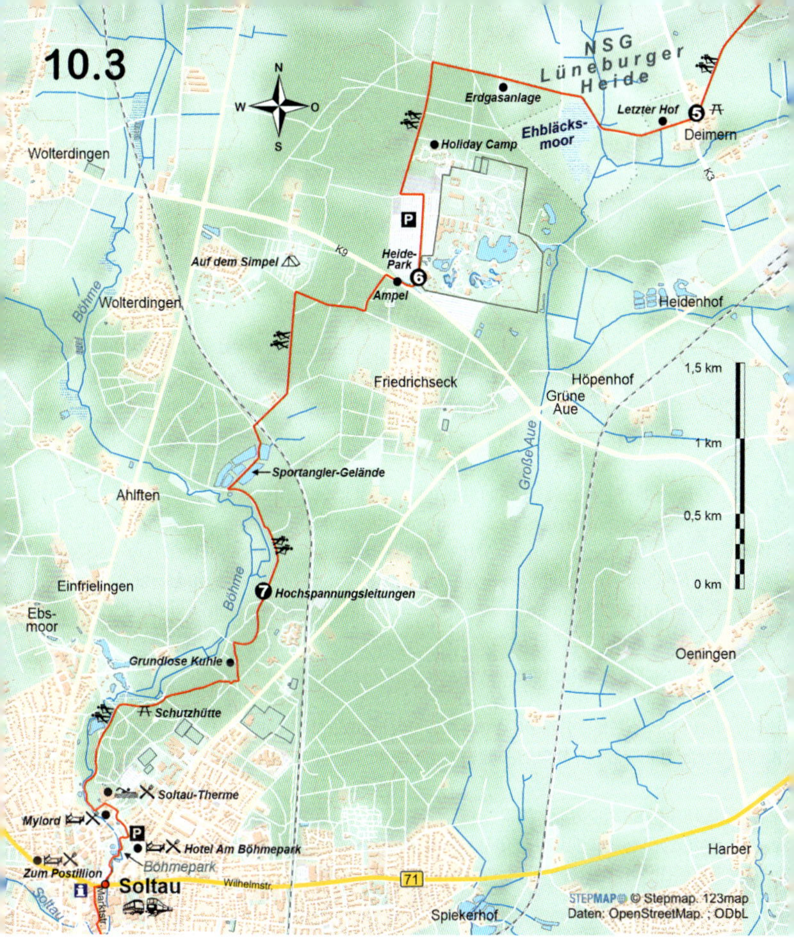

Sie wenden sich an der Kreuzung nach links und wandern durch den Wald, bis Sie an eine asphaltierte Straße stoßen. Dort gehen Sie rechts auf die Gleise der Heidebahn zu, die Sie überqueren. Gleich dahinter biegen Sie links auf eine Schotterstraße ab, die mitten durch das Gelände mit Angel- und Aufzuchtteichen des Sportanglervereins Soltau führt.

Am Ende des Geländes biegen Sie scharf nach links ab und folgen dem Weg durch den Wald.

Sie unterqueren zwei parallele Hochspannungsleitungen ❼ und stoßen knapp 500 m weiter auf einen anderen Forstweg. Nach rechts geht es zu einer Brücke über die Böhme, der Heidschnuckenweg führt hier links leicht bergauf. Nach etwas mehr als 100 m passieren Sie die rechts liegende **Grundlose Kule**, ein unscheinbares, aber geologisch interessantes Gewässer, um das sich viele Legenden ranken.

Grundlose Kuhle

Der kreisförmige Erdtrichter hat einen Durchmesser von 40 m, in der Mitte befindet sich ein runder Teich. Der Wasserspiegel liegt über dem der anderen Gewässer in der Nähe und obwohl der Teich ohne Zu- und Abfluss ist, hat sich der Wasserspiegel über die Jahre kaum verändert. Die Formation entstand durch Salzauswaschungen des Bodens.

Um die Grundlose Kuhle ranken sich viele Legenden. Eine davon besagt, dass in alten Zeiten ein riesiges Schloss in dieser Senke stand, in dem ein Ritter mit seiner Frau und Tochter wohnte. Der Ritter war ein begnadeter Jäger und selbst am Heiligabend wollte er losziehen. Seine Frau flehte ihn an zu bleiben, doch der Ritter entgegnete, dass er selbst dann, wenn das ganze Schloss im Erdboden versänke, auf die Jagd gehen würde. So verließ er seine Heimstatt und als er nach der Jagd zurückkehrte, war das Schloss nicht mehr da. Stattdessen befand sich an der Stelle ein tiefes Gewässer. Laut Legende wird jeder, der dreimal um die Grundlose Kuhle läuft und dabei „Pudelputputput" ruft, von dem vergrämten Ritter in die Tiefe des Teiches gezogen. Aber wer macht schon so etwas Verrücktes?

An der Böhme in Soltau

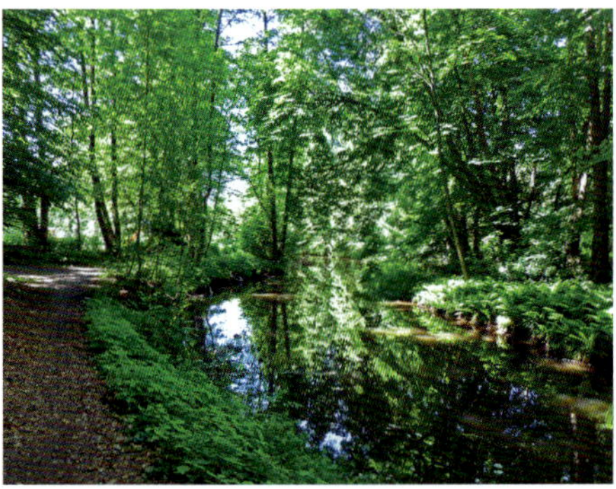

Knapp 150 m weiter biegen Sie rechts ab und kurz darauf an einer Multikreuzung erneut rechts. Der Weg führt jetzt immer näher an die Böhme heran. Sie passieren eine Schutzhütte und gelangen an einen rechts liegenden, mit Seerosen bewachsenen Fischteich und gleich dahinter direkt an die **Böhme**.

Böhme

Als längster und wasserreichster rechter Nebenfluss der Aller zieht sich die Böhme auf 71 km Länge durch den Heidekreis. Die Quelle befindet sich im Pietzmoor (☞ Variante 8a), wo sie aus mehreren ehemaligen Torfkuhlen entspringt. Von der Quellregion aus fließt die Böhme in südwestliche Richtung, durchquert Soltau und Bad Fallingbostel und mündet schließlich bei der Gemeinde Böhme in die Aller. Das Wasser der Böhme ist überwiegend mäßig belastet (Güteklasse II), doch einige Abschnitte wie z. B. bei Soltau sind kritisch belastet (Güteklasse II-III).

Sie umgehen das Gelände der Soltau-Therme im Westen, immer noch nahe an der Böhme, und erreichen am Eingang zur **Soltau-Therme** einen freien Platz mit zahlreichen Sitzgelegenheiten.

Soltau-Therme, Mühlenweg 17, 29614 Soltau, ☏ 051 91/844 81, https://soltau-therme-online.de, info@soltau-therme.de Schwimmbad: ganzjährig täglich 10:00-21:00, Di-Fr (Frühschwimmen) schon ab 6:00, Solebad: So-Do und an Feiertagen 10:00-21:00, Fr-Sa von 10:00-22:00, Saunalandschaft: tägl. 10:00-21:00, Fr und Sa bis 22:00, ⊙. Die Therme bietet neben verschiedenen Schwimmbecken und Saunen unter anderem auch einen Wellnessbereich, ein Solebad sowie ein Sole-Dampfbad.

Sie überqueren die Bornemannstraße und gehen in den Böhmepark. Gleich am Anfang fallen einige mächtige Eichen auf. Sie wandern bis zu einem Parkplatz, vor dem Sie rechts abbiegen. Etwas weiter halten Sie sich links und gehen dann über die sehenswerte hölzerne Böhmebrücke auf den Parkteich zu, der mithilfe einer Fontäne belüftet wird. Sie folgen dem Weg um den Teich und dann weiter entlang der Böhme, bis Sie an einer Autobrücke über den Fluss an die B71 (Wilhelmstraße) stoßen.

Sie wenden sich nach rechts und erreichen nach weniger als 100 m eine Kreuzung mit der links abzweigenden Marktstraße, dem Eingang zur Fußgängerzone von **Soltau**. Hier haben Sie das Ziel der Etappe erreicht.

Soltau

Soltau-Touristik GmbH, Am Alten Stadtgraben 3, 29614 Soltau, ☏ 051 91/82 82 82, touristik@stadt-soltau.de, https://soltau-touristik.de, ganzjährig Mo bis Do 9:00-17:00, Fr nur bis 13:00, Sa 9:00-12:00, November bis April Sa geschlossen, ⊙

Neben den unten genannten Unterkünften, die alle nahe am Heidschnuckenweg liegen, bietet die Stadt noch eine große Auswahl weiterer Übernachtungsmöglichkeiten. Detaillierte Informationen erhalten Sie von der Soltau-Touristik.

- **Hotel am Böhmepark**, Bornemannstr. 3, 29614 Soltau, ☏ 051 91/980 20, info@hotel-am-boehmepark.de, https://hotel-am-boehmepark.de, EZ ab € 59, DZ ab € 79, F € 12,50. Das Hotel liegt nah am Wanderweg, etwa 500 m vor dem Etappenziel.
- **Hotel Mylord**, Mühlenweg 7, 29614 Soltau, ☏ 051 91/97 86 17, info@mylord2000.de, https://mylord2000.de, EZ/F ab € 73, DZ/F ab € 113. Die Pension liegt nur wenige Schritte vom Heidschnuckenweg entfernt zwischen Soltau-Therme und Böhmepark.
- **Hotel/Restaurant Zum Postillion**, Bergstraße 10, 29614 Soltau, https://zumpostillion.de, ☏ 051 91/982 10, info@zumpostillion.de, EZ ab € 60, DZ ab € 85, F € 5. Das Hotel liegt an der B71 knapp 500 m westlich vom Etappenziel.

Linie 106 Soltau – Schneverdingen, 150 Soltau – Bispingen, 355 Soltau – Wietzendorf

Linie RB38 Bf. Harburg – Buchholz – Suerhop – Büsenbachtal – Handeloh – Schneverdingen – Soltau

Mit etwa 21.000 Einwohnerinnen und Einwohnern ist Soltau nach Walsrode die zweitgrößte Stadt im Heidekreis. Seit der Jungsteinzeit ist eine Besiedlung durch Menschen in der Region nachweisbar. Die ältesten Funde datieren von vor etwa 4.000 Jahren. Die erste urkundliche Erwähnung Soltaus fand im Jahre 936 statt, damals wurde der Ort als „Curtis Salta“ bezeichnet, was so viel heißt wie „Hof an der Salzaue“. In dem Dokument wurde die Übergabe des Hofes an das Quedlingburger Stift besiegelt. Im Laufe von etwa 600 Jahren wurde aus dem Hof das Dorf „Soltouwe“, das sich im heutigen Gebiet zwischen Johanniskirche und Waldmühle befand. 1791 wurde der heutige Name „Soltau“ zum ersten Mal verwendet. Er stammt von den Worten Solt (= Salz) und Au (= Fluss).

Soltau ist eine sehr vielseitige Stadt, die für alle die passenden Freizeitangebote parat hat. Architektonisch interessant ist die erstmals 1463 erbaute ✞ **St.-Johannis-Kirche**, sie ist die älteste evangelisch-lutherische Kirche in Soltau. Im Jahre 1755 wurde die alte Kirche abgerissen und durch eine spätbarocke Saalkirche ersetzt. 1906 wurde sie bei einem Brand zerstört, nur die Außenmauern blieben erhalten. Sie wurde danach im neubarocken Stil wiederaufgebaut und ist heute noch weitestgehend im gleichen Zustand. Das Altarwandgemälde wurde

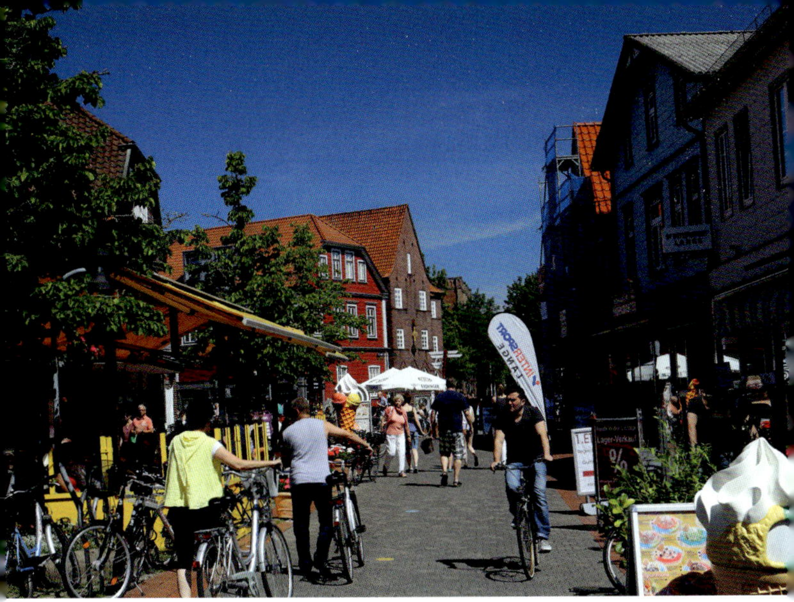

Der Heidschnuckenweg führt durch die Fußgängerzone Soltaus

von Rudolf Schäfer im Jahre 1921 erschaffen und ehrt die im Ersten Weltkrieg Gefallenen der Soltauer Kirchengemeinde. An gleicher Stelle stand zuvor übrigens schon eine Holzkirche, die vermutlich bereits um 830 erbaut wurde.

Soltau lockt seine Gäste auch mit zahlreichen Events, die rund um das Jahr stattfinden: Frühlingsmarkt, Mittelalterfest, Bauernmarkt und Weihnachtsmarkt sind nur einige der immer wiederkehrenden Veranstaltungen.

⌘ Das Spielzeugmuseum Soltau, gegenüber vom 1826 erbauten Alten Rathaus gelegen, erfreut seine Besucherinnen und Besucher mit einer Ausstellungsfläche von etwa 600 m². Es wurde im Jahre 1984 eröffnet und bietet eine der vielfältigsten Spielesammlungen der Welt.

♦ **Norddeutsches Spielzeugmuseum Soltau**, Poststraße 7 u. 15, 29614 Soltau, ☏ 051 91/821 82, 💻 https://spielmuseum-soltau.de, ✉ info@spielmuseum-soltau.de, 🚪 täglich 10:00-18:00

Auf die **Soltau-Therme** und den **Heide-Park Soltau** wurde schon weiter oben verwiesen.

11. Etappe: Soltau – Wietzendorf

20,7 km, 110 m, 155 m, 60-90 m, ca. 5 Std. 15 Min.

0,0 km	20,7 km	⇧	60 m	Soltau
3,5 km	17,2 km	⇧	60 m	Weiher/Große Aue
7,6 km	13,1 km	⇧	70 m	Tiegen
9,5 km	11,2 km	⇧	75 m	A7
13,3 km	7,4 km	⇧	70 m	Wietze
14,7 km	6,0 km	⇧	75 m	Rastplatz Hexenreihe
15,8 km	4,9 km	⇧	70 m	Meinholz
16,8 km	3,9 km	⇧	70 m	Rastplatz NSG Wittenmoor
20,7 km	0,0 km	⇧	65 m	Wietzendorf

Die relativ lange Etappe verläuft auf Wirtschafts- und Forstwegen, aber es gibt auch größere Strecken entlang befestigter Straßen. Sie führt durch eine abwechslungsreiche, teilweise leicht hügelige Landschaft, durch Wälder, über Wiesen, Weiden und Felder und kreuzt zahlreiche teilweise naturbelassene Bäche.

Sie starten die 11. Etappe am Nordende der Fußgängerzone (Marktstraße) an der Einmündung in die Wilhelmstraße und gehen durch die Fußgängerzone Richtung Süden. Zahlreiche Geschäfte und Cafés säumen Ihren Weg und am Mittwoch und Samstag wird hier zusätzlich der Wochenmarkt abgehalten.

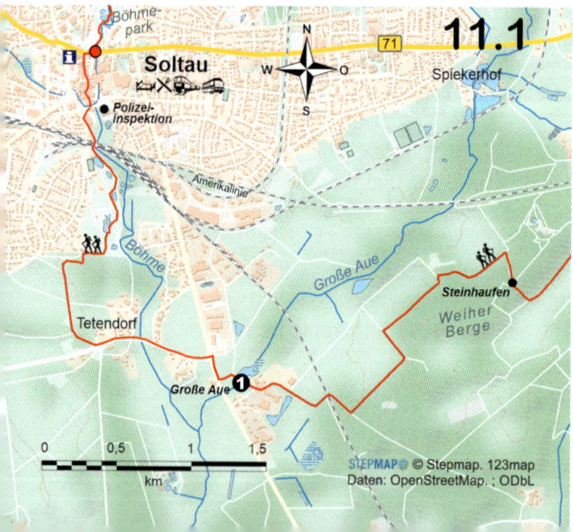

Wer zum Touristik-Büro will, der findet etwa 40 m nach dem Start eine kleine, rechts abzweigende Gasse (Wiltengang), die nach wenigen Metern zum Büro führt. Der Heidschnuckenweg verläuft hier geradeaus weiter und trifft etwa 250 m nach dem Start auf einen kleinen Platz mit Glockenspiel und Springbrunnen. Gleich hinter dem Springbrunnen gehen Sie links in die Gasse Burg. Kurz vor ihrem Ende überqueren Sie den Bach Soltau und dahinter die Straße Böhmheide. Dort gehen Sie rechts vorbei an einem Discounter und biegen gleich links in die Charlottenstraße ein, auf der Sie eine Eisenbahnlinie unterqueren.

Hinter der Unterführung zweigen Sie links auf einen Schotterweg ab und gehen gut 150 m weiter rechts durch eine Pforte in Breidings Garten. (🚪 Mai bis Oktober 7:00-21:00, November bis April 8:00-18:00. Wenn Sie außerhalb dieser Zeit kommen, müssen Sie weiter geradeaus gehen und bei der nächsten Möglichkeit rechts abbiegen, wo Sie nach kurzer Strecke wieder auf den Heidschnuckenweg treffen.)

Breidings Garten

Breidings Garten ist ein wunderschöner, in verschiedene Zonen untergliederter Landschaftspark im englischen Stil. Die Anlage ist denkmalgeschützt, bietet Menschen Ruhe und Erholung und ist darüber hinaus Lebensraum vieler z. T. geschützter Tiere und Pflanzen. Der ca. 12 ha große Park liegt in einem Feuchtgebiet der Böhmeniederung. Er wurde ab 1850 von der Soltauer Kaufmanns- und Industriellenfamilie Röders geschaffen. Heute gehört er einer gemeinnützigen Stiftung und wird vom Verein Breidings Garten betreut.

Sie durchqueren den Park auf verschlungenen Wegen, überqueren Gewässer auf Holzbrücken und finden an mehreren Stellen schöne Rastmöglichkeiten auf Holzbänken. Verlaufen kann man sich nicht, an jeder Abzweigung finden Sie ein „H".

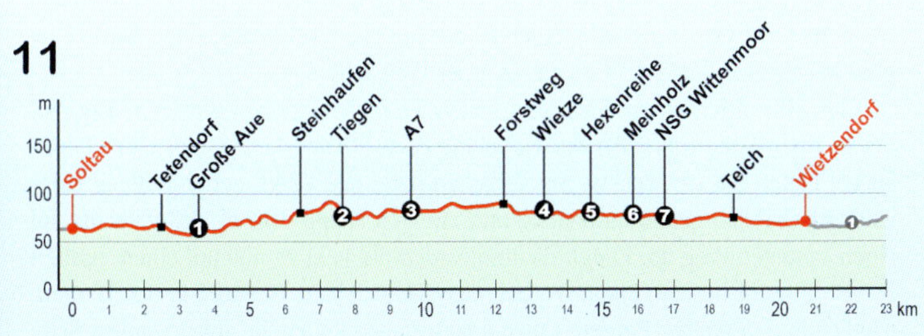

Der Heidschnuckenweg verlässt den Park auf seiner Südseite ebenfalls durch eine Pforte. Sie gehen rechts und knapp 150 m weiter scharf links. Der Weg führt zwischen landwirtschaftlich genutzten Flächen in südlicher Richtung und endet schließlich bei Tetendorf an einer zweispurigen Straße.

Auf dem asphaltierten Rad-/Fußweg gehen Sie nach links, überqueren die Böhme und schließlich an einer Kreuzung mit Ampel die verkehrsreiche Celler Straße. Dahinter gehen Sie rechts und gelangen nach wenigen Schritten in den Weiler Weiher, wo Sie nur 150 m hinter der Kreuzung links auf einem unbefestigten Fahrweg in einen kleinen Wald einbiegen.

Der Weg führt zu einem großen Teich links des Weges. Es ist die aufgestaute Große Aue ❶, die Sie hier auf einer Brücke überqueren.

Große Aue

Die Große Aue ist ein gut 10 km langer Bach, der etwa 1 km östlich von Deimern (☞ vorige Etappe) entspringt, nach Süden fließt, Soltau östlich passiert und dann südlich von Soltau in die Böhme mündet.

Dahinter, der Weg ist nun asphaltiert, passieren Sie einen Hof mit zahlreichen modernen Rinderställen. Kurz darauf schwenkt der asphaltierte Weg nach links, der Heidschnuckenweg führt an dieser Stelle weiter geradeaus auf einen Schotterweg.

☺ Ab jetzt sollten Sie entlang des Weges schauen, ob Sie bis zu faustgroße Steine finden. Wenn ja, nehmen Sie einen mit. Sie werden ihn bald brauchen.

Sie folgen dem Weg, überqueren einen unbeschrankten Bahnübergang und müssen etwa 200 m weiter links auf einen unbefestigten Weg abbiegen, der nach stärkeren Regenfällen stellenweise sehr matschig sein kann. Nach 500 m halten Sie sich an der Gabelung links. Nach kurzer Strecke erreichen Sie eine Bank. Eine gute Möglichkeit für eine Rast mit schöner Weitsicht.

Gut 100 m hinter der Bank schwenken Sie rechts in einen grasigen Weg ein, der in einen Wald führt. An der Gabelung nach 500 m, kurz hinter einer Linkskurve, halten Sie sich rechts. Sie verlassen dann den Wald, gehen entlang einer landwirtschaftlich genutzten Fläche und zweigen knapp 300 m weiter rechts auf einen sandigen Weg ab. Durch dichten Nadelwald geht es nun auf einem breiten Forstweg leicht bergan, immerhin befinden Sie sich jetzt ja mitten in den Bergen, nämlich in den **Weiher Bergen**. Oben angekommen finden Sie auf der linken Seite

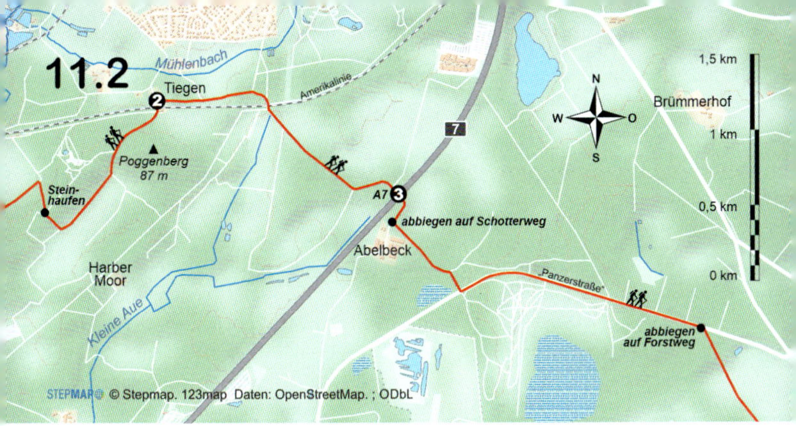

wie auf manchen Alpenbergen üblich einen großen Steinhaufen, zu dem Wanderinnen und Wanderer immer wieder neue Steine hinzufügen. Der Steinhaufen markiert den „Gipfel" des **Tiegener Bergs**. Hier können Sie zum Höhenwachstum des Berges beitragen, wenn Sie Ihren Stein dazutun. Einen schönen Blick haben Sie hier nicht, der dichte Wald verhindert jede Fernsicht. Eine Bank oder ähnliches gibt es auch nicht.

Beim Abstieg gehen Sie auf ein großes Feld zu und halten sich davor links. Sie wandern am Feld entlang und gehen kurz vor dem Ende wieder halb links in den Wald. Nun geht es nochmals leicht aufwärts, Sie passieren den östlich liegenden Poggenberg, dessen „Gipfel" im dichten Wald verschwindet, und kommen nach einem leichten Abstieg am Weiler Tiegen ❷ an die Gleise der **Amerikalinie**.

Amerikalinie

Die Ost-West-Eisenbahnverbindung zwischen Berlin und Bremen wird oft als Amerikalinie bezeichnet. Ihren Namen verdankt sie dem Umstand, dass auf ihr viele Auswanderinnen und Auswanderer aus den östlichen Teilen des deutschen Kaiserreiches nach Bremen bzw. Bremerhaven fuhren, um nach Amerika auszuwandern.

Die Bedeutung der Strecke wächst in der letzten Zeit wieder. Dies liegt vor allem an den größer werdenden Gütermengen, die von und zu den Häfen in Bremen, Bremerhaven und Wilhelmshaven (JadeWeserPort) transportiert werden.

Sie überqueren die Gleise und gehen gleich hinter dem ehemaligen Bahnhofsgebäude nach rechts auf einen unbefestigten Forstweg, dem Sie folgen, bis Sie an eine Asphaltstraße stoßen. Sie wenden sich nach rechts, kreuzen die Amerikalinie erneut und folgen der Straße durch Wälder und entlang von Feldern bis an die

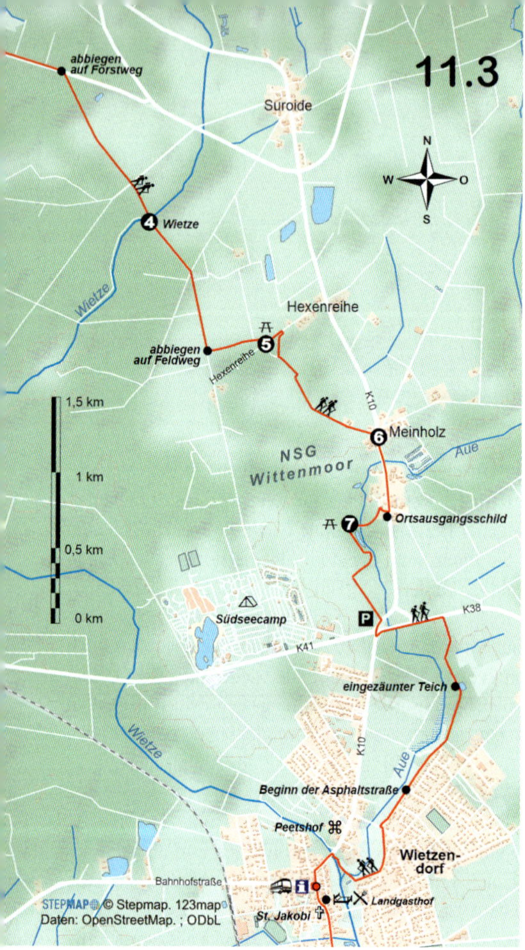

Autobahn A7 ❸, die Sie überqueren.

Hinter der Brücke gehen Sie erst ein kurzes Stück parallel zur Autobahn, biegen aber bei der ersten Möglichkeit noch vor dem Weiler Abelbeck links ab und wandern auf einer Schotterpiste weiter.

Gut 500 m weiter, in einer lang gestreckten Linkskurve, halten Sie sich rechts und gelangen 150 m weiter an die breite, asphaltierte „Panzerstraße“. Sie wandern nun die nächsten 1,7 km an dieser Straße entlang. Rechts liegt der Truppenübungsplatz Munster-Süd. Zum Glück ist die Straße nicht viel befahren, dennoch stellt sich Erleichterung ein, wenn man sie nach rechts auf einen Feldweg verlassen kann. Der Weg führt durch Wälder und entlang von Feldern bis an die **Wietze ❹**, die hier als kleiner Bach mit klarem, rötlich-braunem Wasser fließt.

Wietze

Die Wietze, nicht zu verwechseln mit der größeren Wietze/Aller, entspringt zwischen Soltau und Munster, fließt dann nach Süden durch Wietzendorf und schwenkt dort nach Osten, um bei Müden in die Örtze zu münden.

Hinter dem Bach folgen Sie dem Weg weiter, bis Sie nach knapp 500 m an einer Kreuzung auf eine asphaltierte Straße stoßen. Hier halten Sie sich leicht rechts (☝ nicht ganz rechts in den Feldweg abbiegen) und folgen der einspurigen, kaum befahrenen Straße leicht aufwärts. Nach einem ebenso leichten Abstieg biegen Sie etwa 500 m hinter der Kreuzung links auf einen unbefestigten, mit Gras überwachsenen Feldweg ab. Der Weg führt am Waldrand entlang und stößt auf einen Forstweg mit dem schönen Namen Hexenreihe. Hier finden Sie einen guten ⛼Rastplatz ❺ mit Bänken und Tisch.

Sie folgen dem Weg nach links, biegen aber schon 150 m weiter bei der ersten Gelegenheit rechts auf einen Feldweg ab. Weiter geradeaus geht es nach kurzem Weg in die Siedlung Hexenreihe, die zum Wietzendorfer Ortsteil Suroide gehört.

Sie folgen dem Weg entlang von Feldern und Wald und am **NSG Wittenmoor** entlang, bis Sie nach etwa 1,1 km in **Meinholz ❻** an die Kreisstraße stoßen.

Meinholz

Das etwa 100 Einwohnerinnen und Einwohner zählende sympathische Dorf Meinholz ist ein Ortsteil von Wietzendorf. Etwas westlich liegt das aus zwei Teilbereichen bestehende **NSG Wittenmoor**, an dessen Grenze der Heidschnuckenweg entlangführt. Das etwa 28 ha große Gebiet ist der Rest eines Hochmoores mit Wollgras, Torfmoosen, Moorlilie und Gagelstrauch.

Etwa 1,5 km östlich des Ortes liegt eine Kriegsgräberstätte, wo 16.000 sowjetische Opfer des Kriegsgefangenenlagers Wietzendorf aus dem Zweiten Weltkrieg begraben sind. Ein Ehrenmal erinnert an die Toten.

Sie gehen entlang der Kreisstraße nach rechts und überqueren die Aue (auch Hötzinger Aue genannt), die etwa 7,5 km nördlich bei Hötzingen entspringt und in Wietzendorf in die Wietze mündet. Sie passieren die Bushaltestelle mit Wartehäuschen, biegen kurz vor dem Ortsausgangsschild rechts ab und gehen 50 m weiter nach links auf einen Forstweg, der Sie erneut auf eine Brücke über die Aue führt, die hier träge dahinfließt.

⛼ Kurz dahinter stoßen Sie an einem Teich an einen schön gelegenen Rastplatz ❼. Im Westen liegt der südliche Teil des NSG Wittenmoor.

Hinter dem Rastplatz folgen Sie dem Weg, überqueren einen weiteren Bach, der in die Aue fließt, und biegen dahinter gleich links ab. Sie folgen dem Weg und erreichen schließlich einen Parkplatz mit einer komfortablen Schutzhütte unmittelbar an der nach Meinholz führenden Straße.

Noch vor der Straße führt ein Fuß-/Radweg nach rechts, dem Sie bis an die Kreisstraße K41 folgen. Hier zeigt ein Wegweiser nach rechts zum Campingplatz Südseecamp, der etwa 500 m abseits des Wanderweges liegt.

⛺ **Campingplatz Südseecamp**, Südsee-Camp 1, 29649 Wietzendorf,
☏ 051 91/98 01 16, ✉ info@suedsee-camp.de, 💻 www.suedsee-camp.de.
Angeboten werden auch Mietunterkünfte wie z. B. Ferienhäuser
(4-8 Pers. ab ca. € 300).

Sie überqueren die Kreisstraße und biegen wenige Meter dahinter links auf einen Fuß-/Radweg, auf dem Sie zwischen Kreisstraße und Wald Richtung Osten wandern. Nach etwa 150 m überqueren Sie erneut die Aue und gehen gut 300 m weiter am Ende des Waldes nach rechts. Wenig später führt der Weg in den Wald, wo Sie ein eingezäuntes Gewässer passieren.

Knapp 300 m hinter dem Gewässer gelangen Sie an einen kleinen Bach, der sich kurvenreich nach rechts seinen Weg in die Aue sucht. Eigentlich ein schöner Platz für eine Rast, leider fehlt jegliche Sitzgelegenheit.

Etwa 50 m weiter halten Sie sich rechts und gelangen an die ersten Häuser von Wietzendorf. Sie wandern an den links liegenden Grundstücken entlang, der Feldweg wird schließlich zu einer Asphaltstraße. An deren Ende gehen Sie links und gleich wieder rechts auf einen unbefestigten Weg. Sie folgen dem Weg in einem Halbkreis, kommen wieder in einen Wald und überqueren dort auf einer Holzbrücke ein letztes Mal die Aue, die kurz darauf in die Wietze mündet.

Nach etwa 200 m endet der Weg an der nach Wietzendorf führenden Hauptstraße. Die markante rote Skulptur „Sitzende“, eine von mehreren Kunstwerken entlang des Skulpturenweges Wasserkunst, zeigt Ihnen, dass Sie auf dem richtigen Weg sind.

☺ Wenn Sie hier nach rechts gehen, gelangen Sie nach etwas mehr als 100 m zum ⌘ **Peetshof**, einem in einem alten Bauernhaus untergebrachten Orts- und Heimatmuseum (☞ S. 132).

Der Heidschnuckenweg führt nach links und gleich dahinter auf der Straßenbrücke über die Wietze, die Sie auch auf der nächsten Etappe kurz vor ihrem Ende noch einmal überqueren werden. Bis zum Ende dieser Etappe ist es nun

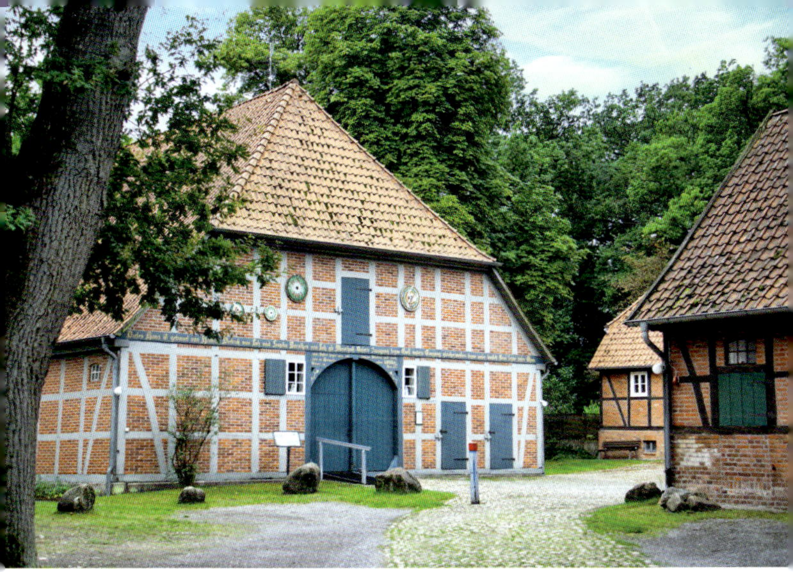

Der Peetshof beherbergt heute ein Heimatmuseum

nicht mehr weit. Folgen Sie der Hauptstraße auf dem Fußweg, bis Sie nach etwas mehr als 200 m die rechts abzweigende Bahnhofstraße erreichen.

Dort gehen Sie kurz rechts und gleich wieder links auf den Platz mit dem Springbrunnen vor dem Rathaus von Wietzendorf. Hier haben Sie das Ziel erreicht.

Wietzendorf

Wietzendorf Touristik, Kampstr. 4, 29649 Wietzendorf, ☎ 051 96/21 90, verkehrsverein@wietzendorf.de, https://wietzendorf-touristik.de, Mo-Fr 10:00-13:00, Ostern bis Oktober auch 14:00-17:00 und Sa 9:00-13:00, ⊙

Landgasthaus Wietzendorf, Hauptstr. 17, 29649 Wietzendorf, ☎ 051 96/16 78, drago-landgasthaus@t-online.de, https://landgasthaus-wietzendorf.de, EZ ab € 68, DZ ab € 98, F € 10,80. Der Gasthof mit empfehlenswerter Pizzeria und Bistro liegt unmittelbar am Etappenziel.

Linie 355 Soltau – Wietzendorf

Wietzendorf, eines von sechs Dörfern der gleichnamigen Gemeinde im Heidekreis, liegt zwischen zwei Truppenübungsplätzen (Munster-Süd und Bergen) in der Lüneburger Heide.

Der Ort blickt auf eine lange, wechselvolle Geschichte zurück. Namentlich erwähnt wird er erstmals im Jahre 1053 in der Gründungsurkunde des Klosters Gozeka. Urkundlich bewiesen ist die Existenz im Jahre 1255 als Kirchdorf „Wicenthorpe“. 15 Jahre nach der Einführung der Reformation in Wietzendorf wird 1545 der hölzerne Kirchturm errichtet, der heute noch an derselben Stelle steht.

Sehenswert ist vor allem die neugotische ✞ **St.-Jakobi-Kirche**, die 1876 erbaut wurde und einen gotischen Vorgängerbau ablöste. Der **hölzerne, 30 m hohe Glockenturm** der alten Kirche blieb erhalten. Er trägt heute Glocken von 1564, 1970, 1972 und eine sehr alte vom Beginn des 14. Jh.

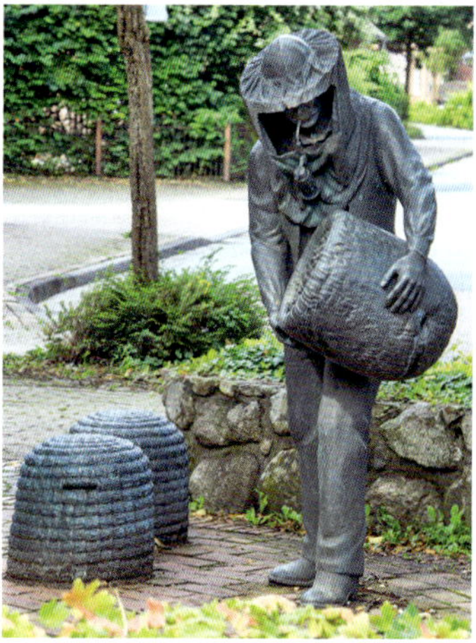

Imkerdenkmal in Wietzendorf

Das **Denkmal des Imkers** vor der Kirche weist mit seinen traditionellen Bienenkörben auf die lange Imkereigeschichte Wietzendorfs hin. Auch heute noch wird viel Honig geerntet, der als lokales Produkt sehr begehrt ist. Auch das jeweils am letzten Wochenende im September stattfindende **Wietzendorfer Honigfest**, bei dem an zwei Tagen bis zu 12.000 Touristen das Dorf besuchen, beweist die Wichtigkeit des Produktes für den Ort.

⌘ Der Peetshof, ein typischer alter Bauernhof der Lüneburger Heide mit Haupthaus und Scheune, Schweinehaus, Speicher und Bauerngarten, wurde 1987 von der Gemeinde Wietzendorf gekauft. Das Fachwerkhaus, das als Haupthaus dient, wurde 1874 erbaut. Inzwischen wurden die Gebäude des Hofes restauriert und seither beherbergt der Hof ein Heimatmuseum zur Orts- und Regionalgeschichte und dient als Kulturzentrum der Gemeinde.

⌘ **Heimatverein Peetshof Wietzendorf e.V.**, Über der Brücke 1, 29649 Wietzendorf, 💻 https://peetshof-wietzendorf.de, 🚪 Museumsführungen Mai bis September Mi 9:30-11:30, Do 9:30-11:30 und 15:00-17:00

12. Etappe: Wietzendorf – Müden

13,9 km, 85 m, 90 m, 60-100 m, ca. 3 Std. 45 Min.

0,0 km	13,9 km	65 m	Wietzendorf
1,2 km	12,7 km	65 m	Windmühle Wietzendorf
5,5 km	8,4 km	85 m	Windpark
7,6 km	6,3 km	90 m	Siebenarm-Wegweiser
10,2 km	3,7 km	100 m	Hermann-Löns-Stein
10,7 km	3,2 km	75 m	Parkplatz Löns-Stein
11,4 km	2,5 km	70 m	Schutzhütte
13,9 km	0,0 km	60 m	Müden

Die teilweise hügelige Etappe verläuft auf Pfaden, Wirtschafts- und Forstwegen und zum Teil entlang befestigter Straßen. Landschaftlicher Höhepunkt ist der Wietzer Berg mit seinen ausgedehnten Heideflächen und dem Löns-Stein. Einen Aufenthalt wert ist auch das Etappenziel Müden, das zu den schönsten Dörfern in der Lüneburger Heide gehört.

Die 12. Etappe beginnt auf dem Platz vor dem Rathaus. Sie gehen am Rathaus vorbei und dann auf der Hauptstraße auf die St.-Jakobi-Kirche zu. Hier finden Sie schöne Sitzplätze im Schatten alter Bäume. Vorbei an der schönen Bronzeplastik eines Heide-Imkers passieren Sie auch die Kirche und verlassen den Ort entlang der Hauptstraße. Knapp 600 m hinter dem Hotel Hartmann überqueren Sie den Suhrbach, der 350 m weiter östlich in die Wietze mündet. Knapp 100 m weiter

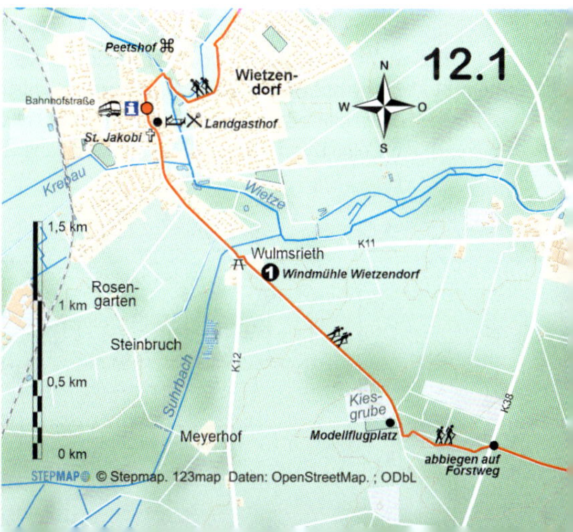

zweigt nach links eine Kreisstraße ab. Hier gehen Sie nach links, verlassen die Straße aber sofort wieder nach rechts auf die einspurige Asphaltstraße.

Auf der rechten Seite finden Sie einen schönen Rastplatz mit Bänken und Tischen unter einer Baumgruppe. Gegenüber auf der anderen Straßenseite liegt das Gelände der **Windmühle Wietzendorf ❶**

Windmühle Wietzendorf

Die 1876 als dreistöckiger Erdholländer gebaute Mühle hat eine bewegte Vergangenheit hinter sich. Mehrfach wechselten die Besitzerinnen und Besitzer und spätestens 1932 wurde der Mühlenbetrieb eingestellt. Kurz vor Ende des Zweiten Weltkrieges wurde die Mühle von einer Bombe getroffen, seitdem ist sie nur noch zweistöckig und hat keine Flügel mehr. Die zu Wohnzwecken umgebaute Mühle gelangte 1994 durch eine Schenkung in den Besitz der Gemeinde Wietzendorf, die die ursprüngliche Gestalt wiederherstellen will. Am besten sieht man den etwas versteckt hinter Bäumen liegenden Rumpf, wenn man die Asphaltstraße weitergeht und am Ende des Mühlengeländes nach links hinten schaut.

Sie wandern die Asphaltstraße, die bald zu einem unbefestigten Feldweg wird, zwischen Feldern weiter aufwärts und gelangen in einen Wald. Kurz darauf passieren Sie die Einfahrt zu Prüser's Heidelbeeren, wo es im Spätsommer und Herbst Heidelbeeren zum Selbstpflücken gibt. Etwa 300 m hinter der Einfahrt erreichen Sie eine Schutzhütte.

Knapp 50 m Meter weiter zweigt rechts ein Weg ab, der nach wenigen Metern zum **Modellflugplatz Häteler Berg** des Cumulus Modellflieger Vereins führt. Hier dürfen Modellgeräte bis zu einem Gewicht von 25 kg starten und landen. Faszinierend, die kleinen und großen Modelle, die Spannweiten von über 5 m errei-

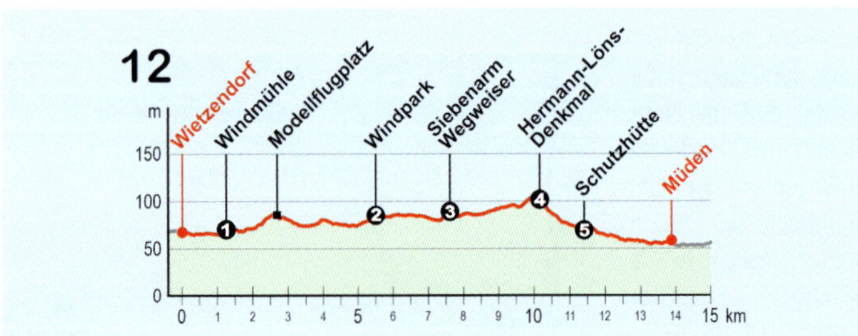

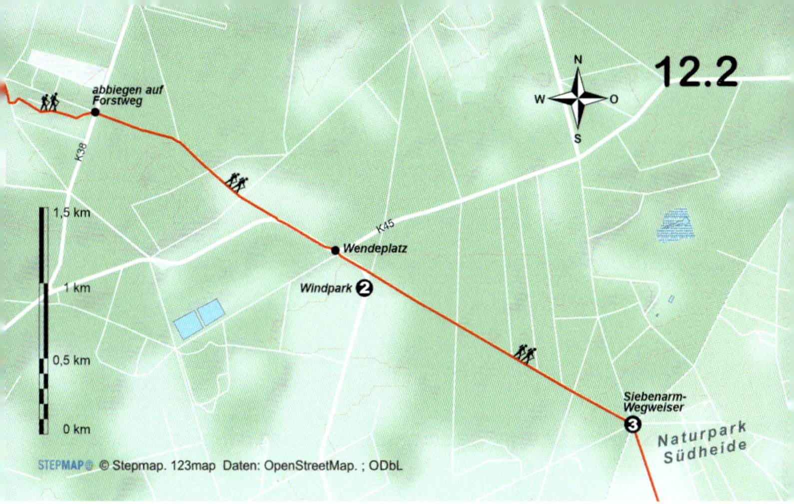

chen, bei ihren Flugkunststücken zu beobachten. Leider herrscht nur selten Flugbetrieb.

Der Heidschnuckenweg führt an der Abzweigung geradeaus weiter und nach etwas mehr als 100 m links in den Wald auf einen Pfad, der Sie auf eine kleine offene Heidefläche mitten im Wald bringt. Am Ende der Heidefläche stoßen Sie auf eine Kreisstraße (K38), die Sie überqueren. Dahinter gehen Sie auf einen Forstweg und folgen ihm durch dichten Wald und später durch Felder, bis Sie wieder an eine Kreisstraße (K45) stoßen. Bei Regen bietet ein Unterstand Schutz.

Noch vor der Straße gehen Sie links auf einen schmalen Trampelpfad und wandern neben der Straße her, bis Sie in einer Linkskurve an einen größeren Wendeplatz mit einer Bank kommen. Hier verlassen Sie die Kreisstraße und gehen in gleicher Richtung auf der asphaltierten Straße weiter (☝ nicht scharf rechts abbiegen).

Der Weg führt nun leicht aufwärts an einem rechts liegenden Windpark ❷ vorbei. Nach etwa 250 m, die Asphaltstraße macht eine scharfe Rechtskurve, gehen Sie weiter geradeaus in der alten Richtung auf einem sehr sandigen Feldweg in den Wald hinein. Sie wandern nun eine gefühlte Ewigkeit auf diesem schnurgeraden, sandigen Weg, der später aber asphaltiert ist und an einer großen Multi-Kreuzung mit dem sogenannten **Siebenarm-Wegweiser** ❸ endet.

Wie der Name des Wegweisers schon vermuten lässt, gehen von dieser Kreuzung sieben Wege sternförmig ab. Sie wählen den dritten Weg rechts in Richtung Wietzer Berg/Müden.

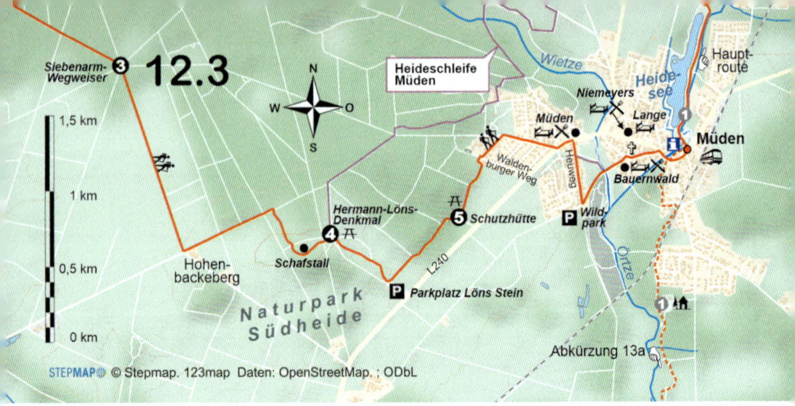

Der Sandweg führt Sie schnurgerade zwischen Feldern hindurch an eine asphaltierte Straße. Dort gehen Sie nach links auf den sandigen Weg, der sachte ansteigt. Nach etwa 650 m biegen Sie rechts auf einen aufwärts führenden Pfad ab. Auf der linken Seite liegt eine erste kleinere Heidefläche. Sie passieren einen schönen Schafstall und plötzlich öffnet sich vor Ihnen eine große Heidefläche am Wietzer Berg, auf dessen höchstem Punkt in 102 m Höhe das mächtige **Hermann-Löns-Denkmal ❹** thront.

⛩ Ein wahrhaft majestätischer Rast- und Ruheplatz mit Schutzhütte in Verbindung mit einer grandiosen Aussicht auf die mit Wacholder und vereinzelten Birken gespickte Heide. Und im Hintergrund reicht der Blick bis in das Tal der Örtze.

↳ Heideschleife Müden

Am Herman-Löns-Denkmal auf dem Wietzer Berg trifft der Heidschnuckenweg auf die 12,5 km lange Heideschleife Müden (ca. 3 Std. 30 Min.). Sie führt von Müden mit seinem historischen Ortskern zunächst entlang der Örtze bis Poitzen. Von dort geht es über den 85 m hohen Eitzberg durch Wald und entlang von Feldern und Wiesen ins Tal der Wietze, wo der Fluss auf einer Holzbrücke überquert wird. Dahinter geht es auf dem Drei-Steine-Weg wieder aufwärts auf den Wietzer Berg zum Hermann-Löns-Denkmal. Von dort verläuft die Heideschleife auf der Route des Heidschnuckenweges.

Hermann Löns

Hermann Löns gilt als der Heidedichter schlechthin. Der 1866 in Culm in Westpreußen geborene Schriftsteller hat mit seinen vielen Texten über die Lüneburger Heide die Gegend auch überregional bekannt gemacht. Neben seinen schriftstellerischen Tätigkeiten hat er sich auch für die Naturforschung und den Naturschutz eingesetzt, so war er maßgeblich an der Errichtung des ersten deutschen Naturparks in der Lüneburger Heide beteiligt. Löns starb 1914 mit 48 Jahren in Frankreich, wo er als Soldat stationiert war. Das literarische Werk von Löns ist nicht ganz unumstritten. So urteilt der Germanist Hans-Albrecht Koch: „Banalste Gedichte, von denen einige durch Vertonung überlebt haben, und Provinzprosa, die der Blut-und-Boden-Literatur zumindest vorgearbeitet hat und für die der Ausdruck Kitsch noch ein Euphemismus ist."

Auch wegen seiner Weltanschauung wird er kritisiert, weisen doch einige seiner Texte starke nationalistische Anklänge auf, sodass er von den Nationalsozialisten vereinnahmt wurde, die einige Texte (z. B. das Engelland-Lied) für ihre propagandistischen Zwecke nutzten.

Sie verlassen den Berg auf einem sandigen Weg mitten durch die Heide und biegen unmittelbar vor dem großen Wanderparkplatz links ab.

Hermann-Löns-Denkmal

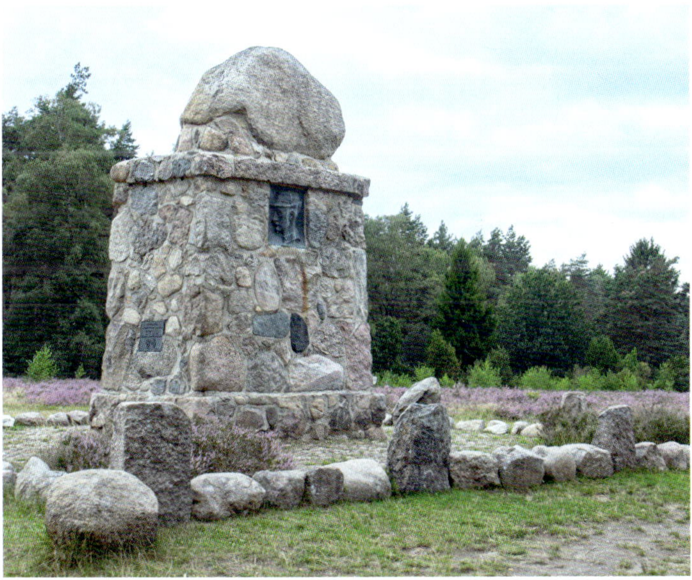

☺ Am straßennahen Ende des Parkplatzes liegt der Lüdde Löns, irgendetwas zwischen Kiosk und Restaurant (April bis Oktober). Hier können Sie sich mit Ess- und Trinkbarem versorgen.

Sie gehen auf den Wald zu und haben nochmals einen schönen Blick nach links auf die Heide. An der Gabelung unmittelbar vor den Bäumen halten Sie sich rechts und wandern durch den Nadelwald. Am Ende gelangen Sie an einem Feld an eine Schutzhütte ❺.

Sie wandern zwischen dem rechts liegenden Feld und dem Wald weiter und erreichen am Waldenburger Weg die ersten Häuser von Müden. Hier gehen Sie kurz rechts und biegen sofort wieder links in den Bromberger Weg ab. Am Ende

In der Wassermühle in Müden befindet sich die Tourist-Info

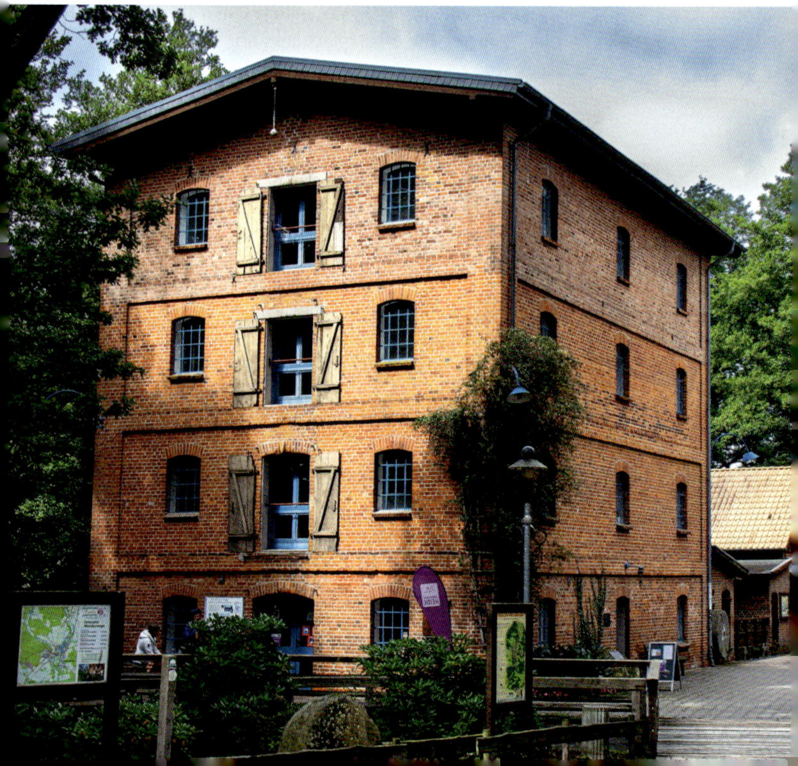

gehen Sie rechts durch den Wietzendorfer Weg bis zur Hermannsburger Straße, wo Sie sich links halten. Nach gut 100 m zweigt rechts der Heuweg ab.

Wer schnell nach Müden will und/oder müde ist, kann hier geradeaus weitergehen. Alle anderen wählen den schöneren Weg und biegen rechts in den Heuweg, wo Sie auf einem Fußweg durch ein Wohngebiet wandern. Nach etwa 400 m, kurz vor dem Parkplatz des Wildparks Müden, biegen Sie links auf einen Fuß-/Radweg ab.

Am Wildpark vorbei wandern Sie auf einer Holzbrücke ein letztes Mal über die Wietze, die nur 250 m weiter südlich in die Örtze mündet. Am Ende treffen Sie auf die Alte Dorfstraße, wo Sie nach rechts abbiegen. Der alte Dorfkern um die St.-Laurentius-Kirche mit ihrem hölzernen Turm und vielen historischen Häusern versetzt einen um Jahrhunderte ins Mittelalter zurück. Am Ende der Alten Dorfstraße erreichen Sie die Hauptstraße, auf der Sie nach rechts gehen. Wenig weiter überqueren Sie die Örtze und gehen hinter der Brücke auf einen nach links von der Straße abzweigenden Fußweg, auf dem Sie nach knapp 150 m das Etappenziel an der Tourist-Information in der historischen Wassermühle erreichen.

Müden/Örtze

Tourist-Information Müden, Unterlüßer Straße 5, 29328 Faßberg/Müden, 050 53/98 92 22, mueden@lueneburger-heide.de, https://www.fassberg.de → Freizeit & Tourismus → Tourismus → Touristinformation Müden (Örtze), Ostern bis 31.10. Mo bis Fr 10:00-15:00, Sa 10:00-13:00, August und September zusätzlich So 10:00-12:00, ⊙

Landhaus Müden, Hermannsburgerstr. 2, 29328 Faßberg/Müden, 050 53/90 31 26 und 01 71/16 38 621, anke_hansen@t-online.de, https://landhaus-mueden.de, EZ ab € 80, DZ ab € 90. Das Landhaus liegt direkt am Heidschnuckenweg (noch vor dem Ziel an der Abzweigung des Heuwegs von der Hermannsburger Straße).

Landhotel Bauernwald, Alte Dorfstr. 8, 29328 Faßberg/Müden, 050 53/989 90 und 01 74/170 52 53, info@landhotel-bauernwald.de, https://landhotel-bauernwald.de, EZ/F ab € 95, DZ/F ab € 126. Das Hotel liegt direkt am Wanderweg im alten Dorfkern in einem Fachwerkhaus aus dem 19. Jh., etwa 400 m vor dem Ziel.

♦ **Niemeyers Romantik Posthotel**, Hauptstr. 7, 29328 Faßberg/Müden, 050 53/989 00, info@niemeyers-posthotel.de, https://niemeyers-posthotel.de, EZ/F ab € 115, DZ/F ab € 170, ⊙. Das Hotel liegt etwa 400 m vom Etappenziel entfernt im Ortszentrum.

Jugendherberge Müden/Örtze, Wiesenweg 32, 29328 Faßberg/Müden,
050 53/225, mueden@jugendherberge.de,
https://jugendherberge.de/jugendherbergen/muedenoertze-309/portraet/,
Bett im Mehrbettzimmer ab € 35,30. Die Jugendherberge liegt direkt an der Variante des Heidschnuckenweges (13a), etwa 1,5 km hinter dem Start.

Linie 220 Faßberg – Müden – Herrmannsburg

Müden gilt bei vielen als eines der schönsten Dörfer in der Lüneburger Heide und trägt den Beinamen „Perle der Südheide" zu Recht. Geprägt wird das Ortsbild durch große alte Bauernhöfe mit Fachwerkbauten, die Kirche St. Laurentius mit ihrem hölzernen Turm und die von mächtigen Eichen gesäumte Dorfstraße.

Müden bietet vielfältige Freizeitangebote: Kutschfahrten in die Heide, Kanuwandern auf der Örtze, Angeln, Paddeln und Segeln auf dem Heidesee, geführte Radtouren, Wanderungen und vieles mehr erwartet die aktiven Urlauberinnen und Urlauber.

Darüber hinaus gibt es viel zu sehen: Am Etappenziel die **historische Wassermühle**, die erstmals 1438 urkundlich erwähnt wurde und heute die Tourist-Information beherbergt, den Dorfkern mit der ✞ **St.-Laurentius-Kirche** mit dem für die Gegend typischen frei stehenden hölzernen Glockenturm oder den 200 Jahre alten **Treppenspeicher**, der aber nicht aus Müden stammt, sondern von Schmarbeck hierher versetzt wurde – um nur einige Sehenswürdigkeiten zu nennen.

Wer sich für einheimische Tiere interessiert, sollte dem Wildpark Müden einen Besuch abstatten. Der ca. 10 ha große Park präsentiert zahlreiche Arten in naturbelassenen und mit Bächen und Teichen durchzogenen Gehegen.

♦ **Wildpark Müden**, Heuweg 23, 29328 Faßberg/Müden, 050 53/90 30 31,
https://wildparkmueden.de, täglich, März bis Oktober 9:00-18:00,
November bis Februar 10:00-16:00

Wer es auf Feste, Feiern und Veranstaltungen abgesehen hat, der wird in Müden ebenfalls fündig: Mitte August findet der **Laurentius-Markt** statt, mit dem die Müdener alte Traditionen und die Geschichte ihres Dorfes würdigen. Beim **Mühlenfest** rund um die historische Wassermühle gibt es, begleitet von Musik- und Tanzgruppen, Kunsthandwerk und andere Erzeugnisse aus der Region zu kaufen und viele leckere Schlemmereien zu kosten. Und nicht zu vergessen die jährliche **Heidschnuckenbockauktion**, wo die Tiere nicht nur versteigert werden, sondern auch der beste Heidschnuckenbock zu Mr. Müden gekürt wird.

13. Etappe: Müden – Faßberg

➲ *6,5 km,* ↑ *45 m,* ↓ *35 m,* ⇧ *60-70 m,* ⌛ *ca. 1 Std. 45 Min.*

0,0 km	6,5 km	⇧ 60 m	Müden
1,0 km	5,5 km	⇧ 60 m	Rastplatz Heidesee
3,6 km	2,9 km	⇧ 60 m	Bahnhofsgaststätte Poitzen
6,5 km	0,0 km	⇧ 70 m	Faßberg ⌘

Die kurze, leichte Etappe verläuft meist auf Pfaden, Wirtschafts- und Forstwegen sowie entlang befestigter Straßen. Der erste Abschnitt entlang der Örtze ist für naturbegeisterte Wanderinnen und Wanderer besonders attraktiv. Das Etappenziel Faßberg bietet Unterkünfte, Restaurants und eine Vielzahl von Einkaufsmöglichkeiten.

☺ *Am Etappenziel in Faßberg sollten Sie sich für die letzten Etappen mit allem eindecken, was Ihnen noch fehlt, denn bis Celle gibt es direkt am Weg keine Einkaufsmöglichkeiten mehr.*

Sie beginnen die 13. Etappe an der Tourist-Information an der alten Mühle, gehen über die Örtze, an einem Bienenzaun vorbei und wandern weiter bis zum Heidesee, der durch die Örtze mit Wasser versorgt wird. Der See wurde erst 1974 angelegt und ist heute wichtiger Lebensraum für zahlreiche Pflanzen und Tiere. Am See halten Sie sich rechts und wandern zwischen See und Örtze weiter.

☺ Auf dem ersten Teil der Etappe bis nach Poitzen verläuft auch die Heideschleife Müden (☞ S. 136).

Am Ende des Sees finden Sie einen schönen Rastplatz ❶. Von den Bänken aus haben Sie einen tollen Blick auf den See.

Hinter dem Rastplatz biegen Sie nach rechts ab, auf einen zunächst noch befestigten Weg. Entlang einer Wiese stoßen Sie auf einen unbefestigten Weg, auf dem Sie weitergehen, bis Sie nach gut 120 m an eine Kreuzung gelangen. Hier gehen Sie rechts auf einen Pfad, überqueren kurz darauf auf einer Holzbrücke ❷ die Örtze und gehen gleich dahinter links auf einen Pfad, der durch Nadelwald mal dichter, mal weniger dicht am Ufer der Örtze entlangführt. Der Nadelwald geht dann in einen Erlenbruchwald ❸ über.

Der Weg entlang des Ufers der Örtze gehört zu den schönsten Abschnitten des Heidschnuckenweges. Dazu tragen auch die zahlreichen interessanten Informationstafeln bei, die hier aufgestellt wurden. Und wer Zeit und Muße hat, kann sich an den verschiedenen Libellen erfreuen, die ihre Flugakrobatik demonstrieren. Mit etwas Glück können Sie sogar Fischotter durch das Wasser schwimmen sehen.

Auf einer Holzbrücke überqueren Sie einen Zufluss der Örtze und folgen weiter dem Pfad, der sich langsam vom Fluss entfernt. Sie gelangen an einen Feldweg, den Sie leicht rechts versetzt überqueren.

Gleich dahinter überqueren Sie die Radau, die nach links in die Örtze fließt. Gut 100 m weiter stoßen Sie an einer Kopfsteinpflasterstraße auf die ersten Häuser von **Poitzen**.

Poitzen

Bahnhofsgaststätte Poitzen, Poitzen 14, 29328 Faßberg/Poitzen, ☎ 050 53/377, http://www.wirtschaft-fassberg.de/bahnhofs-gaststaette-poitzen.htm, Mo bis Do 17:00-21:30

Linie 220 Faßberg – Müden – Herrmannsburg

Bahnhofsgaststätte Poitzen

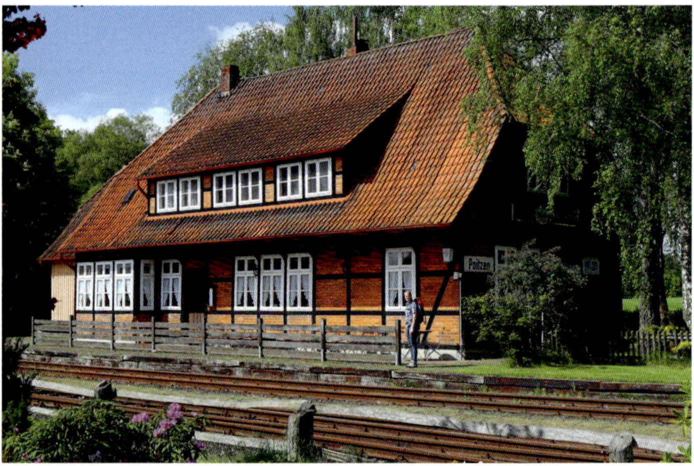

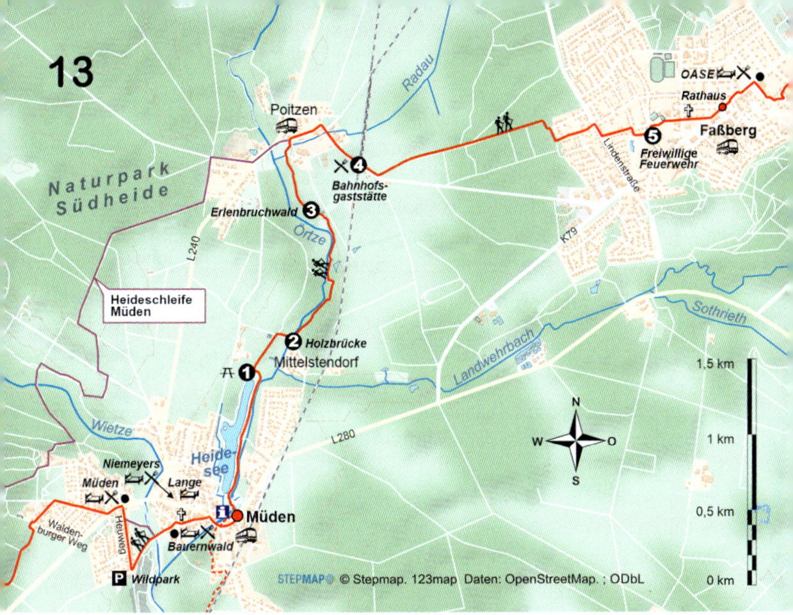

Etwas mehr als 200 Menschen leben in der kleinen zu Faßberg gehörenden Gemeinde Poitzen. Haupterwerbsquellen sind der Tourismus und die Landwirtschaft. Zahlreiche, z. T. sehr alte, von großen Eichen umstandene Gebäude sind als Baudenkmäler gelistet, darunter die Bahnhofsgaststätte, der Hof Eickhoff, der urkundlich erstmals 1410 erwähnt wurde, und der Lüthenhof von 1610.

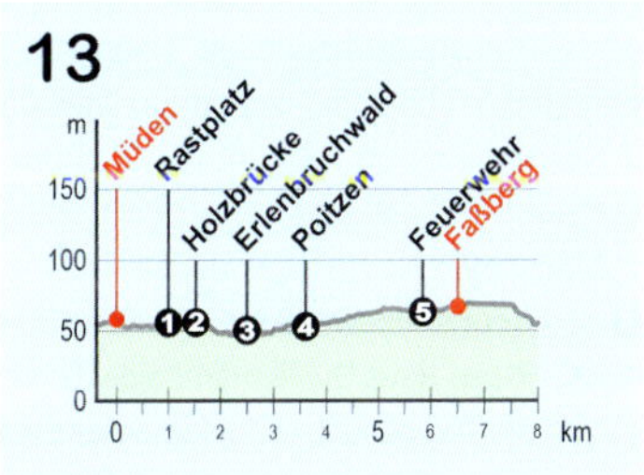

Der Bahnhof liegt an der Strecke Hermannsburg-Müden-Munster/Örtze. Die 1910 eröffnete Strecke wurde für den Personenverkehr in den 70er-Jahren des vorigen Jahrhunderts schon wieder eingestellt. Heute wird die Strecke nur noch bei Bedarf für den Gütertransport genutzt.

Ein kleines Detail zum Schluss: Straßennamen gibt es in dem Dorf wie in so vielen anderen der kleinen Heidedörfer nicht. Die wenigen Häuser werden einfach durchnummeriert.

Sie gehen auf der Straße nach rechts und am Ende wieder rechts. An einem DRK-Kindergarten und dem Gerätehaus der Freiwilligen Feuerwehr vorbei erreichen Sie den Bahnhof, in dem heute die Bahnhofsgaststätte ❹ untergebracht ist. Etwas mehr als 100 m hinter dem Bahnübergang zweigt der Heidschnuckenweg links auf einen Feldweg ab, dem Sie nun 1,2 km geradeaus folgen. Zunächst verläuft der Weg noch zwischen Feldern, dann durch einen Nadelwald.

Am Ende stoßen Sie an einen Zaun und gehen auf dem Weg nach rechts. Gleich hinter der folgenden Linkskurve verlassen Sie den Weg nach rechts und gehen am Ende links. Hier befinden Sie sich bereits in einem Wohngebiet Faßbergs.

Sie folgen der Straße knapp 300 m und erreichen die Lindenstraße, auf der Sie nach rechts laufen. An der nächsten Möglichkeit, knapp 100 m weiter, gehen Sie links in den Haselweg. Etwa 200 m weiter, links zweigt der Birkenweg ab, biegen Sie nach rechts auf einen Fußweg ab und wandern auf ein kleines Wäldchen zu. Gleich am Waldanfang gehen Sie links auf einen Pfad, der vor der Freiwilligen Feuerwehr Faßberg ❺ auf eine Straße führt.

Dort gehen Sie links und gleich hinter der Feuerwache wieder rechts auf einen unbefestigten Weg, der in eine Wohnstraße mündet. Sie kreuzen die Straße Hasenheide, an der die katholische Kirche Heilig-Geist steht, und folgen weiter der Gartenstraße bis an die Hauptstraße, die Sie auf einem Fußgängerüberweg überqueren. Dahinter gehen Sie links und erreichen 100 m weiter am Rathaus in der Ortsmitte von Faßberg das Ziel der Etappe.

Faßberg

Tourist-Information ☞ Müden

Oase Haus Schlichternheide, Große Horststr. 20, 29328 Faßberg, ☏ 050 55/477, info@oase-fassberg.de, https://oase-fassberg.de, EZ ab € 60, DZ ab € 90, ⊙. Das Haus liegt direkt am Heidschnuckenweg Richtung Schmarbeck, gleich nachdem der Weg rechts von der Hauptstraße abzweigt, etwa 300 m vom Start entfernt.

Linie 220 Faßberg – Müden – Herrmannsburg, 261 Faßberg – Unterlüß

Im Gegensatz zu Müden ist Faßberg eine noch recht junge Gemeinde. Der Ort entstand erst in den 1930er-Jahren durch den Bau des Fliegerhorstes. Parallel dazu wurden die heute unter Denkmalschutz stehenden Siedlungen Rote Siedlung und Schwagenscheidt-Siedlung gebaut. Wegen der gepflegten Parkanlagen und vielen Privatgärten wird der Ort oft als „Gartenstadt des Nordkreises" bezeichnet.

⌘ Der **Fliegerhorst Faßberg** wurde 1934 eröffnet. Noch heute ist er mit einer Fläche von 574 ha einer der größten aktiven Flugplätze der Bundeswehr. Besondere Bedeutung erlangte er während der 1948 von den Alliierten eingerichteten Luftbrücke nach Berlin. Die **Erinnerungsstätte Luftbrücke Berlin** erinnert an die Blockade Berlins und die Versorgung der über zwei Millionen Berlinerinnen und Berliner durch die Luft. Während der etwa ein Jahr andauernden Blockade wurden fast 300.000 Flüge nach Berlin registriert. Täglich gelangten bis zu 13.000 t Güter auf diesem Weg in die abgeriegelte Stadt. Allein in Faßberg wurden bis zu 450 Starts und Landungen pro Tag gezählt. Zum Vergleich: In Hamburg werden im Durchschnitt nur wenig mehr als 400 Starts und Landungen registriert.

♦ **Erinnerungsstätte Luftbrücke Berlin**, Waldweg, 29328 Faßberg,
☏ 050 55/172 14 50, 💻 https://luftbrueckenmuseum.de,
✉ kontakt@luftbrueckenmuseum.de, 🚪 Mitte März bis Anfang November tägl. 13:00-17:00

In der Erinnerungsstätte Luftbrücke in Faßberg

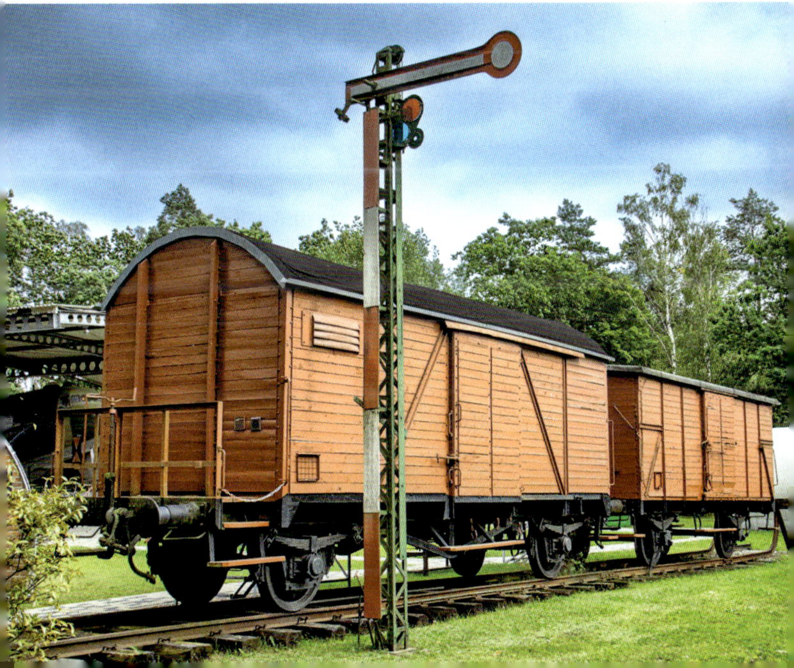

Variante 13a: Müden – Misselhorner Heide über Hermannsburg

10,7 km, 50 m, 40 m, 50-70 m, ca. 2 Std. 45 Min.

0,0 km	10,7 km	⇧	60 m	Müden
1,5 km	9,2 km	⇧	55 m	Rastplatz Jugendherberge
2,0 km	8,7 km	⇧	55 m	Rastplatz Sporn
4,5 km	6,2 km	⇧	50 m	Rastplatz Örtze
6,2 km	4,5 km	⇧	50 m	Hermannsburg Zentrum
8,3 km	2,4 km	⇧	55 m	Rastplatz an Weide
9,2 km	1,5 km	⇧	65 m	Misselhorner Hof
10,7 km	0,0 km	⇧	70 m	Misselhorner Heide

Die leichte, kurze Etappe verläuft meist auf Pfaden sowie Wirtschafts- und Forstwegen, in und um Hermannsburg aber auch entlang befestigter Straßen. Besonders schön ist der erste Abschnitt entlang der Örtze zwischen Müden und Hermannsburg. Entlang des Weges finden Sie zahlreiche Informationstafeln, die über Natur und Landschaft aufklären.

Der Weg kürzt die Etappen 13, 14a und 15 ab und trifft auf der 16. Etappe kurz nach ihrem Beginn wieder auf die Hauptroute.

Am Etappenziel finden Sie keine Unterkunftsmöglichkeit. Entweder Sie übernachten in Hermannsburg oder im empfehlenswerten Gasthaus Misselhorner Hof, das nur knapp 1,5 km vor dem Etappenziel direkt am Weg liegt.

Der Weg ist als Variante mit gelbem „H" markiert.

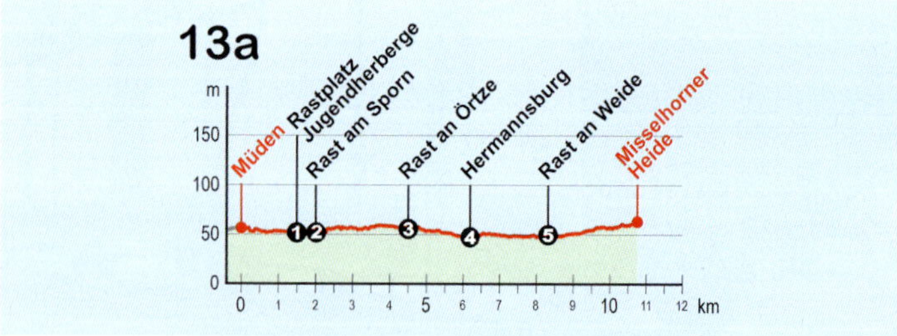

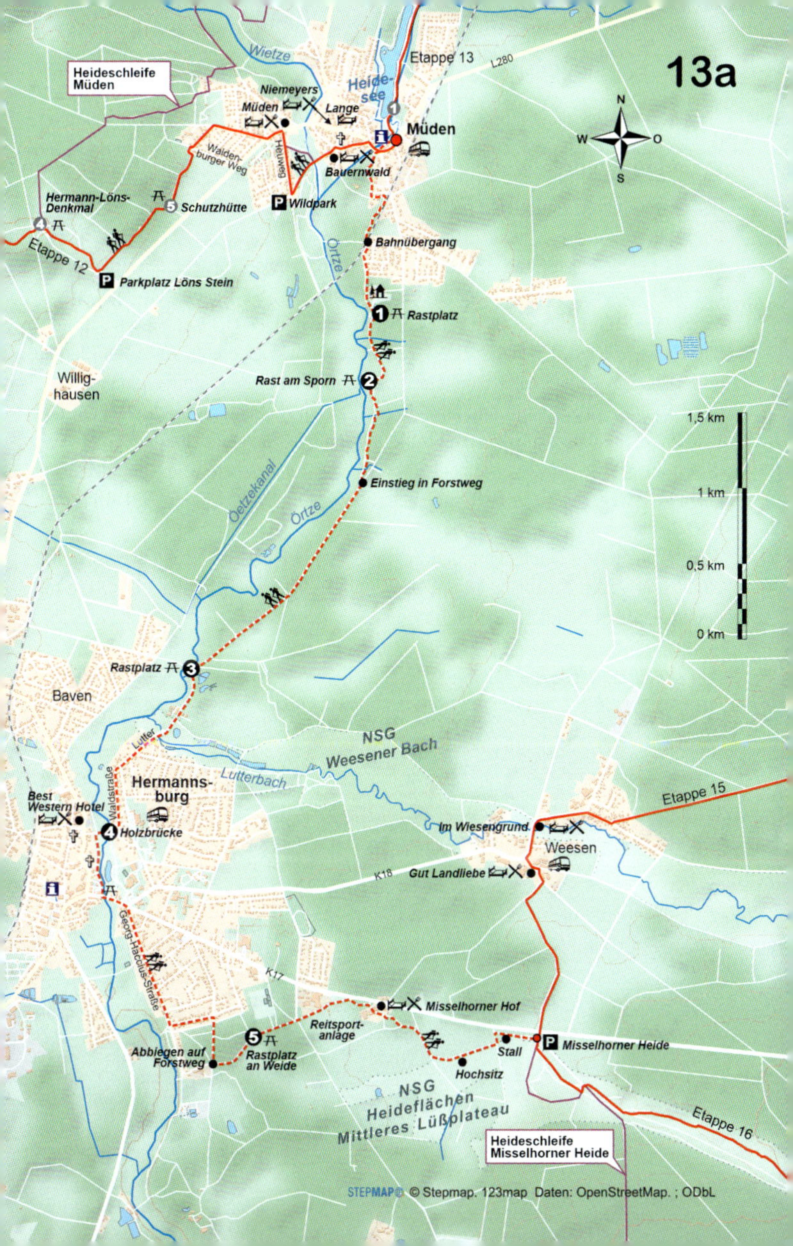
13a
Heideschleife Müden
Wietze
Etappe 13
L280
Heide-see
Niemeyers
Müden
Lange
Müden
Waldenburger Weg
Heuweg
Bauernwald
Hermann-Löns-Denkmal
Schutzhütte
Wildpark
Etappe 12
Parkplatz Löns Stein
Bahnübergang
Örtze
Rastplatz
Rast am Sporn
Willighausen
1,5 km
1 km
0,5 km
0 km
Einstieg in Forstweg
Oetzekanal
Örtze
Rastplatz
Baven
Lutter
NSG
Weesener Bach
Lutterbach
Hermannsburg
Waldstraße
Best Western Hotel
Holzbrücke
Etappe 15
Im Wiesengrund
Weesen
K18
Gut Landliebe
Georg-Haccius-Straße
K17
Misselhorner Hof
Reitsportanlage
Abbiegen auf Forstweg
Rastplatz an Weide
Stall
Misselhorner Heide
Hochsitz
NSG
Heideflächen
Mittleres Lüßplateau
Etappe 16
Heideschleife Misselhorner Heide
STEPMAP© © Stepmap. 123map Daten: OpenStreetMap. ; ODbL

Sie beginnen die Etappe direkt an der Tourist-Information, die in der alten Wassermühle untergebracht ist. Auf der Holzbrücke gehen Sie über den kleinen Kanal. (✋ Nicht über die Örtze gehen. Dieser Weg ist die Hauptroute nach Faßberg.) und halten sich gleich rechts, bis Sie an die Hauptstraße gelangen, die Sie überqueren.

Auf der anderen Seite der Straße, unmittelbar an der Brücke über die Örtze, führt ein Fußweg, der sogenannte Flusspfad, abwärts. Sie folgen dem Pfad, der in einen Wald führt, bis er an einem Forstweg endet. Der Heidschnuckenweg führt nach links, zweigt aber nach knapp 100 m schon wieder rechts auf einen Pfad ab und folgt dem Verlauf einer Bahntrasse. Sie stoßen an einen Bahnübergang, an dem Sie die Gleise überqueren und anschließend gleich wieder nach rechts gehen. Der Pfad endet an einer asphaltierten Straße. Dort gehen Sie geradeaus weiter. Sie verlassen die Straße dort, wo sie nach links abknickt, und gehen weiter geradeaus auf einen Waldweg, der Sie zur Jugendherberge Müden (☞ Müden, S. 140) bringt.

Sie wandern an der Jugendherberge vorbei und erreichen wenig weiter einen sehr guten Rastplatz ❶ mit Bank und Tisch direkt am Ufer der Örtze mit einem schönen Sandstrand.

Am Ufer der Örtze bei Müden

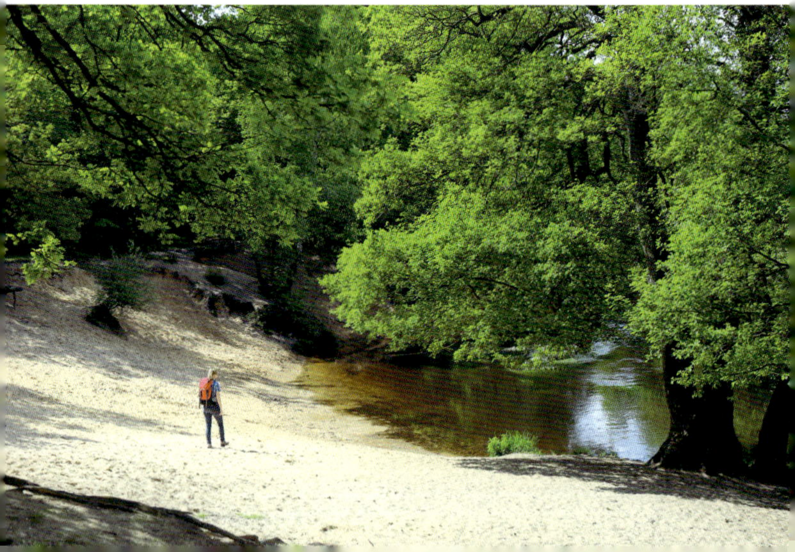

Hinter dem Rastplatz führt der Pfad weiter in einigem Abstand parallel zur Örtze durch verschiedene Waldtypen. Sie überqueren mehrere Bäche mit natürlichem Verlauf und klarem Wasser, die in die Örtze fließen.

⛩ Etwa 500 m hinter dem Rastplatz an der Jugendherberge zweigt nach rechts ein Pfad ab, der auf einen kleinen Sporn ❷ führt, wo eine Bank steht, erneut ein herrlicher Rastplatz mit schönem Blick auf das Örtzetal.

An der Bank folgen Sie weiter dem Pfad und halten sich an der nächsten Gabelung links. (☺ Hier können Sie auch rechts hinuntergehen, beide Wege vereinigen sich nach gut 100 m wieder.)

Sie folgen weiter dem Pfad, der schließlich auf einen unbefestigten Forstweg führt. Sie gehen nach rechts, bis der Weg an einer Straße an einer Brücke über die Örtze endet.

⛩ Rechts unten direkt an der Örtze finden Sie an einem Anleger für Paddelboote einen weiteren schönen Rastplatz ❸.

Sie folgen der Straße nach links, überqueren den Lutterbach und sind gleich darauf in einem Wohngebiet von Hermannsburg.

Weesener Bach/Lutterbach

Der Weesener Bach, in Hermannsburg auch Lutterbach genannt, hat seine Quelle südlich von Lutterloh und mündet nach knapp 14 km nördlich von Hermannsburg in die Örtze. Das gesamte Tal des Baches ist seit 1999 unter Naturschutz gestellt. In dem 348 ha großen NSG Weesener Bach sind vor allem die Flussabschnitte mit den mächtigen Erlen- und Weidenbäumen und die moorigen Talniederungen mit vereinzelten Bruch- und Sumpfwaldresten erwähnenswert. Der Weesener Bach weist auf fast seiner gesamten Länge eine hohe Wasserqualität auf. Neben Bachforellen und Bachneunaugen findet man hier auch den Eisvogel sowie viele bedrohte Amphibienarten und Pflanzen.

Die Luttermühle nahe der Mündung in die Örtze ist eine Wassermühle mit oberschlächtigem Wasserrad. Ab 1757 wurde sie als Sägemühle benutzt. Daneben errichtete man noch eine Getreidemühle. Beide wurden wechselseitig benutzt. 1995 führte ein Brand dazu, dass der Betrieb eingestellt werden musste.

Sie folgen dem Lutterweg und gehen dort, wo er nach links knickt, geradeaus weiter in die Waldstraße, bis Sie an eine Kreuzung mit der Straße Kurzer Weg gelangen. Hier gehen Sie rechts auf einen gepflasterten Fußweg. Kurz darauf kommen Sie an die Örtze, über die eine Holzbrücke ❹ führt. Noch vor der Brücke finden Sie an einem kleinen Gedenkstein einen Rastplatz.

Sie gehen auf der Holzbrücke in den Örtzepark. Voraus schauen Sie auf die Große Kreuzkirche mit ihrem mächtigen Turm. Noch vor dem Ende des Parks biegen Sie links ab und wandern am Rand des Parks vorbei an der Kirche Peter und Paul bis unmittelbar vor die Straßenbrücke über die Örtze. Hier, nahe dem Zentrum des Ortes, stoßen Sie an einem Anleger für Paddelboote erneut auf einen schönen Rastplatz.

Hermannsburg

Tourist-Info, Am Markt 3, 29320 Hermannsburg, ☏ 050 52/65 74, https://www.lueneburger-heide.de/service/sehenswuerdigkeit/706/gemeinde-suedheide-hermannsburg.html, hermannsburg@lueneburger-heide.de, Ostern bis 31.10. tägl. 9:00-12:00 und 15:00-17:00, Sa 10:00-12:00, August und September auch So 10:00-12:00, November bis Ostern nur Mo bis Fr 10:00-12:00, ⊙

Best Western Hotel Heidehof, Billingstr. 29, 29320 Hermannsburg, ☏ 050 52/97 00, heidehof@plazahotels.de, https://plazahotels.de/hotel-hermannsburg/, EZ ab € 70, DZ ab € 88, F € 15. Das Hotel liegt gut 600 m nördlich der Brücke über die Örtze an der L240.

Linie 200 Herrmannsburg – Groß Hehlen – Celle, 220 Faßberg – Müden – Herrmannsburg, 230 Herrmannsburg – Weesen, 260 Herrmannsburg – Unterlüß

Hermannsburg (ca. 4.000 Einw.), heute ein staatlich anerkannter Erholungsort, ist ein altes Dorf, das schon 1059 erstmals schriftlich erwähnt wurde. Der Ort wird durch die Örtze, die ein beliebtes Paddelrevier ist, in eine westliche und eine östliche Hälfte geteilt. Hermannsburg bildet seit 2015 mit Unterlüß die Gemeinde Südheide.

Besondere Bedeutung erlangte der Ort durch das **Evangelisch-lutherische Missionswerk**, die Nachfolgeorganisation der Hermannsburger Mission. Es geht auf Pastor Ludwig Harms (1808-1865) zurück, der 1849 ein Haus zur Ausbildung von Missionaren gründete. Heute ist das Missionswerk vor allem im afrikanischen Raum tätig.

Sehenswert ist die ✝ **St.-Peter-und-Paul-Kirche** mit ihren sechs Seitenschiffen. Sie ist zwar gerade erst etwas mehr als 50 Jahre alt, steht aber auf einem

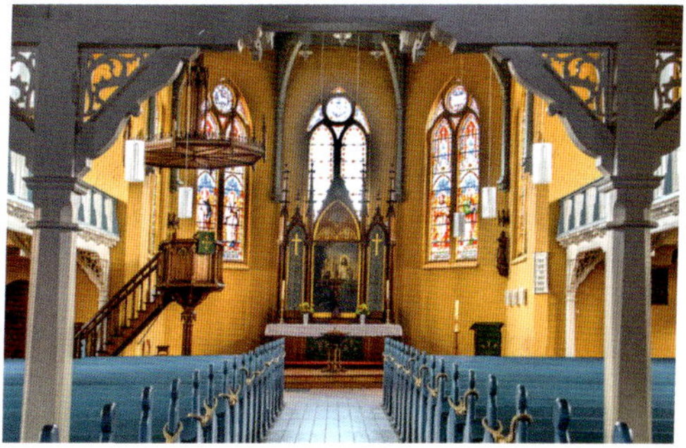

Blick in die Große Kreuzkirche in Hermannsburg

Platz, auf dem schon um 850 eine hölzerne Missionskirche gestanden haben soll. Auch die Ende des 19. Jh. erbaute ✞ **Große Kreuzkirche** mit ihrem 53 m hohen Turm lohnt einen Besuch. Das Holzdach des Schiffs der für etwa 1.000 Besucherinnen und Besucher ausgelegten Kirche hat keine tragenden Säulen. Ein beeindruckendes Bild, wenn man in der Kirche den Blick nach oben richtet.

Der Heidschnuckenweg führt weiter auf der Autobrücke über die Örtze. Knapp 200 m hinter der Brücke gehen Sie an der Kreuzung rechts in die Georg-Haccius-Straße. Nach gut 800 m biegen Sie links in den Peter-Schütze-Weg ein, dem Sie bis zum Ende folgen. Dort gehen Sie rechts, verlassen das Wohngebiet und gelangen in einen Kiefernwald. An der nächsten Kreuzung (rechts geht es zum Haus Hogrefe, einem privaten Pflegeheim) wechseln Sie von der asphaltierten Straße nach links auf einen unbefestigten Forstweg.

Nach 350 m kommen Sie an einen weiteren schönen Rastplatz ❺ mit mehreren Bänken mit Blick auf eine große Pferdeweide.

Sie wandern weiter durch den Wald, überqueren an seinem Ende eine Asphaltstraße und gelangen an das ausgedehnte Gelände des Reit- und Fahrvereins Hermannsburg-Bergen.

Noch vor der Hauptstraße halten Sie sich rechts und folgen dem grasigen Weg über das Gelände des Reitvereins bis zum Gasthaus Misselhorner Hof.

Misselhorner Hof, Misselhorn 1, 29320 Hermannsburg, ☏ 050 52/80 01, info@misselhornerhof.de, www.misselhornerhof.de, EZ/F ab € 58, DZ/F ab € 85

Sie gehen rechts zwischen Gasthaus und einigen Ställen weiter, verlassen in Höhe der letzten Gebäude den Weg nach links auf einen Pfad über eine Wiese und erreichen schließlich einen Forstweg, den Sie geradeaus weitergehen.

Sie passieren eine schöne Eichengruppe und gehen wenig weiter am Hochsitz auf einen grasigen Feldweg, der nach Regenfällen sehr morastig sein kann. Rechts von Ihnen erstreckt sich das Naturschutzgebiet Heideflächen Mittleres Lüßplateau.

NSG Heideflächen Mittleres Lüßplateau

Die Heideflächen Mittleres Lüßplateau, die aus drei räumlich voneinander getrennten Teilflächen bestehen, stehen seit 1995 unter Naturschutz. Die Teilflächen Misselhorner Heide, Heide am Schillohsberg und Heideflächen am Weesener Weg bilden gemeinsam eine etwa 293 ha große Fläche. Den größten Anteil mit etwa 210 ha hat dabei die Misselhorner Heide. Sie ist vorwiegend mit Besenheide bewachsen. Vereinzelt findet man aber auch noch Glockenheide.

Die Heide am Schillohsberg ist etwa 73 ha groß, die Heideflächen am Weesener Weg sind mit 11 ha der kleinste der drei Teile. Beide Gebiete bestehen fast ausschließlich aus Besenheideflächen. Auch in diesem NSG pflegt eine Heidschnuckenherde die Landschaft. Reiterinnen und Reiter dürfen die trockenen Heideflächen zur jährlichen Fuchsjagd nutzen.

Am Ende des Weges vor einem großen Stall gehen Sie links auf einen weiteren Feldweg, verlassen ihn aber nach ca. 75 m noch vor der Hauptstraße wieder nach rechts, gehen an dem Stall vorbei und erreichen den großen Wanderparkplatz Misselhorner Heide mit zahlreichen Bänken, Tischen und Infotafeln. Hier treffen Sie wieder auf die Hauptroute des Heidschnuckenweges und auf Start und Ziel der Heideschleife Misselhorner Heide.

↬ Heideschleife Misselhorner Heide

Der 8,1 km lange Rundweg (ca. 2 Std. 30 Min.) führt durch schmale, von dichtem, dunklem Nadelwald begrenzte Heideflächen rund um den Eicksberg. Auf meist sandigen Wegen geht es hinunter in das Tiefental, eine eindrucksvolle Naturkulisse. Hier hat Pastor Harms, der Begründer der Hermannsburger Mission, gepredigt und Missionsfeste abgehalten. Zurück geht es über den Rastplatz Eicksberg mit einem Gedenkstein für Pastor Harms zum Wanderparkplatz Misselhorner Heide.

14. Etappe: Faßberg – Oberoher Heide

19,1 km, ↑ 140 m, ↓ 120 m, ⇧ 70-115 m, ⧖ ca. 5 Std.

0,0 km	19,1 km	⇧ 70 m	Faßberg
3,0 km	16,1 km	⇧ 70 m	Schmarbeck
4,7 km	14,4 km	⇧ 80 m	Parkplatz Wacholderwald
6,9 km	12,2 km	⇧ 75 m	Abzweig Alternativroute
9,0 km	10,1 km	⇧ 75 m	Schmarbeck Grube
11,8 km	7,3 km	⇧ 70 m	Gerdehaus Rastplatz
14,2 km	4,9 km	⇧ 100 m	Rastplatz Hausselberg
15,7 km	3,4 km	⇧ 115 m	Gauß-Stein
19,1 km	0,0 km	⇧ 90 m	Oberoher Heide, Ferienpark Heidesee (2,7 km)

Die lange Etappe verläuft zum größten Teil auf Forstpfaden und -wegen und nur kürzere Strecken entlang befestigter Straßen. Zu Anfang noch recht eben wird der Weg im zweiten Teil hügeliger. Drei besondere Höhepunkte erwarten Sie auf der Strecke: im ersten Teil der Wacholderwald, dann 5 km vor dem Ziel der Hausselberg mit seiner hervorragenden Aussicht und am Ziel selbst die Oberoher Heide.

☺ *Vor dem Start in Faßberg sollten Sie sich für die letzten Etappen mit allem eindecken, was Ihnen noch fehlt, denn bis Celle gibt es direkt am Weg keine Einkaufsmöglichkeiten mehr.*

Das Etappenziel liegt mitten in der Natur. Es gibt keine Unterkünfte in unmittelbarer Nähe. Eine größere Auswahl finden Sie in Unterlüß (☞ Etappe 15) in knapp 7 km (als Zuwegung gelb markiert). Auch in Lutterloh auf dem Weg nach Weesen (☞ Etappe 15) gibt es begrenzt Möglichkeiten. Bedenken Sie aber, dass viele Vermieter eine Mindestaufenthaltsdauer von zwei bis mehreren Tagen voraussetzen.

☺ *Eine Möglichkeit für eine Übernachtung bietet der Ferienpark Heidesee. Er liegt direkt an der Alternativroute und ist nur 2,7 km vom Etappenziel entfernt (☞ Variante 14a). Bitte beachten Sie, dass in der Hauptsaison (Juli und August) eine Buchung nur von Samstag bis Samstag möglich ist.*

☺ *Viele fassen die Etappen 14 bzw. 14a und 15 zusammen und gehen direkt von Faßberg nach Weesen. Bei Verwendung der kürzeren Variante 14a ergibt sich eine Gesamtstrecke von 24,5 km. Wer die Hauptroute wählt, ist 31,4 km unterwegs.*

☺ *Sie können auch ab Gerdehaus mit dem Bus nach Oberohe (Variante 14 a) nach Unterlüß oder zurück nach Faßberg fahren, wo es Übernachtungsmöglichkeiten gibt.*

Sie beginnen die Etappe am Rathaus in der Ortsmitte von Faßberg und gehen in Richtung Schmarbeck nach Nordosten. Nach etwa 250 m biegen Sie rechts hinter einem Parkplatz auf einen Pfad ab, der durch ein kleines Kiefernwäldchen führt. An der Gabelung nach knapp 200 m halten Sie sich links und gelangen in eine kleine Siedlung mit Mietshäusern, die auch in einer Kaserne stehen könnten. Am Ende der Straße erreichen Sie den Jägerweg und sind mitten in der sogenannten Roten Siedlung (Details ☞ Faßberg, S. 144). Sie gehen über den Brunnenplatz mit dem Hänsel-und-Gretel-Brunnen und auf der anderen Seite die schöne, mit Linden bestandene Allee weiter bis zu ihrem Ende. Dort führt der Heidschnuckenweg nach rechts.

☺ Wenn Sie nach links gehen, erreichen Sie nach 50 m das ⌘ Luftbrückenmuseum (Details ☞ Etappe 13).

Sie gehen entlang der Straße Richtung Südosten und biegen nach 250 m links in den Schwarzen Weg ein. Die Straße endet an einem großen Metalltor des Fliegerhorstes. Sie gehen davor rechts auf den unbefestigten Fahrweg, der dicht am Zaun des Geländes entlangführt. Nach etwa 900 m gelangen Sie erneut an ein

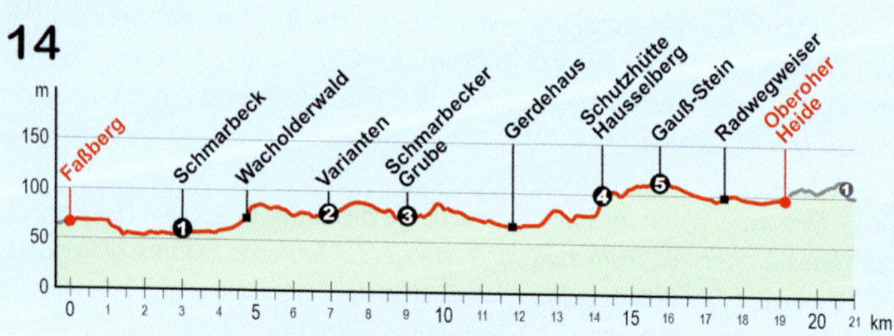

14

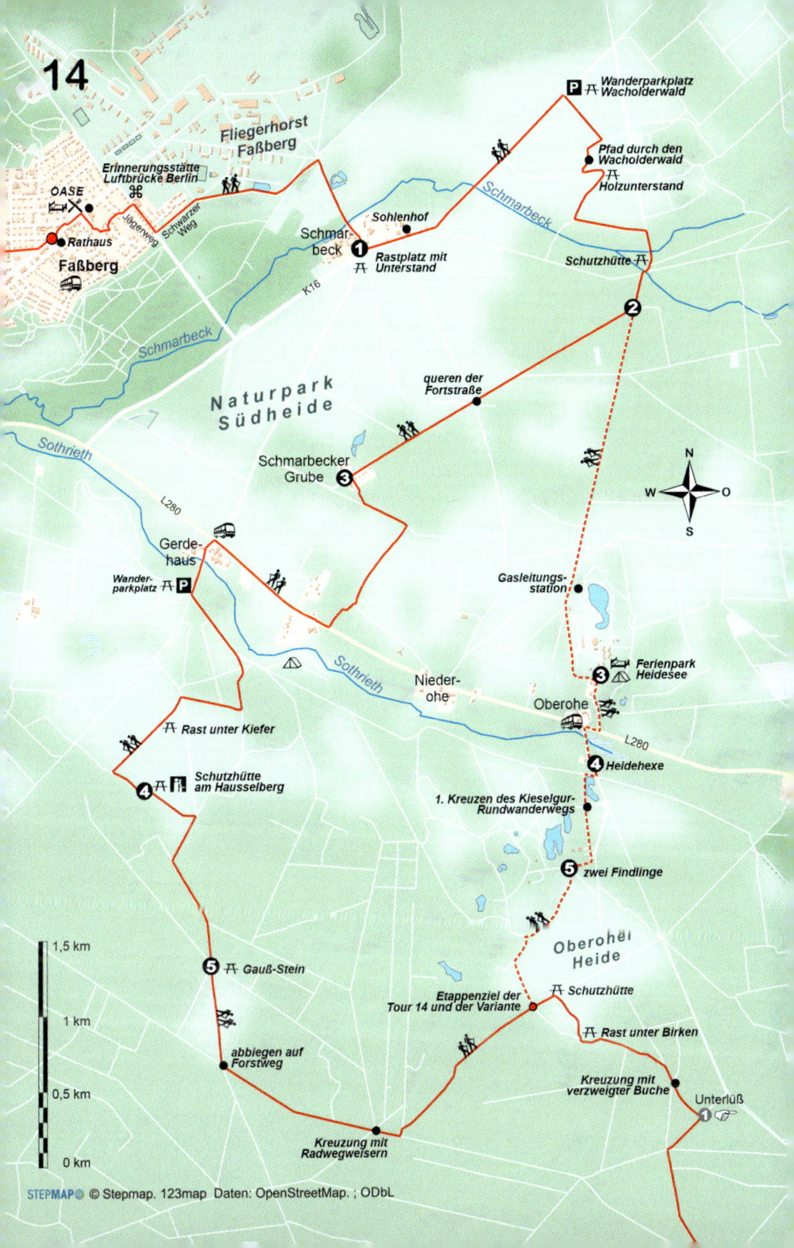
Wanderparkplatz Wacholderwald
Fliegerhorst Faßberg
Pfad durch den Wacholderwald
Erinnerungsstätte Luftbrücke Berlin
Holzunterstand
OASE
Schmarbeck
Sohlenhof
Jägerweg
Schwarzer Weg
Rathaus
Schmar-beck
Rastplatz mit Unterstand
Schutzhütte
Faßberg
K16
Schmarbeck
queren der Fortstraße
Naturpark Südheide
Sothrieth
Schmarbecker Grube
N
W
O
S
L280
Gerde-haus
Wander-parkplatz
Gasleitungs-station
Ferienpark Heidesee
Sothrieth
Nieder-ohe
Oberohe
L280
Rast unter Kiefer
Heidehexe
Schutzhütte am Hausselberg
1. Kreuzen des Kieselgur-Rundwanderwegs
zwei Findlinge
Oberoher Heide
1,5 km
Gauß-Stein
Etappenziel der Tour 14 und der Variante
Schutzhütte
1 km
Rast unter Birken
abbiegen auf Forstweg
Kreuzung mit verzweigter Buche
Unterlüß
0,5 km
Kreuzung mit Radwegweisern
0 km
STEPMAP © Stepmap. 123map Daten: OpenStreetMap. ; ODbL

großes Tor zum Fliegerhorst. Hier gehen Sie rechts, überqueren den Bach **Schmarbeck** und kommen im gleichnamigen Dorf an die Kreisstraße (K16).

⛼ Einen guten Rastplatz ❶ mit einem Unterstand finden Sie, wenn Sie auf der Straße wenige Schritte nach rechts gehen.

Schmarbeck

Die Schmarbeck ist ein nur knapp 6 km langer Bach, der etwa 5 km östlich von Faßberg in zwei Quellbächen am 92 m hohen Breuerberg seinen Ursprung hat. Er fließt südlich an Faßberg vorbei, vereinigt sich dort mit dem Bach Sothrieth und mündet, nun Landwehrbach genannt, bei Müden in die Örtze, etwas nördlich des Heidesees. Der in großen Teilen naturbelassene Bach gilt als mäßig belastet und beherbergt noch Bachforellen und die seltenen Bachneunaugen. Stellenweise wächst am Ufer die in Niedersachsen gefährdete Sumpfdotterblume.

Das Dorf, das zur Gemeinde Faßberg gehört, hat seinen alten bäuerlichen Charakter erhalten können. Die Kopfsteinpflasterstraße und einige alte Fachwerkhäuser, Speicher und Ställe tragen dazu bei.

Auf dem Weg zum Wacholderwald

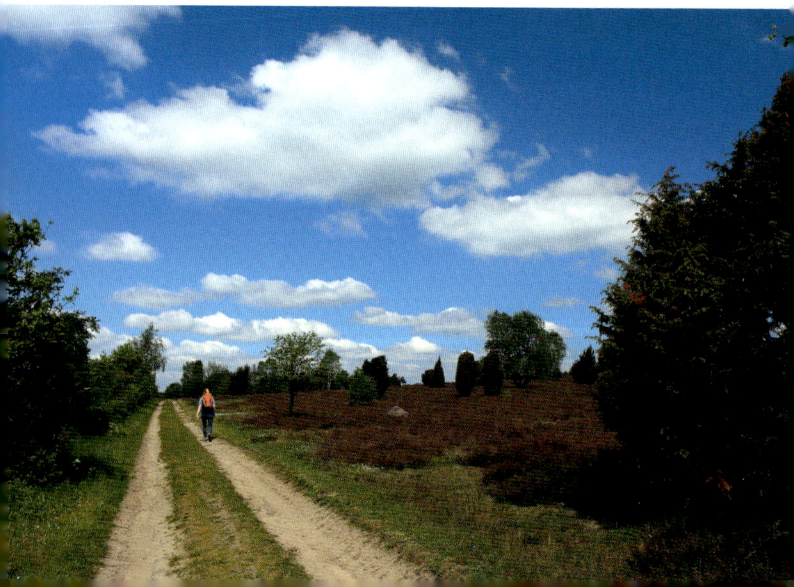

Der Heidschnuckenweg führt nach links und folgt der Kopfsteinpflasterstraße. Vorbei an einem schönen Bauernhausensemble, dem Sohlenhof, wandern Sie aus dem Dorf. In einem kleinen Laubwald überqueren Sie erneut die Schmarbeck und erreichen gut 800 m weiter entlang der nun asphaltierten Straße den großen Wanderparkplatz **Wacholderwald**. ⩪ Hier können Sie erneut eine Pause machen, mehrere Bänke und Tische bieten sich an.

Vor dem Parkplatz gehen Sie rechts auf einen Feldweg. Links sehen Sie auf eine größere, mit einzelnen Wacholdern bewachsene Heidefläche. Nach knapp 400 m in einer Linkskurve des Feldweges gehen Sie rechts auf einem Pfad über eine Wiese. 100 m weiter führt nach links ein schmaler Pfad in den Wacholderwald hinein. Ein schöner, leider nur kurzer Weg durch den ungewöhnlichen Wald.

Am Ende des Pfades treffen Sie auf einen unbefestigten Fahrweg, dem Sie nach links folgen. Etwa 70 m weiter zweigt nach rechts ein Pfad ab, auf dem Sie bis zu einem Holzunterstand mit Bank wandern. Sie gehen rechts und folgen dem Pfad durch offene Heide, die dicht mit Wacholder bestanden ist.

Am Ende des Pfades vor einem Kiefernwald gehen Sie auf dem Forstweg nach links, bis Sie an seinem Ende auf einen breiten Forstweg stoßen. Gehen Sie hier rechts. Etwa 130 m weiter überqueren Sie den nördlichen Quellbach der Schmarbeck, kommen kurz darauf an eine Schutzhütte und erreichen wenig später an einer Kreuzung den südlichen Quellbach. Hier halten Sie sich links und folgen weiter dem geteerten Fuß-/Radweg.

Etwa 250 m weiter verzweigt sich der Heidschnuckenweg ❷. Links führt die kürzere Variante weiter (☞ Variante 14a), rechts folgen Sie der Hauptroute. Der Weg führt jetzt schnurgerade durch einen Wirtschaftswald, der später wieder offener Landschaft weicht.

Etwa 1,3 km hinter der Abzweigung überqueren Sie eine breite, festgefahrene Forststraße und gehen dahinter wieder durch einen Wirtschaftswald, bis er an einem asphaltierten Wendehammer im Weiler **Schmarbeck Grube** ❸ endet. Der Weiler mit etwa 25 Einwohnerinnen und Einwohnern besteht nur aus 10 Häusern. In der etwas nördlich gelegenen Grube wurde bis vor einigen Jahren noch Kies abgebaut.

Sie gehen durch den Ort und nach etwa 150 m an einem Briefkasten der Post links ab auf einem unbefestigten Weg in einen Kiefernwald hinein. Am Ende stoßen Sie auf einen Feldweg, den Sie nach links aufwärts gehen. Nun wird die Landschaft deutlich hügeliger.

Am Ende des Feldes nach gut 300 m biegen Sie rechts ab Richtung **Gerdehaus**. Sie folgen dem Weg abwärts und haben nach links einen schönen Blick auf offene Heide. An der nächsten Kreuzung behalten Sie die Richtung bei und wandern auf einem schmalen Pfad durch dichten Wald, bis der Pfad an eine Landstraße stößt (L280), wo Sie nach rechts gehen. Nach wenigen Metern gelangen Sie in die Siedlung Gerdehaus, die nur aus wenigen Häusern besteht.

Das eigentliche Dorf **Gerdehaus**, das allerdings auch nur aus wenigen Häusern besteht, erreichen Sie nach knapp 900 m entlang der Landstraße an einer leicht versetzten Kreuzung an einer Bushaltestelle mit einem Wartehäuschen.

🚌 Linie 261 von Faßberg über Oberohe nach Unterlüß und zurück (💻 https://cebus-celle.de/fahrplaene/fahrplan/)

Sie gehen hier links, überqueren den Bach Sothrieth, der sich etwas südlich von Faßberg mit dem Bach Schmarbeck vereinigt, und gelangen an einen großen Wanderparkplatz ⛼ mit zahlreichen Bänken und Tischen und einer Grillhütte. Und für die Kleinen gibt es ein Wasserspiel.

Sie gehen am Parkplatz links und weiter entlang der einspurigen Asphaltstraße und verlassen nach knapp 500 m die Straße in einer leichten Linkskurve geradeaus auf einen sandigen Waldweg.

↳ Wenn Sie der Asphaltstraße weiter folgen, gelangen Sie nach 400 m zum Campingplatz Gerdehaus.

⛺ **Campingplatz Gerdehaus,** ☎ 050 55/59 02 86, ✉ info@heidecamping-gerdehaus.de, 💻 www.heidecamping-gerdehaus.de, 🚪 Ostern-Oktober. ✋ Allerdings gibt es keine Übernachtungsmöglichkeiten in Hütten oder Mietwohnwagen.

Nach etwa 150 m folgen Sie dem Heidschnuckenweg nach rechts. Folgen Sie dem Weg, auch wenn ein Schild das Betreten des Geländes verbietet. Am Ende des Waldes biegen Sie vor einer großen Heidefläche rechts ab und wandern mit schönem Blick auf die Heide abwärts. Sie kreuzen einen Feldweg und gehen dahinter leicht links auf einen grasigen Weg, der an einem großen Feld entlangführt.

⛼ Nach knapp 500 m erreichen Sie einen schönen Rastplatz unter einer markanten Kiefer mit Blick auf das Feld. Aber eigentlich ist es zum Rasten zu früh, denn schon bald erreichen Sie eine weitaus bessere Rastmöglichkeit.

Um dorthin zu kommen, müssen Sie noch bis zum Ende des Feldes weitergehen. Direkt am Waldrand wandern Sie den Forstweg steil aufwärts. 20 Höhenmeter sind zu bewältigen, bis Sie an der Schutzhütte am **Hausselberg** (⇧ 110 m) ❹ ankommen.

⛩ Eine besonders gute Rastmöglichkeit mit wunderbarer Aussicht auf die Heideflächen. Es wird berichtet, dass man bei guter Sicht sogar den 35 km entfernten Wilseder Berg (☞ Etappe 7) sehen kann. Dieses Glück hatten wir bislang allerdings noch nicht.

Etwa 150 m hinter der Hütte gelangen Sie an eine Gabelung, an der Sie sich links halten. Sie wandern auf einem Forstweg mitten durch die Heide auf einen Wald zu. Dort angekommen gehen Sie nach rechts. Etwa 300 m weiter treffen Sie auf einen Forstweg, dem Sie nach links folgen. Sie wandern durch Nadelwald und treffen am Ende des Waldes wieder auf eine größere Heidefläche. Hier haben Sie mit 115 m den höchsten Punkt dieser Etappe erreicht. Gleich rechts steht ein hölzerner Unterstand mit Bänken, daneben einer der zahlreichen von **Carl Friedrich Gauß** hinterlassenen Vermessungssteine ❺. Dieser stammt aus dem Jahre 1828.

Carl Friedrich Gauß

Carl Friedrich Gauß (1777-1855) war ein deutscher Gelehrter, der als Mathematiker, Astronom, Geodät und Physiker Herausragendes geleistet hat. Schon zu seiner Zeit galt er als genialer Wissenschaftler und war Namensgeber zahlreicher Methoden und Regeln wie z. B. der bekannten Gaußschen Normalverteilung. Er war u. a. Universitätsprofessor und Direktor der Sternwarte Göttingen. Anfang des 19. Jh. leitete er die Landesvermessung des Königreiches Hannover. Aus dieser Zeit stammen die Vermessungssteine.

Sie überqueren die Heidefläche diagonal und stoßen an ihrem Ende auf einen breiteren Forstweg, dem Sie nach links durch Nadelwald folgen. Nach 1,1 km gelangen Sie an eine größere Kreuzung mit zahlreichen Radwegweisern. Gehen Sie hier noch weiter geradeaus, bis Sie nach knapp 200 m nach links auf einen anderen Forstweg abbiegen. Vorbei an einer verschlossenen Hütte mit einem Teich, etwas versteckt hinter einem Wall, kommen Sie schließlich aus dem Wald heraus. Vor Ihnen öffnet sich die **Oberoher Heide**, ein wunderbares Bild.

Wenig weiter gelangen Sie an eine größere Kreuzung, hier stößt von links kommend die kürzere Variante auf Ihren Weg. Diese Kreuzung bildet das Ziel der 14. Etappe.

Variante 14a: Faßberg – Oberoher Heide (kürzere Variante)

➲ *12,2 km,* ↑ *95 m,* ↓ *70 m,* ⇧ *70-90 m,* ⌛ *ca. 3 Std. 15 Min.*

0,0 km	12,2 km	⇧ 70 m	Faßberg
3,0 km	9,2 km	⇧ 70 m	Schmarbeck
4,7 km	7,5 km	⇧ 80 m	Parkplatz Wacholderwald
6,9 km	5,3 km	⇧ 75 m	Abzweig Alternativroute
9,5 km	2,7 km	⇧ 80 m	Ferienpark Heidesee
10,0 km	2,2 km	⇧ 75 m	Bus L280
12,2 km	0,0 km	⇧ 90 m	Oberoher Heide

Die leichte Etappe, auf der Sie keine großen Höhenunterschiede bewältigen müssen, verläuft meist auf Wirtschafts- und Forstwegen, zum Teil aber auch entlang befestigter Straßen. Neben dem Wacholderwald im ersten Teil der Strecke ist vor allem das ehemalige Kieselgurabbaugebiet sehenswert und natürlich die Oberoher Heide, die Sie auf dieser Route von Norden kommend erschließen.

Das Etappenziel liegt mitten in der Natur. Es gibt keine Unterkünfte in unmittelbarer Nähe. Die nächste Möglichkeit bietet direkt am Weg (etwa 2,7 km vor dem Ziel) der Ferienpark Heidesee. (☞ auch Erläuterungen zu Etappe 14)

Diese kürzere Variante von Faßberg zur Oberoher Heide verläuft bis zur Abzweigung der Alternativroute ❷ gleich hinter dem südlichen Quellbach der Schmarbeck genau wie die Hauptroute (☞ Etappe 14).

☞ *Karte 14, Seite 155*

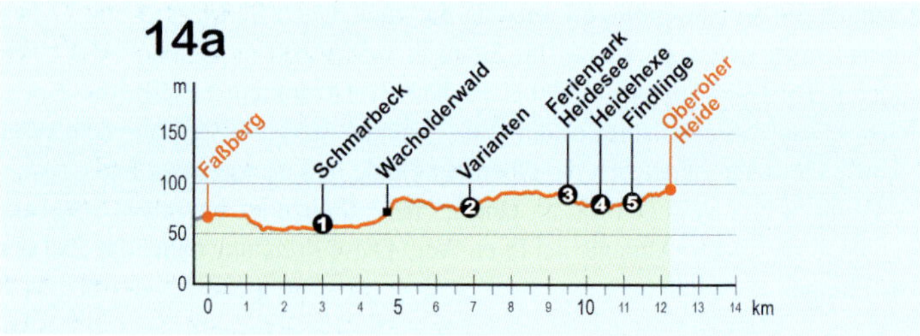

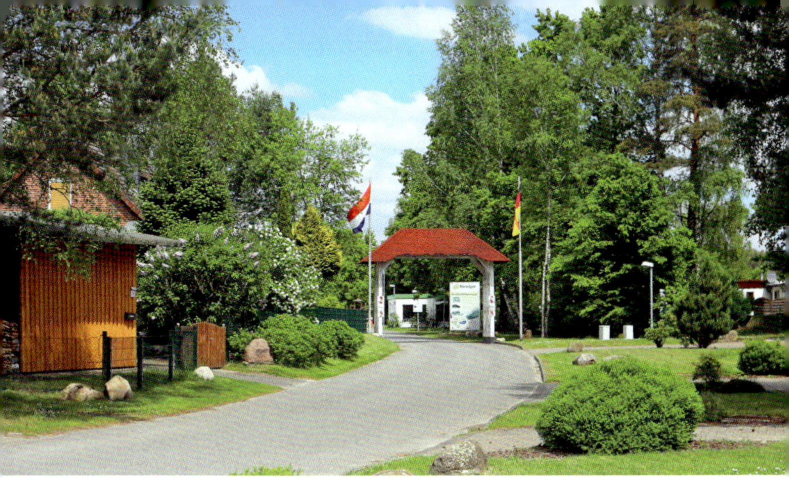

Einfahrt zum Ferienpark Heidesee

An der Abzweigung gehen Sie geradeaus weiter und folgen dem Forstweg durch den Wald. Sie passieren ein großes, rechts liegendes Feld und kommen dann ganz aus dem Wald heraus. Kurz vor einem Linksschwenk der bislang schnurgeraden Forststraße passieren Sie die Gasleitungsstation Oberohe. Hinter der Station können Sie schon einen Blick auf den Ferienpark Heidesee werfen und auf der rechten Seite sehen Sie eine größere Heidefläche.

Gut 400 m weiter endet der befestigte Fuß-/Radweg. Etwa 20 m weiter gehen Sie nicht geradeaus weiter, sondern folgen dem Weg nach links, der nach etwa 150 m endet. Links geht es zum Ferienpark Heidesee ❸.

🛏 ✕ **Ferienpark Heidesee**, Oberohe 25, 29328 Faßberg-Oberohe, ☏ 058 27/97 05 46, ✉ info@campingheidesee.com, 💻 www.campingheidesee.com, ⊙. Auf dem Campingplatz können Sie nicht nur zelten, sondern auch Ferienwohnungen (erste Nacht ab € 87, ab zweiter Nacht ab € 42) und Wohnwagen (erste Nacht ab € 108, ab zweiter Nacht ab € 58) mieten. Allerdings ist in der Hauptsaison (Juli und August), außer beim Zelten, eine Buchung nur von Samstag bis Samstag möglich.

Sie befinden sich hier mitten im ehemaligen Kieselgurabbaugelände. Zwei Rundwege – der Kieselgur-Lehrpfad (3,5 km), der zum größten Teil auf dem Gelände des Ferienparks verläuft und die Geschichte des Abbaus mit zahlreichen Informationstafeln erläutert, und der etwas südlich gelegene Kieselgur-Rundweg (3 km) – erschließen das ehemalige Abbaugebiet.

Kieselgur

Kieselgur, das Gold der Heide, entstand vor etwa 300.000 Jahren während der Holstein-Warmzeit aus Ablagerungen von Kieselalgen (Diatomeen). Kieselgur ist eine weißliche, pulvrige Substanz, die aus den mikroskopisch kleinen Schalen fossiler Kieselalgen besteht. 1 ml reines Kieselgur enthält etwa 1 Milliarde Schalen und Bruchstücke der Einzeller. Bis zum Ersten Weltkrieg wurde nahezu der gesamte Bedarf weltweit aus niedersächsischem Kieselgur gedeckt. Der Abbau wurde aus wirtschaftlichen Gründen 1994 eingestellt. Heute sind in der Region noch zahlreiche glasklare Seen mit smaragdgrünem Wasser zu sehen, ehemalige Kieselgurgruben.

Kieselgur ist sehr vielseitig verwendbar: u. a. als Filtermedium, als Füllstoff in verschiedensten Materialien wie z. B. Papier, Tabletten, Puder, Farben oder Kunststoffen, als Schleif- und Poliermittel, als Düngemittel, zur Herstellung von Dynamit oder als Zugabe zum Asphalt, um ihn wetterfester zu machen.

Der Heidschnuckenweg führt nach rechts. Sie folgen der Straße bis an die Landstraße L280, gehen dort rechts bis zur Bushaltestelle Oberohe mit Wartehäuschen (☞ S. 158) und dann links. Nach 80 m überqueren Sie den Bach Sothrieth, der sich etwas südlich von Faßberg mit dem Bach Schmarbeck vereinigt. Etwa 200 m weiter gelangen Sie ans ehemalige Gartencafé Heidehexe ❹.

An der nächsten Kreuzung, knapp 100 m weiter, verlassen Sie die Asphaltstraße unmittelbar vor einem Teich (eine ehemalige Abbaugrube) nach rechts und gehen bei der nächsten Möglichkeit gleich wieder nach links. Am Rande des Gewässers gehen Sie weiter, überqueren einen kleineren Weg, den Kieselgur-Rundwanderweg, und wandern vorbei an einem Privatgelände bis zum Ende des Weges, wo er auf eine Schotterstraße stößt. Hier treffen Sie wieder auf den Kieselgur-Rundwanderweg.

Sie gehen rechts und biegen nach etwa 150 m zwischen zwei großen Findlingen ❺ nach links auf einen Heideweg ab. Hier kommen Sie aus dem Wald heraus und haben einen wunderbaren Blick auf die sich nach Süden erstreckende **Oberoher Heide**, die Sie bis zum Ziel nicht mehr verlassen werden.

Sie folgen dem Heideweg bis zu seinem Ende. Der Kieselgur-Rundwanderweg verläuft rechts weiter, Sie halten sich links. Nach knapp 200 m biegen Sie an einer Gabelung von der geraden Linie nach links ab und folgen dem Weg, bis er nach gut 300 m an eine Kreuzung stößt.

Hier treffen Sie wieder auf die Hauptroute und haben das Ziel der Etappe erreicht.

15. Etappe: Oberoher Heide – Weesen

➲ 12,3 km, ↑ 70 m, ↓ 105 m, ⇧ 60-115 m, ⌛ ca. 3 Std. 15 Min.

0,0 km	12,3 km	⇧ 90 m	Oberoher Heide
0,5 km	11,8 km	⇧ 100 m	Rast unter Birken
1,6 km	10,7 km	⇧ 110 m	nördlicher Zugang Unterlüß (➲ 5,5 km, ⌘)
3,8 km	8,5 km	⇧ 110 m	südlicher Zugang Unterlüß (➲ 3,9 km, ⌘)
4,4 km	7,9 km	⇧ 105 m	Rastplatz Lüßplateau
6,4 km	5,9 km	⇧ 80 m	Lutterloh
9,8 km	2,5 km	⇧ 80 m	Bienenzaun
12,3 km	0,0 km	⇧ 60 m	Weesen

Die leichte, relativ kurze Etappe verläuft überwiegend auf Forstwegen. Besonders schön ist der Streckenabschnitt südlich der Kreisstraße K17 durch eine Teilfläche des NSG Mittleres Lüßplateau. Übernachtungsmöglichkeiten gibt es am Ziel und knapp 3 km weiter westlich in Hermannsburg.

Oberoher Heide

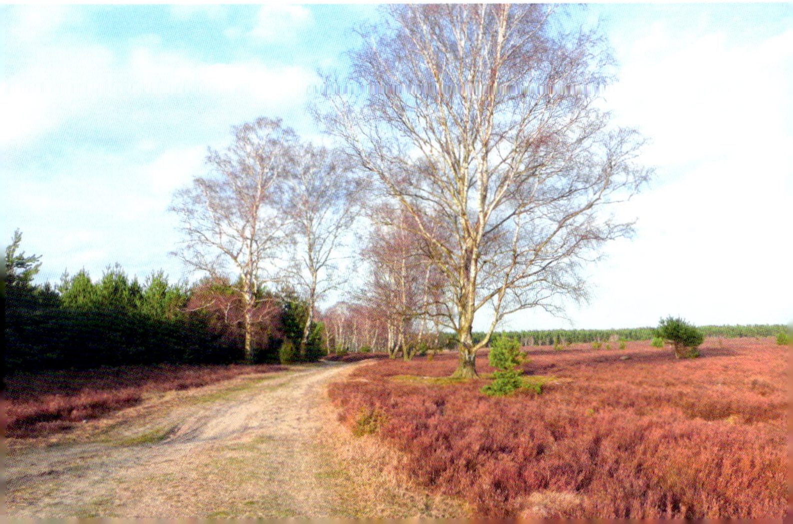

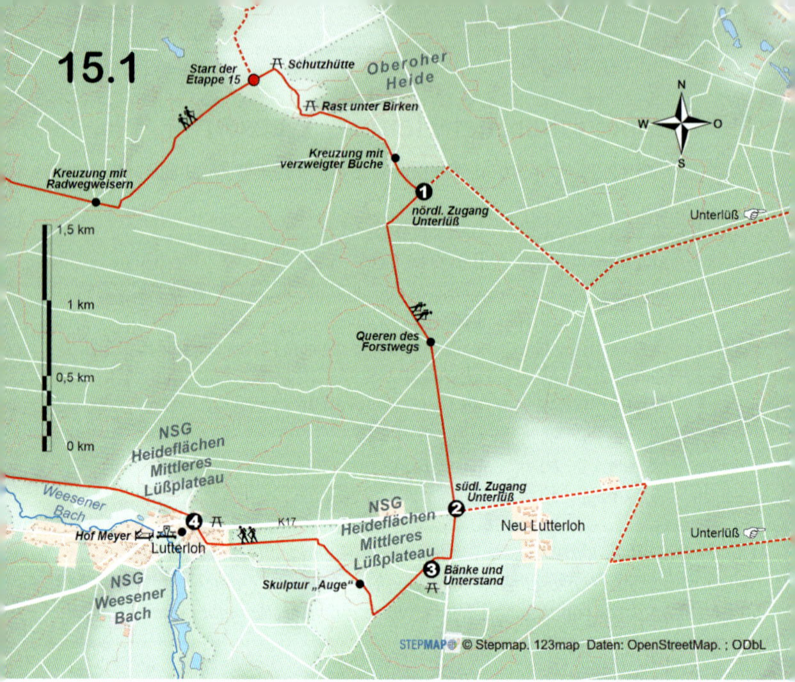

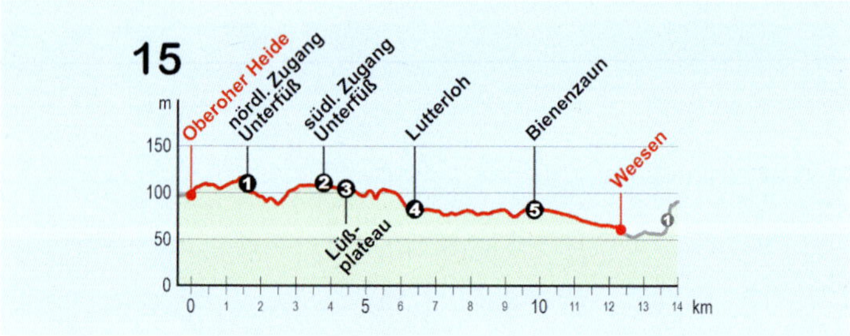

Sie beginnen die Etappe im Westen der Oberoher Heide, an der Kreuzung, wo die Hauptroute und die Variante zusammentreffen. Sie gehen auf dem Waldweg in östlicher Richtung und gelangen schon nach etwas mehr als 100 m an eine Schutzhütte. Gleich hinter der Hütte geht es rechts ab auf einen sehr schönen Weg durch die Heide.

Nach etwa 350 m erreichen Sie einen schönen Rastplatz, eine Bank unter Birken bietet sich geradezu an.

Von dort gehen Sie wenige Schritte nach rechts und kommen auf einen Forstweg, dem Sie nach links folgen. An der Gabelung wenig weiter halten Sie sich rechts.

Etwa 600 m weiter erreichen Sie an der Südwestecke einer Heidefläche eine größere Kreuzung. Links steht eine riesige, weitverzweigte Buche. Hier verlassen Sie die Oberoher Heide. Sie gehen geradeaus und treffen 300 m weiter auf den nördlichen Zugang ❶ nach **Unterlüß** (5,5 km). Wer dorthin will, geht hier links, Richtung Weesen wandern Sie rechts weiter.

Nördlicher Zugang Unterlüß/Bahnhof (5,9 km)

Um nach Unterlüß zu gelangen, gehen Sie bei ❶ links und am Ende des Weges rechts. Nach 1,3 km stoßen Sie in einer leichten Rechtskurve an eine Schutzhütte. Hier geht es links weiter. An der Gabelung nach 250 m halten Sie sich rechts, bis Sie nach 1,3 km (ca. 50 m nach einer Kreuzung) rechts abzweigen. Sie folgen dem schnurgeraden Weg durch den Wald und gehen an der dritten Kreuzung (nach etwa 700 m) links. Am Ende des Weges gelangen Sie an eine Asphaltstraße (Altensothrithweg), gehen rechts und 250 m weiter links in die Straße Urwaldschneise. Auf ihr gelangen Sie durch ein Wohngebiet an die Hauptstraße (Müdener Straße). Rechts gelangen Sie nach 800 m an den Bahnhof von Unterlüß.

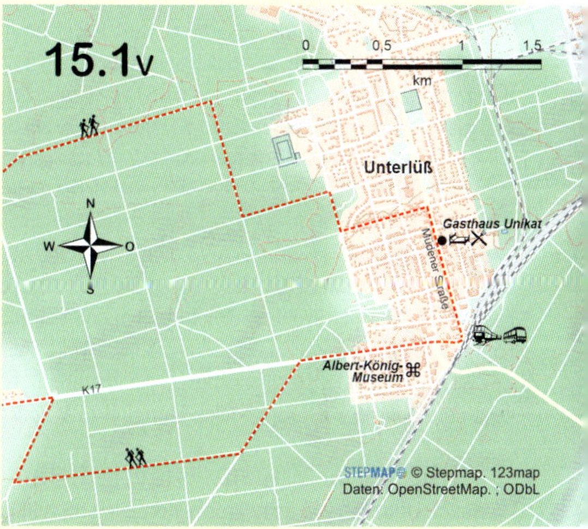

Unterlüß

Gasthaus Unikat, Müdener Str. 25, 29345 Unterlüß, ☏ 058 27/215, info@gasthaus-unikat.de, www.gasthaus-unikat.de, EZ ab € 40, DZ ab € 60, F € 7. Das Haus liegt direkt an der gelb markierten Zuwegung zum Heidschnuckenweg Richtung Oberoher Heide, etwa 650 m vom Bahnhof entfernt.

Linie 260 Unterlüß – Herrmannsburg, 261 Faßberg – Unterlüß

Metronom nach Celle und Uelzen

Unterlüß, seit 2015 mit Hermannsburg und einigen weiteren Ortschaften zur Gemeinde Südheide fusioniert, entstand erst 1847 durch den Bau der Bahnstrecke Harburg-Lehrte. Der Ort ist durch den Metronom (Hamburg-Uelzen-Hannover) gut an das Eisenbahnnetz angeschlossen.

Inmitten des Lüßwaldes gelegen, gehört Unterlüß zu den waldreichsten Gegenden Deutschlands.

⌘ Einzigartig ist das Albert-König-Museum, das einzige reine Kunstmuseum in der Lüneburger Heide. Ausgestellt wird hauptsächlich Malerei aus der südlichen Lüneburger Heide. Es beherbergt auch den künstlerischen Nachlass des Kunstmalers Albert König, der von 1881-1944 in Unterlüß gelebt hat.

♦ **Albert-König-Museum**, Albert-König-Str. 10, 29345 Unterlüß, ☏ 058 27/369, www.albertkoenigmuseum.de, info@albertkoenigmuseum.de, Mai bis Oktober Di bis So 14:30-17.30, Mo geschlossen, November bis April nur Sa und So 14:30-17:30

Bei der nächsten Möglichkeit biegen Sie links ab. Sie gehen in leicht hügeliger Landschaft auf einer breiten Schneise durch den Wald, überqueren einen weiteren Forstweg und gelangen an ein eingezäuntes Feld. Am Zaun entlang gehen Sie weiter, bis Sie an die Hermannsburger Landstraße (K17) stoßen. Hier führt nach links der südliche Zugang ❷ nach Unterlüß (3,9 km).

Südlicher Zugang Unterlüß/Bahnhof (5,1 km)

Wer nach Unterlüß will, geht an der Kreuzung nach links und folgt der Hermannsburger Landstraße bis zu einer Kreuzung an einem Parkplatz. Um eine weitere Strecke entlang der viel befahrenen Straße zu vermeiden, geht man hier scharf rechts und nach 550 m wieder links. Nach 1,5 km, an einer x-förmigen Kreuzung, halten Sie sich links. Der Weg bringt Sie wieder an die Hermannsburger Straße, an der Sie nach rechts entlang den Bahnhof von Unterlüß erreichen.

Sie überqueren die Straße, biegen 300 m weiter rechts in den Wald hinein und gelangen in das NSG Heideflächen Mittleres Lüßplateau (☞ Variante 13a), das aus drei Teilflächen besteht, hier befindet sich die Teilfläche südlich des Schillohsberges. Der folgende Streckenabschnitt bis nach Lutterloh ist besonders attraktiv. Zahlreiche Informationstafeln säumen den idyllischen Weg.

Nach 200 m gelangen Sie an einen schönen Rastplatz ❸ mit Bänken und Tisch sowie einem hölzernen Unterstand. Eine Infotafel klärt über Mistkäfer auf, ergänzt durch eine große Holzskulptur.

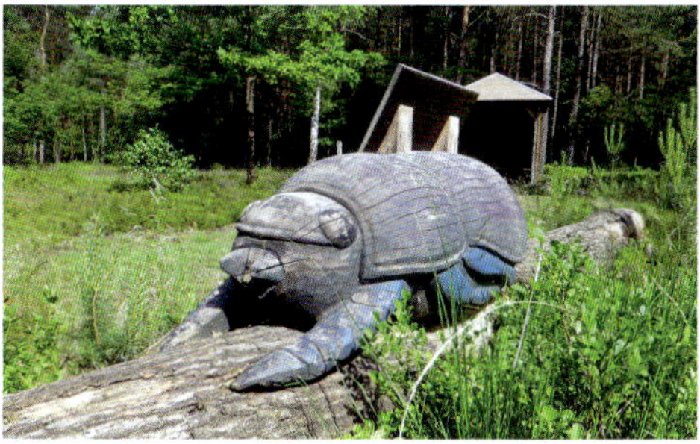

Schöner Rastplatz mit Mistkäfer-Skulptur auf dem Weg nach Lutterloh

Sie folgen dem Weg weiter, von Zeit zu Zeit an mächtigen einzelnen Eichen vorbei, und biegen am Ende vor der offenen Heide nach rechts ab. Am Waldrand geht es einen Hügel hinauf. Oben angekommen wandern Sie leicht rechts um die Kurve und biegen sofort wieder links ab. Die moderne Plastik, die wie ein Auge aussieht, liegt links von Ihnen.

Etwa 500 m weiter endet Ihr Weg. Sie gehen erst rechts und nach wenigen Metern gleich wieder links und wandern zwischen Wacholderbüschen einen Pfad abwärts. Einzelne alte Eichen stehen auf der rechten Seite. Dann erreichen Sie **Lutterloh** und gehen am Ende der Straße nach rechts bis an die Kreuzung mit der K17, die Sie links versetzt überqueren. Hier finden Sie einen guten Rastplatz ❹ und einen Hofladen, wo Sie neben Kartoffeln, Eiern, Wildfleischprodukten und Honig auch Getränke kaufen können.

Hof Meyer, Dorfstr. 12, 29345 Unterlüß/Lutterloh, 058 27/12 54, info@meyer-ferienhof.de, https://meyer-ferienhof.de, Ferienwohnung je nach Größe und Aufenthaltsdauer ab € 75, im Bauwagen ab € 50 bei nur einer Übernachtung. Die Einfahrt zur Unterkunft finden Sie etwa 75 m von der Kreuzung mit der K17 Richtung Hermannsburg. Beachten Sie, dass Sie die Ferienwohnungen in den Ferienzeiten mindestens 4 Tage mieten müssen.

Hinter der Kreuzung stoßen Sie auf ein kleines, parkähnliches Gelände mit zahlreichen Bänken und Picknicktischen. Auf dem Gelände befindet sich der historische Treppenspeicher. Der ehemalige Speicher, eine für die Region typische Holzkonstruktion mit Außentreppe und Reetdach, wurde 2020 aufwändig restauriert und als Touristikzentrum mit dem Thema „Federwesen – Faszinierende Vogelwelt der Südheide“ eingerichtet. Eine kleine, multimediale Ausstellung, die die Vielfalt und Fülle der Vogelwelt der Südheide erlebbar macht (🚪 tägl. von 09:00 – 19:00 Uhr, Eintritt frei).

Vom Treppenspeicher wandern Sie auf dem Weesener Weg, einer fest gefahrenen Forststraße, weiter. Gleich nördlich des Weges grenzt die dritte Teilfläche des NSG Mittleres Lüßplateau an, mit nur 11 ha die kleinste. Links liegt das **NSG Weesener Bach**, ein Bereich entlang des gesamten Baches, der südlich von Lutterloh beginnt und bis nach Hermannsburg reicht.

Nach knapp 3 km auf der Forststraße gelangen Sie an eine **Gabelung**. Die Schotterstraße schwenkt leicht nach links. Sie nehmen die rechte Möglichkeit und wandern auf dem stellenweise sandigen Weg entlang eines schmalen Heidestrei-

Farbenprächtige Eingangstür in Weesen

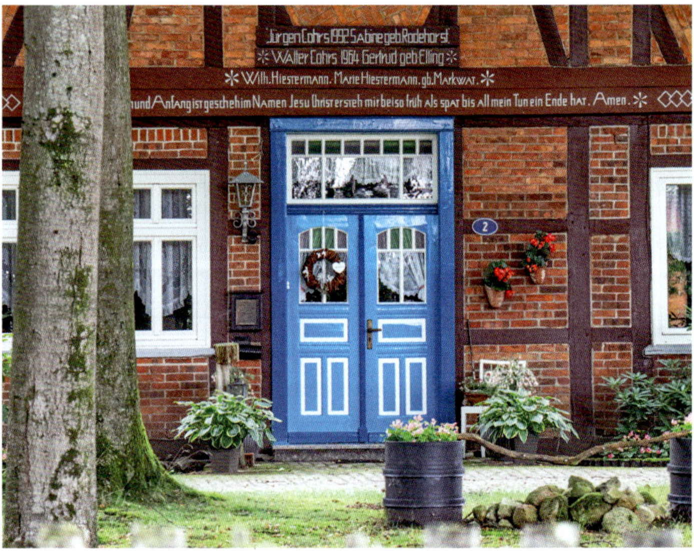

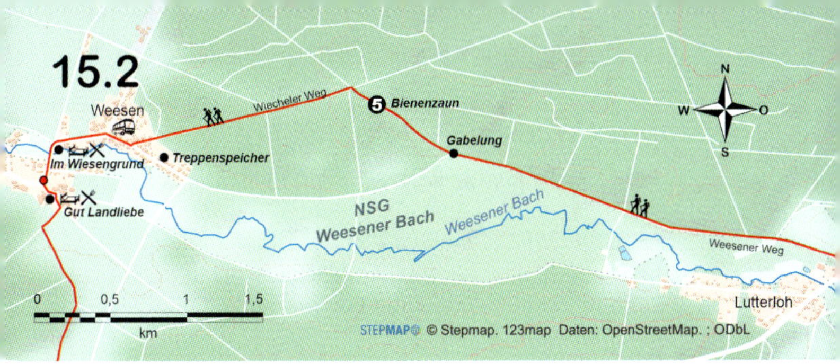

fens weiter. Nach knapp 600 m erreichen Sie einen großen Bienenzaun ❺ und 200 m weiter gelangen Sie an eine breite, sandige Forststraße, den Wiecheler Weg, den Sie nach links gehen.

Sie bleiben auf dieser schnurgeraden Straße, die Sie nach etwa 1,5 km bis nach Weesen führt. Am Ende der Straße gehen Sie rechts, überqueren nach etwa 600 m den Weesener Bach und kommen 150 m weiter an den Dorfplatz von Weesen. Hier haben Sie das Etappenziel erreicht.

Weesen

Tourist-Information ☞ Hermannsburg

Heidehotel Gut Landliebe, Postweg 2, 29320 Hermannsburg-Weesen, ☎ 050 52/20 88, info@gut-landliebe.de, www.gut-landliebe.de, EZ/F ab € 80, DZ/F ab € 140, ⦿. Das Hotel liegt wenige Schritte südlich des Etappenziels.

♦ **Hotel Im Wiesengrund**, Weesener Str. 17, 29320 Hermannsburg-Weesen, ☎ 050 52/989 40, info@hotel-im-wiesengrund.de, https://hotel-im-wiesengrund.de, EZ ab € 70, DZ ab € 95, Frühstücksbuffet € 13,90, ⦿. Das Hotel liegt direkt am Weg, etwa 250 m vor dem Etappenziel.

Linie 230 Herrmannsburg – Weesen

Das kleine, etwa 500 Einwohnerinnen und Einwohner zählende Dorf Weesen hat einen hübschen Kern und überrascht mit zwei großen Hotels.

Der Dorfplatz mit dem Ziehbrunnen sowie die Rastmöglichkeit mit der von Rhododendren gesäumten Bank hinterlassen einen einladenden Eindruck. Sehenswert ist auch der historische **Treppenspeicher** neben dem Feuerwehrhaus und das über 100 Jahre alte Transformatorenhäuschen, das an die Zeit der Elektrifizierung erinnert.

16. Etappe: Weesen – Dehningshof

12,7 km, ↑ 90 m, ↓ 80 m, ⇧ 60-115 m, ca. 3 Std. 15 Min.

0,0 km	12,7 km	⇧ 60 m	Weesen
1,3 km	11,4 km	⇧ 70 m	Rast Misselhorner Heide
4,2 km	8,5 km	⇧ 105 m	Kreuzung am Eicksberg
5,2 km	7,5 km	⇧ 100 m	Tiefental
7,8 km	4,9 km	⇧ 90 m	Landstraße L281
9,5 km	3,2 km	⇧ 75 m	Rast Brönheide
10,8 km	1,9 km	⇧ 70 m	Gedenkstein
12,7 km	0,0 km	⇧ 65 m	Dehningshof

Die leichte, teilweise hügelige Etappe verläuft meist auf Heide- und Forstwegen, die zum Teil aber sehr sandig sind. Zu den Höhepunkten der Strecke gehört der Weg durch das NSG Mittleres Lüßplateau im ersten Teil und kurz vor dem Ende der Rundweg um den Angelbecksteich.

☺ *Am Ziel gibt es nur eine Unterkunft. Wir raten unbedingt dazu, im Voraus zu buchen. Allerdings gibt es dort außer einem Frühstück kein Mittag- oder Abendessen. Decken Sie sich also mit Lebensmitteln und Getränken ein.*

Die Etappe beginnt am schönen Dorfplatz des kleinen Ortes. Sie gehen Richtung Misseldorfer Heide und kommen gleich darauf am Hotel Gut Landliebe vorbei. Gleich hinter dem Eingang zum Hotel erreichen Sie eine Gabelung, in der Mitte steht eine riesige Eiche. Hier halten Sie sich rechts und knapp 100 m weiter ebenfalls. Fast 200 m weiter am Ende der Pferdekoppel gehen Sie links und folgen

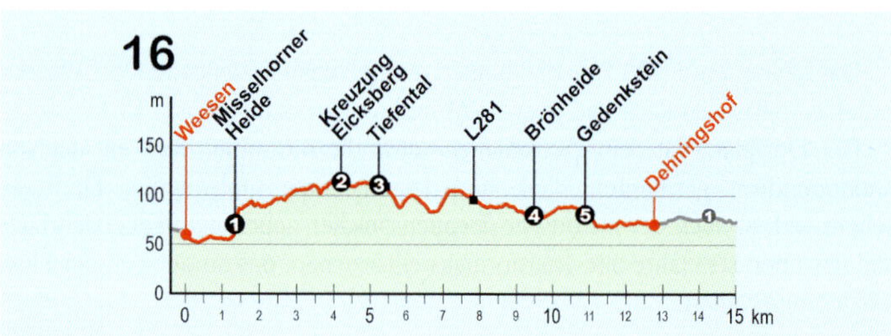

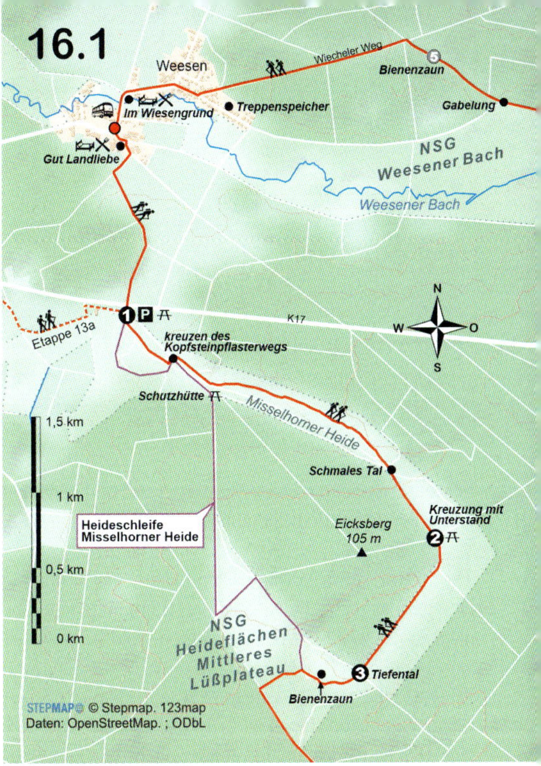

dem Feldweg, bis er an die nach Hermannsburg führende Kreisstraße (K17) stößt.

⛩ Sie überqueren die Straße und sind direkt dahinter auf dem Wanderparkplatz Misselhorner Heide ❶ mit zahlreichen Bänken, Tischen und Infotafeln. Hier treffen Sie auf die von Hermannsburg kommende Variante (☞ Variante 13a) und auf die Heideschleife Misselhorner Heide (☞ Etappe 13a).

Sie befinden sich hier in einer der drei Teilflächen des NSG Heideflächen Mittleres Lüßplateau (☞ Variante 13a). Diese größte Teilfläche zieht sich wie ein riesiger Haken von hier weiter nach Süden und dann um den 105 m hohen Eicksberg herum.

Sie folgen dem sandigen Heideweg in südlicher Richtung, halten sich an der ersten Gabelung links und überqueren einen Kopfsteinpflasterweg, der zur Schutzhütte etwas weiter südlich führt. Hinter der Straße wandern Sie auf einem Pfad, der parallel zur Kopfsteinpflasterstraße verläuft, weiter durch die leicht hügelige Heide.

Sie treffen an einer schönen Kiefergruppe auf einen breiten, sandigen Heideweg und folgen ihm nach links. Rechts etwa 50 m entfernt können Sie die Schutzhütte sehen. Leicht wellig auf und ab wandern Sie mitten durch den etwa 200 m breiten Heidestreifen des NSG. Nacheinander passieren Sie zwei Bänke, jeweils

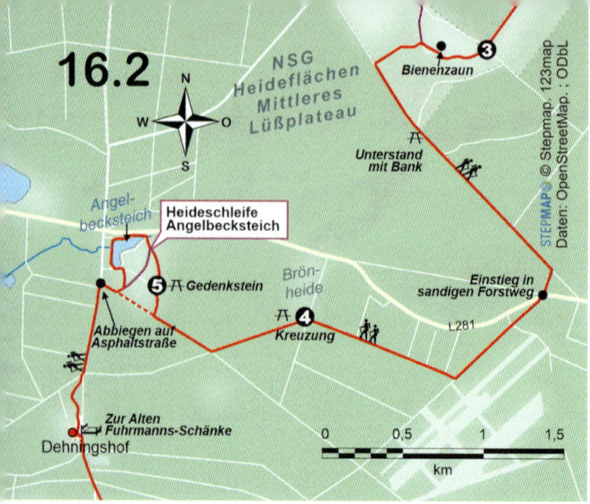

unter einer Kiefer mit schönem Blick in die Heide. Zahlreiche Informationstafeln vermitteln interessantes Wissen.

Schließlich gelangen Sie an eine Stelle, an der sich der Heidestreifen deutlich verengt und vor dem Wald zurückweicht. Hier geht es relativ steil hinunter in ein schmales Tal. Auf der anderen Seite steigen Sie wieder auf und erreichen dort einen breiten, sandigen Forstweg, dem Sie am Waldrand entlang folgen.

Nach etwa 500 m treffen Sie an einer Kreuzung auf einen Unterstand ❷. Hier geht es rechts hinauf auf den 105 m hohen Eicksberg, ein Weg, der sich aber nicht lohnt, weil Sie oben im dichten Wald keine Aussicht haben.

Der Heidschnuckenweg geht auf dem stellenweise sehr sandigen Weg geradeaus weiter. Der Wald rückt jetzt mehr und mehr an den Weg heran, die Heidefläche wird schmaler. An der nächsten Gabelung halten Sie sich rechts und wandern bis zu einer Kreuzung am Ende des Waldes. Hier haben Sie die Heide am **Tiefental** ❸ erreicht, eine wunderschöne Heidefläche, die sich noch weiter nach Nordwesten erstreckt.

Den kreuzenden Heideweg überqueren Sie geradewegs, kommen an einen Bienenzaun und gehen auf dem nächsten Pfad gleich rechts hinunter in ein Tal im Wald. Unten angelangt laufen Sie links wieder aufwärts, bis der Weg an einem Forstweg endet, wo Sie erneut links gehen. Der Weg durch den Kiefernwald steigt nun kontinuierlich an. Nach etwa 500 m passieren Sie einen Unterstand mit einer Bank. Knapp 600 m weiter haben Sie den Scheitelpunkt erreicht.

Bald kommt eine Asphaltstraße in Sicht, das Geräusch der Kfz ist schon seit Längerem zu hören. Etwa 150 m nördlich der Asphaltstraße biegen Sie nach rechts von der Forststraße ab. Jetzt sind es nur noch etwas mehr als 100 m, bis Sie die Landstraße (L281) erreichen. Sie überqueren die Straße und gehen dahinter schräg rechts auf einen tiefsandigen Forstweg. Nach 750 m verlassen Sie ihn und biegen rechts auf einen Weg ab, dem Sie etwa 1 km bis zu einer Kreuzung folgen ❹. Nach Norden erstreckt sich die Brönheide, eine Heidefläche, die bis an die Landstraße reicht.

Eine Bank mit schönem Blick auf die Heide lädt hier zu einer Pause ein.

Sie gehen hier halb links aufwärts weiter und kommen nach 600 m erneut an eine Kreuzung. Hier wandern Sie rechts abwärts. Nach weiteren 400 m zweigt nach rechts ein schöner, barrierefreier Rundweg durch Heide und um den Angelbecksteich herum ab (☞ nächste Seite Heideschleife Angelbecksteich). Der Weg, mit vielen Informationstafeln bestückt, ist etwas mehr als 1 km lang und ausgesprochen lohnenswert.

☺ Wenn Sie sich den Rundweg sparen wollen, gehen Sie hier weiter geradeaus und erreichen das Ende des Rundwegs nach knapp 300 m.

Am Angelbecksteich

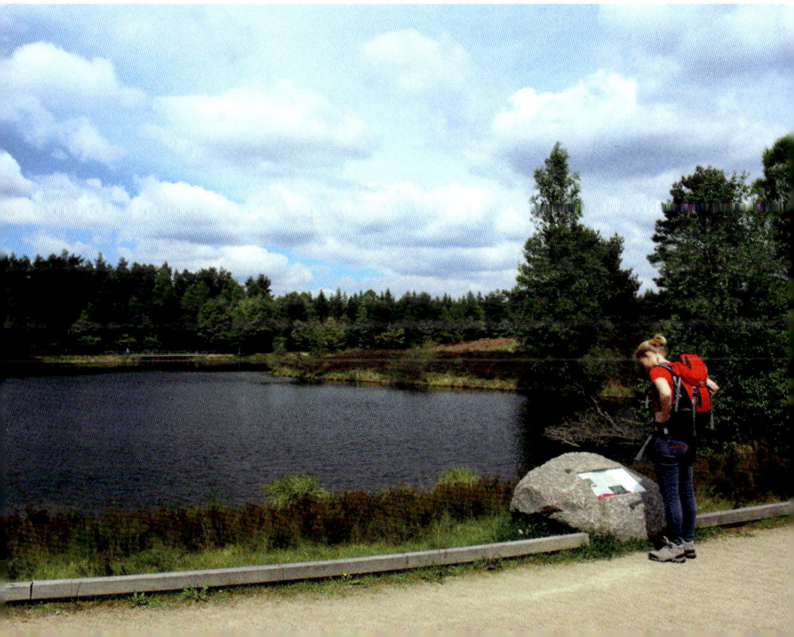

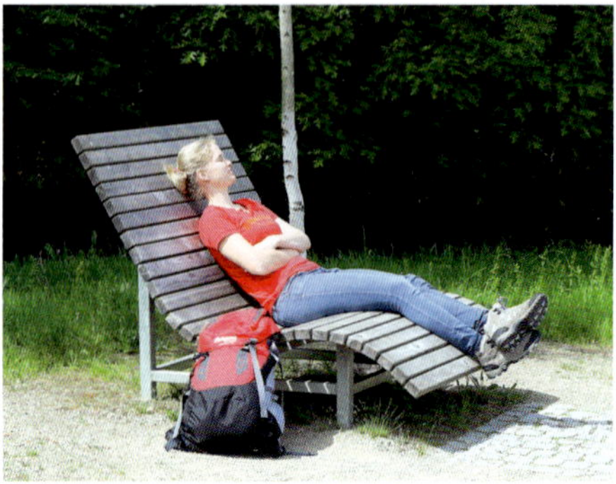
Ruhemöglichkeit am Angelbecksteich

Um auf den Rundweg zu gelangen, gehen Sie nach rechts. Schon 200 m weiter kommen Sie an einem Gedenkstein ❺ an einen schönen Rastplatz mit wunderbarem Blick auf den **Angelbecksteich**.

Der Stein erinnert an den großen Waldbrand im August 1975, der bislang größte Brand in der Geschichte der Bundesrepublik. Mehr als 8.000 ha Wald wurden damals vernichtet, fünf Feuerwehrmänner kamen bei den Löscharbeiten ums Leben. Kurz danach wurden die abgebrannten Flächen wieder aufgeforstet. Das erklärt auch, warum die zahlreichen Kiefern in diesem Gebiet alle annähernd die gleiche Größe haben.

Der Heidschnuckenweg führt weiter abwärts und trifft auf die von links kommende Heideschleife Angelbecksteich.

Heideschleife Angelbecksteich

Mit 1,2 km ist der Rundweg (ca. 20 Min.) die kürzeste Heideschleife. Die Route, die um den Angelbecksteich herumführt, ist barrierefrei, d. h. er ist auch für Personen mit Rollstuhl oder Rollator geeignet. Ebenso wurde an Blinde gedacht, die die Informationen auf den zahlreichen Infotafeln auch in Blindenschrift vorfinden. Der Wanderweg verläuft zum größten Teil auf derselben Route wie der Heidschnuckenweg.

Heideschleife und Heidschnuckenweg führen weiter bis an den Teich, den Sie an seiner Ostseite erreichen. Hier fließt der Angelbach von Osten kommend in den See. Sie gehen nach links und wandern direkt am Ufer entlang. Etwa in der Mitte führt ein kleiner Steg mit einer Bank in das Gewässer hinein, auch ein sehr guter Ruheplatz.

Auf der Westseite des Sees kreuzen Sie zunächst wieder den **Angelbach**, der von hier weiter nach Westen fließt und in die Örtze mündet. Kurz darauf passieren Sie eine Holzhütte, die ebenfalls in den See hineingebaut wurde. Etwas weiter folgen bequeme große Holzliegen und kurz darauf rundet ein weiterer Rastplatz das umfangreiche Angebot ab.

Hier gehen Sie rechts und gelangen nach knapp 200 m wieder an die Forststraße, die Sie verlassen hatten um an den Teich zu gelangen. Nach rechts erreichen Sie eine Asphaltstraße, an der entlang Sie nach links gehen. Nach etwa 300 m können Sie die Straße auf einen rechts parallel verlaufenden Pfad verlassen. 200 m weiter betreten Sie das Gelände der Alten Fuhrmanns-Schänke, die Sie knapp 400 m weiter erreichen. Hier sind Sie am Ziel der Etappe angekommen.

Ferienhof Zur Alten Fuhrmanns-Schänke, Dehningshof 1, 29320 Hermannsburg/Oldendorf, ☏ 050 54/989 70, info@fuhrmanns-schaenke.de, https://fuhrmanns-schaenke.de, EZ/F ab € 66,50, DZ/F ab € 90, Ü/F auch im Heuhotel möglich, € 36, Buchungen für Wanderinnen und Wanderer nur per E-Mail, nicht online buchen. Der empfehlenswerte Ferienhof liegt idyllisch mitten im Wald. Eine Möglichkeit zum Mittag- oder Abendessen gibt es nicht mehr. Das ehemalige Restaurant ist dauerhaft geschlossen.

Die Alte Fuhrmanns-Schänke in Dehningshof

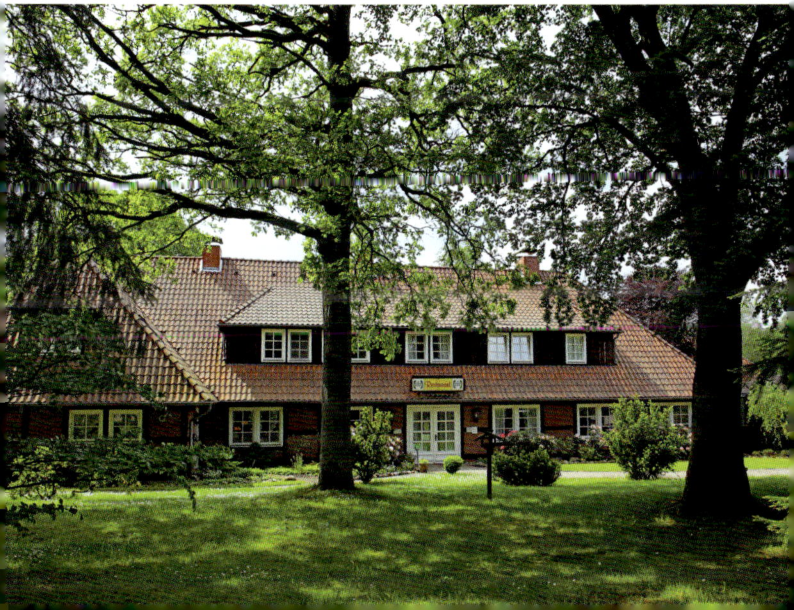

17. Etappe: Dehningshof – Groß Hehlen

17,6 km, ↑ 60 m, ↓ 75 m, ⇧ 55-82 m, ca. 4 Std.

0,0 km	17,6 km	⇧ 65 m	Dehningshof
1,5 km	16,1 km	⇧ 65 m	Severloher Heide
3,0 km	14,6 km	⇧ 82 m	Citronenberg
3,6 km	14,0 km	⇧ 65 m	Wildecker Teiche
6,0 km	11,6 km	⇧ 60 m	Forsthaus Kohlenbach
10,3 km	7,3 km	⇧ 65 m	Schießpark
14,4 km	3,2 km	⇧ 55 m	Scheuen Segelflugplatz (Haltestelle „Scheuen, Arlohstraße“)
17,6 km	0,0 km	⇧ 55 m	Groß Hehlen

Die relativ lange Etappe verläuft zum größten Teil auf Heide- und Forstwegen. Nur ein kleiner Teil wird entlang befestigter Straßen zurückgelegt. Die Etappe bietet mit der Severloher Heide die letzte nennenswerte Heidefläche bis Celle. Sehenswert sind auch die Wildecker Teiche mit ihrer großen Vogelwelt. Wer Lust hat, sich die Landschaft von oben aus einem Segelflugzeug anzuschauen, der findet am Flugplatz in Scheuen dazu Gelegenheit.

Die 17. Etappe beginnt am Hotel Zur Alten Fuhrmanns-Schänke. Sie gehen die Asphaltstraße in Richtung Citronenberg nach Süden. Nach etwas mehr als 300 m erreichen Sie eine Gabelung. Hier halten Sie sich links und wandern durch den Kiefernwald weiter. Die Forststraße wird begleitet von einem Fuß-/Radweg, auf dem es sich gut gehen lässt.

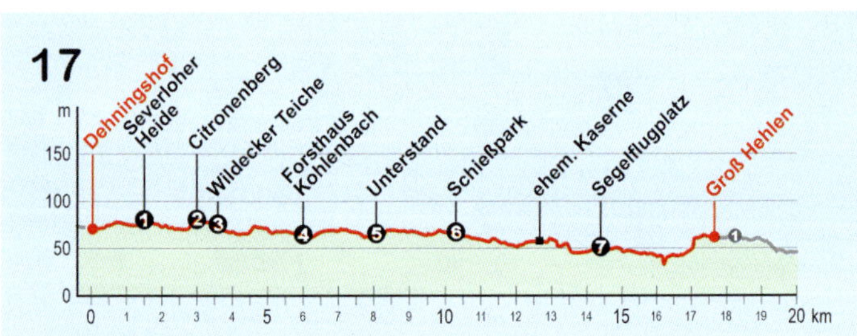

Nach 1,1 km erreichen Sie an einer kleineren Heidefläche, der **Severloher Heide** ❶, einen Unterstand und eine Bank. Das leicht nach Westen abfallende Gelände sollten Sie sich noch einmal genau ansehen. Es ist die letzte größere Heidefläche auf dem Heidschnuckenweg bis nach Celle. Nah am Ende der nur 450 m langen Heide finden Sie eine imposante uralte Eiche, ein Naturdenkmal.

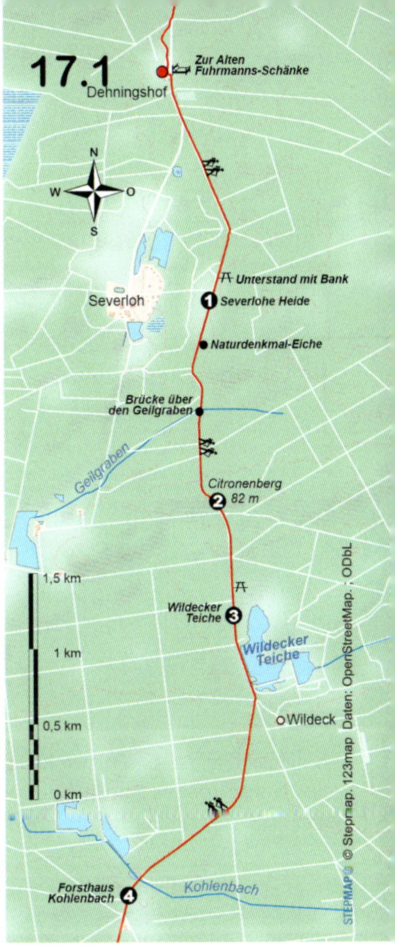

Sie wandern weiter auf dem Forstweg, der Fuß-/Radweg endet dann, aber das Wandern auf dem breiten Weg ist angenehm. Etwa 100 m nach dem Ende des Fuß-/Radweges überqueren Sie auf einer Feldsteinbrücke einen Bach, den **Geilgraben**. Für Pferde gibt es nebenan eine Furt. Gleich hinter der Brücke können Sie auch wieder auf dem Fuß-/Radweg wandern. Dann geht es hinauf auf den Citronenberg ❷, erst noch mäßig ansteigend, im letzten Stück steiler. Oben auf dem höchsten Punkt (⇧ 82 m) angekommen macht sich etwas Enttäuschung breit: kein Ausblick, nur Bäume. Aber immerhin hat der Berg einen schönen „fruchtigen" Namen, der einer Legende nach aus der Zeit der Kreuzzüge stammt. Als Dank für die Pflege eines kranken Mädchens sollen Kreuzfahrer bei ihrer Rückkehr der auf dem Berg lebenden Pflegefamilie reichlich Zitronen überlassen haben.

Nach etwa 400 m gelangen Sie an eine Kreuzung. Sie gehen geradeaus und erreichen nur 200 m weiter einen sehr schönen Rastplatz, der etwas verborgen links vom Weg liegt. Hier befinden Sie sich am nördlichen Ende der **Wildecker Teiche** ❸, die bereits Ende des 19. Jh. angelegt wurden. Die Teiche sind beson-

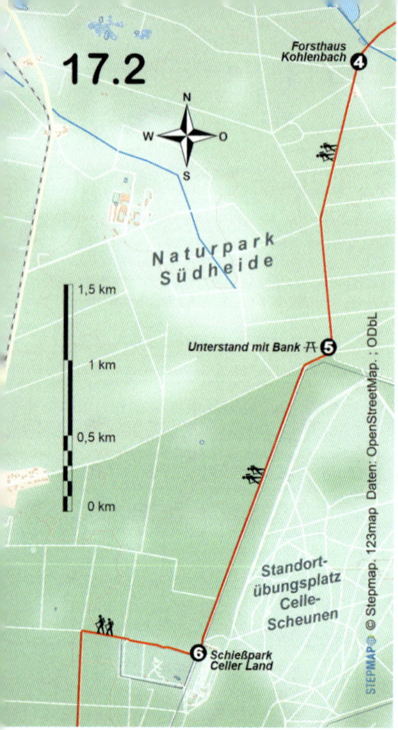

ders für Vogelfreunde von Interesse. Zahlreiche Arten besiedeln das Gewässer und das Gelände um die Teiche.

Am Ende der Teiche kommen Sie an eine größere Kreuzung. Hier gehen Sie halb rechts weiter auf einem sandigen Weg einen Hügel hoch. Sie folgen dem breiten Forstweg für längere Zeit durch dichten Wald. Nach 1,5 km überqueren Sie einen kleinen Bach, den Kohlenbach, und erreichen kurz darauf das Forsthaus Kohlenbach ❹.

Forsthaus Kohlenbach

Der 1753 errichtete Vierständerbau lag damals an einer wichtigen Verbindungsstraße zwischen Hannover und Lüneburg, die später durch den Bau anderer Straßen und den Bau der Eisenbahn ihre Bedeutung verlor. Das Gehöft war eine Ausspannstation für Pferde. So wie es heute auf unseren Autobahnen Raststätten gibt, gab es damals an den Fernstraßen in regelmäßigen Abständen Ausspannstationen. Später wurde das Gebäude als Försterei genutzt, heute ist es in Privatbesitz.

Sie wandern am Forsthaus vorbei und gehen an der Kreuzung 150 m hinter dem Forsthaus geradeaus, auf Ihrer linken Seite liegt ein weiteres Gebäudeensemble. Der Untergrund ist jetzt fester, die tiefsandigen Wege sind Vergangenheit. Sie folgen dem Weg durch Mischwald, bis Sie nach knapp 1 km an eine Kreuzung gelangen, wo Sie sich links halten. Etwa 900 m weiter kommen Sie an einer Kreuzung nördlich des Standortübungsplatzes Celle-Scheuen an einen Unterstand mit Bank ❺. Hier gehen Sie rechts und nach etwas mehr als 200 m wieder links.

Sie wandern nun auf etwas eintöniger Strecke die nächsten 2 km an dem hinter Bäumen versteckt liegenden Militärgelände entlang, bis Sie an einen links liegenden Schießstand kommen, die großen, grauen Mauern sind nicht zu übersehen.

Dort biegen Sie rechts ab und wandern entlang des Schießparks Celler Land ❻, der von der Jägerschaft Celle und einer privaten Jagdschule betrieben wird, weiter.

An der Kreuzung am Ende des Schießparks gehen Sie noch geradeaus, um dann an der nächsten Kreuzung etwa 250 m weiter nach links abzubiegen. Der Weg führt jetzt durch einen schönen älteren Kiefernwald. Mit etwas Glück laufen Ihnen hier Rehe über den Weg. Nach etwa 1,6 km taucht vor Ihnen wie aus dem Nichts ein eingezäuntes Gelände auf. Es ist die ehemalige Freiherr-von-Fritsch-Kaserne, die 2006 aufgegeben wurde. 2012 erwarb das Land Niedersachsen das Gelände. Geplant ist die Errichtung einer **Akademie für Brand- und Katastrophenschutz**. Entstehen soll ein riesiges Übungsgelände, u. a. mit einem Autobahnabschnitt, Tunnel und Testbereichen für Zugunglücke.

Sie gehen am Zaun nach rechts, gelangen an eine Straße und gehen dort links. Nach etwas mehr als 200 m biegen Sie rechts auf eine ebenfalls asphaltierte Straße ab. Voraus sind schon die Häuser von **Scheuen**, einem Stadtteil von Celle, zu sehen. Sie erreichen die ersten Häuser gleich hinter dem Bahnübergang.

Dort gehen Sie geradeaus weiter, passieren einen Sportplatz und erreichen gleich dahinter den Segelflugplatz Celle-Scheuen ❼ der Flugsportvereinigung Celle Segelfluggruppe e.V.

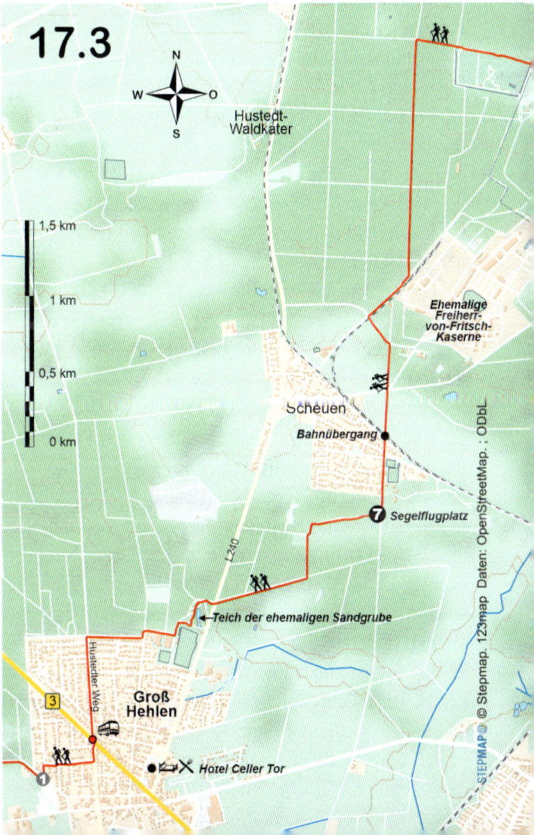

Flugsportvereinigung Celle Segelfluggruppe e.V.

Der 1950 gegründete Verein kann auf zahlreiche unterschiedliche Flugzeuge zurückgreifen. Wer Lust hat, kann gern an einem Gastflug teilnehmen und die erwanderte Landschaft von oben begutachten. Geflogen wird von Anfang April bis Ende Oktober an jedem Wochenende von Sa ab 11:00 bis So 18:00, sofern das Wetter es zulässt. Die Kosten für einen etwa 20-minütigen Probeflug sind mit € 20 überschaubar.

♦ Flugsportvereinigung Celle Segelfluggruppe e.V., Hermannsburger Weg 12, 29229 Celle, ☏ 050 86/413, 💻 https://segelfliegen-in-celle.de

Gleich hinter der ersten Schranke unmittelbar vor der Startbahn geht es rechts auf einem unbefestigten Waldweg entlang der Startbahn weiter. Hinter ihr folgen Sie dem Weg nach links in einen Kiefernwald hinein und halten sich an der gleich folgenden Gabelung links.

Knapp 300 m weiter gehen Sie rechts auf den Forstweg, der zur Landstraße (L240) führt. Sie überqueren die Hauptstraße leicht links versetzt und gehen dahinter auf einem Fußpfad durch einen Mischwald.

Nach knapp 100 m heißt es aufpassen: Hier führt der Heidschnuckenweg links auf einen Pfad und gleich wieder rechts steil abwärts zu einem Teich in einer ehemaligen Sandgrube.

Hinter dem Gewässer halten Sie sich links, es geht wieder aufwärts und auf halber Höhe an einer Gabelung wieder nach rechts. Sie treffen dann wieder auf den Pfad, von dem Sie soeben abgebogen sind. Wer müde ist, kann sich den Weg hinunter zum Teich auch sparen.

Hinter dem Wald erreichen Sie ein großes Sportgelände und gehen dort vor dem Eingang zur Tennishalle rechts in den Krähenbergweg. Sie folgen dem Weg um die Linkskurve und biegen etwa 40 m dahinter rechts auf einen Weg auf einer Brandschneise ab. Zwischen Wald und Einfamilienhäusern erreichen Sie nach knapp 400 m den Hustedter Weg, dem Sie nach links folgen.

Nach 700 m gelangen Sie an der Celler Straße (B3) an eine Bushaltestelle. Hier im Celler Vorort **Groß Hehlen** haben Sie das Ziel der Etappe erreicht.

Groß Hehlen

Tourist-Information ☞ Celle

Hotel Celler Tor, Scheuener Str. 2, 29229 Celle/Groß Hehlen, ☏ 051 41/59 00, ✉ info@celler-tor.de, 💻 https://celler-tor.de, EZ/F ab € 99, DZ/F ab € 129, ⊙
Sie erreichen das Hotel, wenn Sie etwa 600 m entlang der B3 Richtung Celle gehen.

♦ **Gasthaus Zur Riete**, Riete 1, 29229 Celle/Groß Hehlen, ☏ 051 41/511 70, info@gasthaus-zur-riete.de, https://gasthaus-zur-riete.de, EZ ab € 60, DZ ab € 80, F € 8, ⊙. Das empfehlenswerte Gasthaus liegt etwa 800 m südlich vom Etappenziel an der Langen Straße neben der Kirche St. Cyriacus.

Hotel Garni am Eckernweg, Eckernweg 1, 29229 Celle/Groß Hehlen, ☏ 051 41/951 91 13, hotel-garni-am-eckernweg@web.de, https://hotel-garni-am-eckernweg.com, EZ ab € 95, DZ ab € 105, F € 10, ⊙. Der Eckernweg zweigt etwa 700 m hinter dem Ziel von der B3 (Richtung Celle) rechts ab.

Linie 200 Herrmannsburg – Groß Hehlen – Celle

Groß Hehlen ist seit 1973 Stadtteil von Celle. Sehenswert ist die ✞ St.-Cyriacus-Kirche mit ihrem angebauten hölzernen Turm. Bereits 1235 wurde die Kirche in einer Urkunde erwähnt. Der ehemalige Glockenturm stürzte 1634 ein und wurde 1703 neu gebaut. Das Kirchenschiff wurde 1640 erweitert und in den 60er-Jahren des vorigen Jahrhunderts grundlegend erneuert. Bemerkenswert sind die aus dem 15. Jh. stammenden Wandmalereien.

Da weiß man, wo man ist: auf dem Heidschnuckenweg

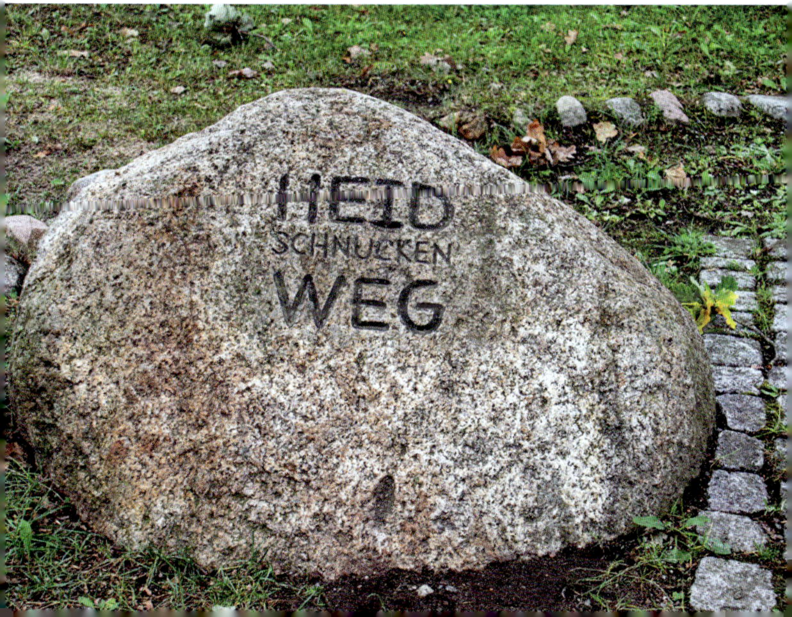

18. Etappe: Groß Hehlen – Celle

9,6 km, ↑ 60 m, ↓ 70 m, ⇧ 35-60 m, ca. 2 Std. 30 Min.

0,0 km	9,6 km	⇧ 55 m	Groß Hehlen
4,4 km	5,2 km	⇧ 35 m	Waldsee Klein Hehlen
5,0 km	4,6 km	⇧ 35 m	Allerwiesen
8,1 km	1,5 km	⇧ 35 m	Allerbrücke JVA
9,6 km	0,0 km	⇧ 45 m	Celle Schlossplatz

Die kurze letzte Etappe verläuft meist auf Wirtschafts-, gut ausgebauten Wanderwegen und entlang befestigter Straßen. Besonders attraktiv ist der Abschnitt entlang der Allerwiesen. Ein Höhepunkt des gesamten Heidschnuckenweges ist sicherlich die 700 Jahre alte Residenzstadt Celle, die über das größte geschlossene Fachwerkensemble Europas verfügt und darüber hinaus zahlreiche Sehenswürdigkeiten zu bieten hat.

Die letzte Etappe beginnt in Groß Hehlen an der Bushaltestelle an der Kreuzung Celler Straße (B3) mit der Langen Straße. Sie wandern in die Lange Straße, biegen nach 130 m rechts in den Schnepfenweg ab und gehen am Ende links versetzt in den Fußweg. An seinem Ende treffen Sie auf den Fuchswinkel, dem Sie ebenfalls nach links folgen. Vor dem Friedhof ❶ wenden Sie sich nach rechts.

Sie verlassen dann das Wohngebiet und folgen an der Gabelung dem unbefestigten Weg nach links. An einem Hof vorbei gelangen Sie in einen lichten Kiefernwald. Etwa 500 m weiter gehen Sie von dem leicht abwärts führenden Forstweg nach links. Wenig weiter kommen Sie an ein Feld. Hier gehen Sie links und wandern am Waldrand bis zum Ende des Weges, wo Sie auf eine Asphaltstraße stoßen. Sie laufen nach rechts, verlassen die Straße aber schon nach etwa 80 m wieder nach links, wo Sie auf einem Feldweg, erneut an einem Waldrand, weitergehen.

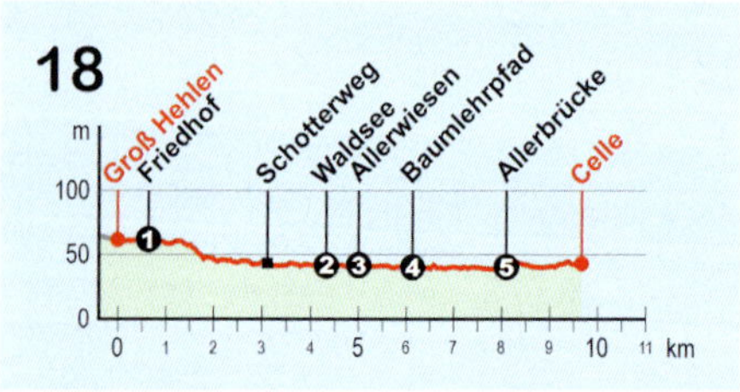

Rechts voraus können Sie bereits die Vororte von Celle sehen. Am Ende gehen Sie rechts auf den Schotterweg und folgen ihm, bis Sie auf eine einspurige asphaltierte Straße stoßen.

Sie überqueren geradewegs die Straße und gehen dahinter zwischen Wohngebieten weiter. Hinter den Tennisplätzen überqueren Sie die Winsener Straße und gehen dahinter auf einem gepflasterten Fuß-/Radweg weiter durch ein Wohngebiet mit Reihen- und Mehrfamilienhäusern. Nach knapp 200 m überqueren Sie erneut eine Asphaltstraße und gehen dahinter leicht links versetzt auf einem Pfad in einen kleinen Wald. Zahlreiche andere Pfade kreuzen und zweigen ab, die Markierungen sind aber in kurzen Abständen angebracht, sodass ein Abkommen vom richtigen Weg nur schwer möglich ist. Am Ende des Pfades gehen Sie links auf den Waldsee ❷ in dem Ortsteil Klein Hehlen zu und dort auf dem Wanderweg gleich wieder rechts. Hier finden Sie eine ⩚ Bank, die sich für eine Pause anbietet.

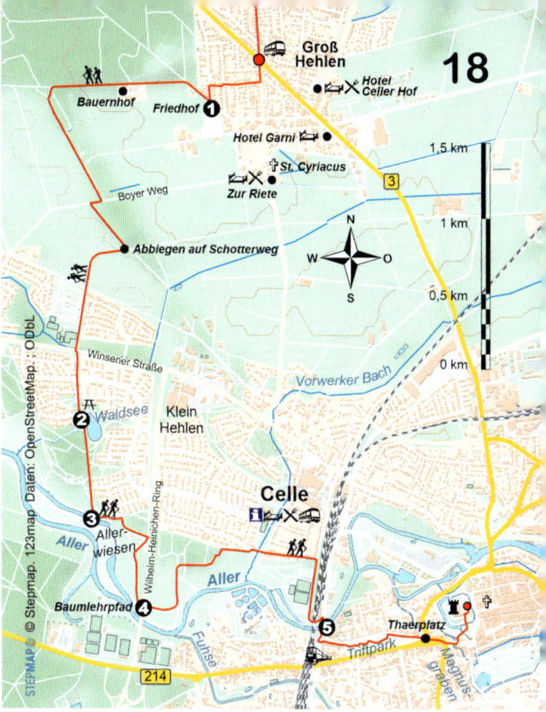

Schon nach etwa 100 m biegen Sie nach rechts von dem Rundweg um den See auf einen Pfad ab, der geradlinig nach Süden führt. Sie folgen dem Weg, bis er nach ca. 550 m schon in den Allerwiesen einen Nebenarm der **Aller** ❸ erreicht.

Aller

Die Aller ist mit 260 km Länge der größte Nebenfluss der Weser. Sie entspringt in Sachsen-Anhalt bei Seehausen in der Magdeburger Börde und mündet bei Verden in die Weser. Die letzten 100 km ist sie als Bundeswasserstraße ausgewiesen und schiffbar.

In Celle ist der Fluss aufgestaut, um Energie zu erzeugen. Zwei Seitenarme, der Magnusgraben und der Stadtgraben, fließen durch die Stadt.

Sie folgen dem Weg nach links und wandern in einem Bogen am Rand der Wiesen entlang bis zu einer Unterführung unter einer viel befahrenen Hauptstraße ❹. Der Wanderweg ist gleichzeitig ein Baumlehrpfad. Jedes Jahr neu wird der jeweilige Baum des Jahres gepflanzt. Auf Informationsschildern finden Sie Erläuterungen dazu.

☺ Sie können auch direkt über die Allerwiesen bis zur Unterführung wandern. Mehrere Pfade durchziehen das Gelände.

Hinter der Unterführung sehen Sie schon den Turm der Celler Stadtkirche St. Marien. Sie folgen dem breiten Wanderweg, bis er nach etwa 1,1 km an einem Wohngebiet an einer Straße endet. Sie gehen nach rechts und erreichen etwa 100 m weiter eine Kreuzung mit der Straße An der Beeke.

Im Schlossgarten in Celle

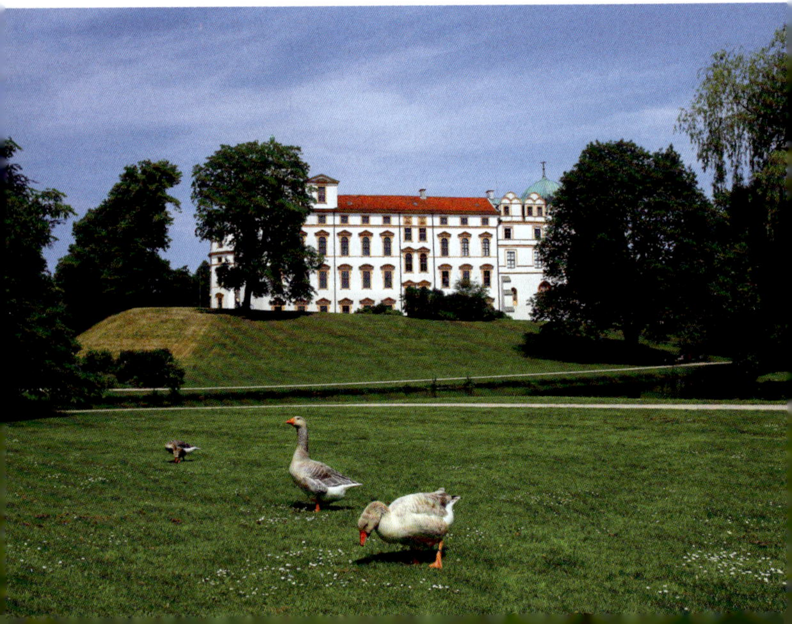

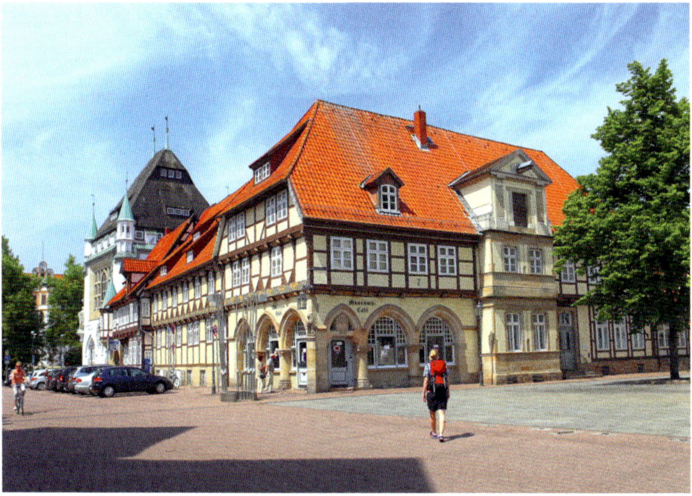

Das Museumscafé in Celle

Der Heidschnuckenweg verläuft an der Kreuzung weiter geradeaus. Sie folgen der Straße bis zum Ende vor den Gleisen und gehen dort nach rechts. Am Ende unterqueren Sie die Gleise und wandern dahinter nach rechts auf einer Brücke ❺ über die Aller. Von der Brücke aus haben Sie einen guten Blick auf die Justizvollzugsanstalt Celle, die deutschlandweit Schlagzeilen machte, weil der niedersächsische Verfassungsschutz 1978 ein großes Loch, das sogenannte Celler Loch, in die Mauer sprengte, um einen Anschlag zur Befreiung eines Terroristen vorzutäuschen.

Im Kreisverkehr gleich hinter der Brücke gehen Sie links.

☺ Den Bahnhof erreichen Sie nach ca. 100 m, wenn Sie im Kreisverkehr geradeaus weitergehen.

Der Heidschnuckenweg führt direkt am Gefängnis vorbei und dann in den Triftpark. In Höhe des markanten Hauses des Handwerks verlassen Sie den Park nach links, überqueren die Straße und gehen rechts weiter. Sie überqueren die Mühlenstraße (B3) und anschließend den Thaerplatz. Hier gleich hinter einem Eiscafé überqueren Sie den Magnusgraben und gehen dahinter links. Voraus sehen Sie bereits das ♜ Celler Schloss. Folgen Sie dem Weg durch den Schlosspark, bis Sie vor dem Gebäude angekommen sind.

Hier sind Sie nach gut 220 km am Ziel Ihrer Wanderung auf dem Heidschnuckenweg angelangt. Die sehenswerte Altstadt mit zahlreichen Restaurants und Cafés liegt nur wenige Schritte entfernt.

Celle

Tourist-Information Celle, Markt 14-16, 29221 Celle, ☏ 051 41/70 95 11 95 und 051 41/90 90 80, info@celle-tourismus.de, https://celle-tourismus.de, Mo bis Fr 10:00-17:00, Sa 9:00-13:00, ⊙. An den geschlossenen Tagen stehen die Kollegen am Schloss für Fragen gerne zur Verfügung.

Celle bietet eine Fülle von Übernachtungsmöglichkeiten in allen Preislagen. Stellvertretend seien hier nur folgende Unterkünfte genannt, die alle in der Altstadt liegen. Für weitere Auskünfte kontaktieren Sie bitte die Tourist-Information.

✕ **Celler Hof**, Stechbahn 11, 29221 Celle, ☏ 051 41/91 19 60, info@cellerhof.de, https://cellerhof.de, EZ/F ab € 90, DZ/F ab € 134, ⊙. Das Hotel liegt nur wenige Schritte vom Etappenziel entfernt in der Altstadt, gegenüber der Stadtkirche.

♦ **Intercityhotel Celle**, Nordwall 22, 29221 Celle, ☏ 051 41/20 00, celle@intercityhotel.com, https://hrewards.com/de/intercityhotel-celle, EZ ab € 71, DZ ab € 90, F € 19. Das moderne Hotel mit 121 Zimmern liegt im Nordosten am Rand der Altstadt.

Rita`s bed & breakfast, Rita Neumann, Bergstr. 25, 29221 Celle, ☏ 051 41/993 36 54 und 01 52/29 55 49 41, info@bed-and-breakfast-celle.de, https://bed-and-breakfast-celle.de, EZ ab € 65, DZ ab € 80, F € 25, alle Zimmer verfügen über eine Kochzeile mit Wasserkocher und Kaffeemaschine. Die Entfernung zum Etappenziel beträgt 600 m.

Linie 100 Groß Hehlen – Celle, 200 Herrmannsburg – Groß Hehlen – Celle

Regionalbahn und IC nach Hamburg und Hannover, Regionalbahn nach Unterlüß

Die Residenzstadt Celle hat etwa 70.000 Einwohnerinnen und Einwohner und wird oft als das südliche Tor zur Lüneburger Heide bezeichnet. Bereits 933 wurde die Siedlung Kellu urkundlich erwähnt. Die eigentliche Stadt wurde 1292 etwas weiter westlich direkt an der Aller neu gegründet.

Besonders die **Altstadt** von Celle ist beeindruckend. Fast 500 Fachwerkhäuser, die meisten aus der Zeit zwischen dem 16. und 18. Jh., wurden unter großem Aufwand restauriert und bilden das historische Ambiente der Stadt. Es ist die größte Ansammlung historischer Häuser aus dieser Zeit in ganz Europa.

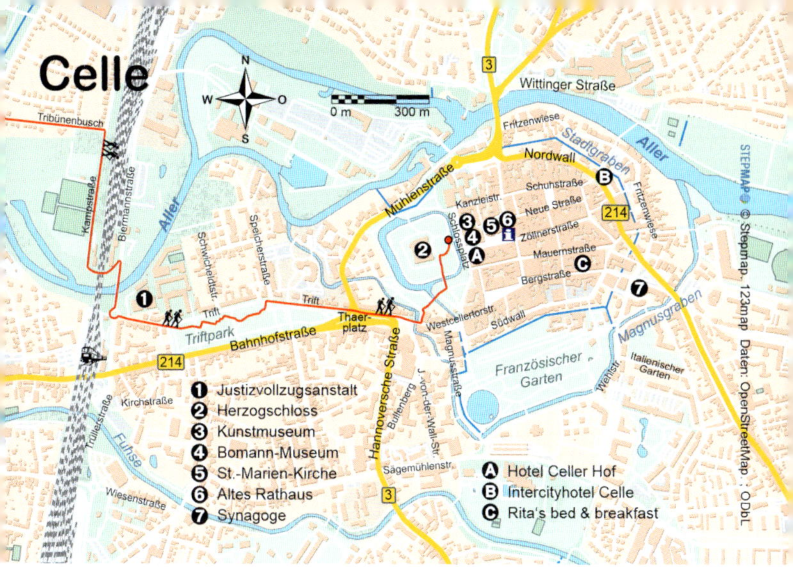

Die ✝ **Stadtkirche** wurde 1308 eingeweiht und beherbergt die Gruft der Welfenherzöge. Im alten Rathaus befindet sich Niedersachsens ältester Gasthof, der **Ratskeller** von 1378.

♜ Prunkstück der Altstadt ist das **Celler Herzogschloss**, das 1292 als einfache Burg erbaut wurde und von 1433 bis 1705 ständige Residenz der Herzöge von Braunschweig-Lüneburg war. Über die Jahre wurde das Gebäude oft um- und ausgebaut, bis es sich zu dem heutigen prunkvollen Schloss entwickelt hatte. Bei einer Führung durch das Schloss können auch die Schlosskapelle und die Schlossküche besichtigt werden.

Das **Residenzmuseum** im Schloss bietet Gästen die Möglichkeit, in die Welt der Herzöge von Braunschweig-Lüneburg einzutauchen und das Fürstenhaus der Welfen näher kennenzulernen.

Das **Schlosstheater** wurde um 1675 eröffnet und ist somit das älteste mit eigenem Ensemble regelmäßig bespielte Theater Deutschlands.

♦ **Schloss Celle**, Schlossplatz 1, 29221 Celle, ☏ 051 41/909 08 50, 💻 https://celle-tourismus.de/schloss-celle, 🚪 Di bis So 10:00-17:00, November bis März nur 11:00-15:30, Eintritt (ohne Schlossführung) Erw. € 8 mit Führung (ca. 60 Minuten) € 9, Kinder und Schülerinnen und Schüler frei

⌘ Zahlreiche interessante Museen wie z. B. das Kunstmuseum Celle, das das erste 24-Stunden-Kunstmuseum der Welt ist, bieten vielfältige Informationen über verschiedenste Themen.

♦ **Kunstmuseum Celle**, Schlossplatz 7, 29221 Celle, ☏ 051 41/909 08 50, 💻 https://kunst.celle.de, 🚪 Di bis So von 11:00-17:00, Mo geschlossen, bei Nacht von außen internationale Lichtkunst täglich ab Einbruch der Dunkelheit, Eintritt Erw. € 8, freier Eintritt für alle Personen unter 18 Jahren sowie Schülerinnen und Schüler und Auszubildende, Kombikarte mit Residenzmuseum € 12

⌘ Das Bomann-Museum Celle, ein Museum für Kulturgeschichte, wurde schon 1892 eröffnet und bietet viel Wissenswertes über die niedersächsische Kulturgeschichte und die Celler Regional- und Stadtgeschichte.

♦ **Bomann-Museum Celle**, Schlossplatz 7, 29221 Celle, ☏ 051 41/12 45 40, 💻 https://bomann-museum.de, ✉ bomann-museum@celle.de, 🚪 Di bis So 11:00-17:00, Mo geschlossen, Eintritt Erw. € 8, Kinder und Schülerinnen und Schüler haben freien Eintritt

☺ Für das Schloss sowie Kunst- und Bomann-Museum gibt es günstige Kombitickets.

✡ Die Synagoge Celle ist eine von nur noch etwa 40 erhaltenen Synagogen in Niedersachsen. Heute wird sie wieder als Gotteshaus genutzt. Das Nebengebäude enthält ein kleines Museum, in dem das jüdische Leben in Celle dokumentiert wird und wechselnde Ausstellungen zu unterschiedlichen jüdischen Themen zu sehen sind.

♦ **Synagoge Celle**, Im Kreise 23-24, 29221 Celle, ☏ 051 41/74 08 96, 🚪 Di bis Fr und So 11:00-16:00, Mo und Sa geschlossen

Index

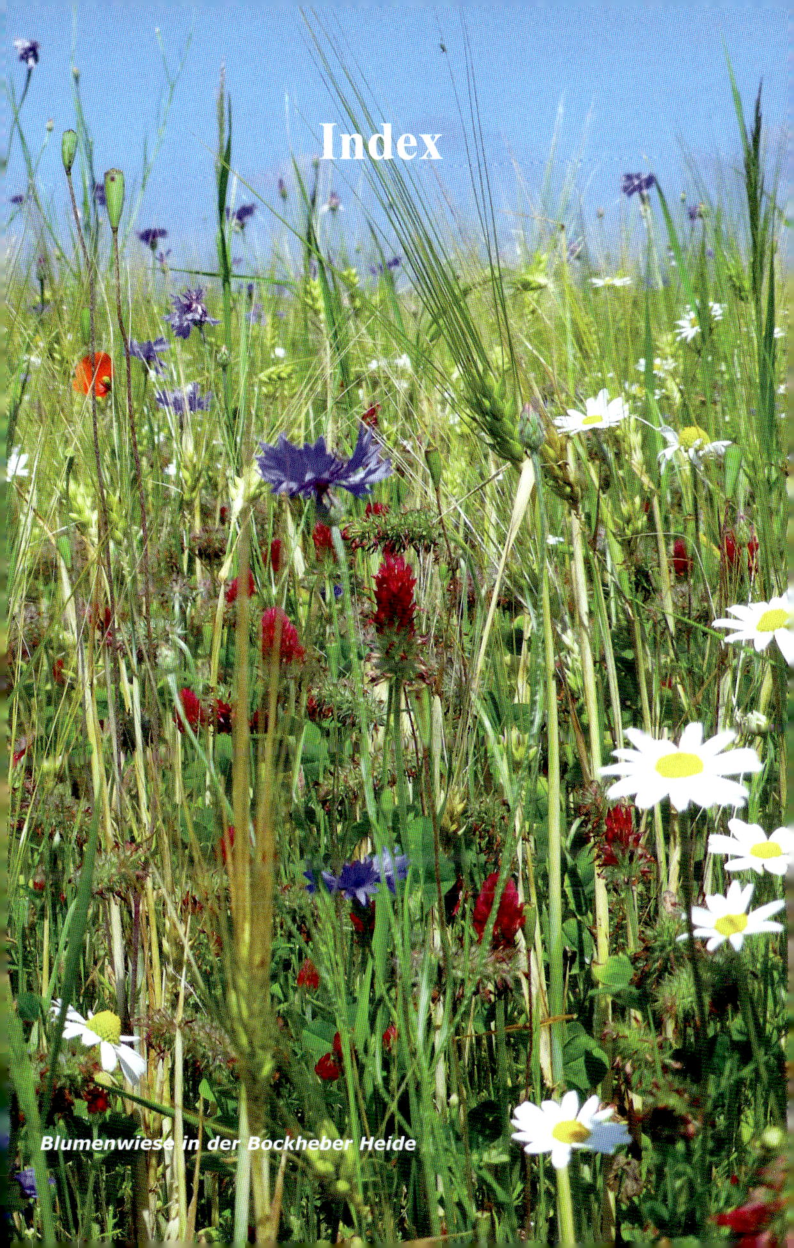

Blumenwiese in der Bockheber Heide

A

B

C/D

E

F

G

H

I/K

L

M

N

O/P

R/S

T

U/V

W